Heidrun Strikker

Komplementär-Coaching

Mensch und System komplementär verbinden

Heidrun Strikker

Komplementär-Coaching

Mensch und System komplementär verbinden

Mit einem Vorwort von Dr. Gundl Kutschera

Junfermann Verlag • Paderborn
2007

Covergestaltung/Reihenentwurf: Christian Tschepp
Frontcoverfoto: © PhotoEuphoria FOTOLIA
Mit Illustrationen von Vera Brüggemann, Bielefeld

Satz: JUNFERMANN Druck & Service, Paderborn

Bibliografische Information der Deutschen Bibliothek

Die Deutsche Bibliothek verzeichnet diese Publikation in der Deutschen Nationalbibliografie; detaillierte bibliografische Daten sind im Internet über http://dnb.ddb.de abrufbar.

ISBN 978-3-87387-669-9

Inhalt

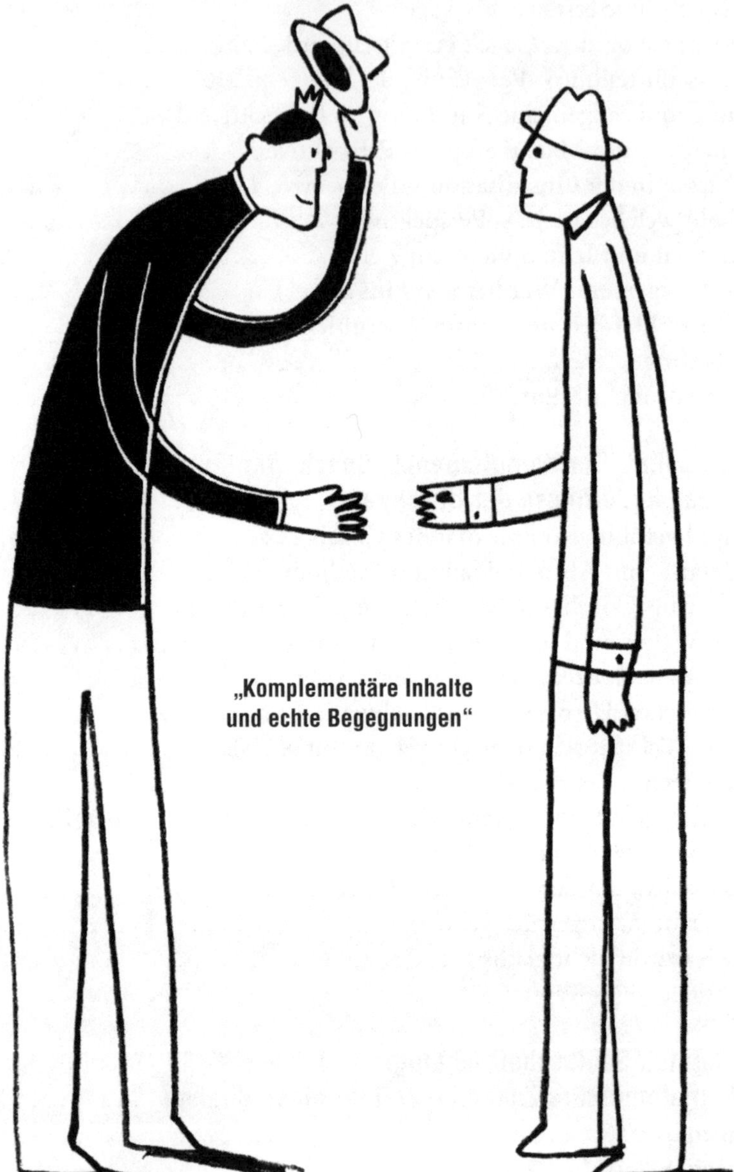

Im Komplementär-Coaching trifft der Coachee auf einen Coach, der sich als Experte für sich überkreuzende, widersprüchliche und zusammenhängende Themen von „Mensch und System“ zur Verfügung stellt.

Vorwort

Wir haben viel technisches Wissen,
aber die Weisheit,
mit der das Wissen angewandt wird,
hinkt weit hinterher.

Es freut mich, Heidrun Strikker ein Vorwort zu ihrem Buch schreiben zu können. Ich kenne Heidrun seit 21 Jahren. In all diesen Jahren hat sie sich immer wieder mit viel Mut auf die Ganzheit bestehender Systeme und deren Entwicklungen konzentriert. Mit ihrer Liebe zur Sprache und ihrem tiefen pädagogischen Verständnis ist es ihr großes Bestreben, theoretische Konzepte weiterzuentwickeln und diese mit ihren Kunden in die Praxis umsetzen zu können.

In diesem Buch ist es Heidrun gelungen, verschiedene theoretische Ansätze miteinander zu verbinden und aufzuzeigen, wie sie sich gegenseitig bereichern und ein ganzheitliches Erfassen und Vorgehen in vorgegebenen Situationen ermöglichen. Das ganz Besondere an Heidruns Vorgehensweise – und was in diesem Buch immer wieder sichtbar wird – ist ihre Überzeugung, dass Lebensfreude, die in ihrer Arbeit alles überstrahlt, „den Unterschied ausmacht, der der Unterschied ist".

Am Beginn der 80er Jahre war Heidrun in einer meiner ersten NLP-Ausbildungen. Damals gab es die ersten Begeisterungen zu erforschen, was gute Kommunikation ist, herauszufinden, was Menschen tun, wenn sie mit der Therapie fertig sind, wie sie miteinander umgehen, wie sie sich präsentieren und wie sie in Balance mit sich und ihrem Umfeld sein können. Es waren nicht nur die Probleme und deren Analyse interessant, sondern das Interesse und die Sichtweise wurden vermehrt auf Lösungen gelegt.

Ich möchte deshalb auf **die geschichtliche Entwicklung** des interdisziplinären Ansatzes im Bereich **NLP** und der **systemischen Ansätze** eingehen, die Heidrun mit ihrem Modell des Komplementär-Coachings aufgreift und in ihrer Art wunderbar weiterführt.

NLP begann mit der Erforschung der Sprache und beschäftigte sich zuerst damit, herauszufinden, was hinter den Worten, die wir gebrauchen, versteckt ist und wie diese Tiefenstruktur der Sprache die Kommunikation beeinflusst. NLP ermöglichte, die „hidden agendas", die versteckten Bedürfnisse der Gesprächspartner zu erkennen und darauf eingehen zu können.

John Grinder und Richard Bandler, die Begründer von NLP, haben durch genaues Vorgehen und Beobachten erkannt, dass gute, erfolgreiche Kommunikatoren wie Milton Erickson, Virginia Satir und Fritz Pearls, trotz ihrer persönlichen Unterschiedlichkeiten, die gleichen Sprachmuster innerhalb ihres theoretischen Rahmens verwendeten. Grinder und Bandler ist es gelungen, diese komplexen Vorgehensweisen nicht nur zu erfassen, sondern in kleine, nachvollziehbare Teile zu zerlegen, sodass sie für jedermann lehr- und lernbar wurden.

Ihre Grundfragestellung war: „Haben diese großen erfolgreichen Kommunikatoren angeborene Fähigkeiten oder sind es Fähigkeiten, die für jedermann lernbar sind?"

Grinders Vater war Tischler, den John bewunderte und von dem John von klein auf eine klare, strategische Vorgehensweise lernte. Die handwerklichen Schritte waren immer die gleichen: 1. ein klares Ziel, 2. das notwendige Material und 3. Antwort auf die Frage: Welche Schritte führen zum fertigen Produkt? Grinders Bestreben war es, eine solche, klare Vorgehensweise auf Kommunikation zu übertragen. Es ist ihm, gemeinsam mit Bandler, gelungen, aus den großen gesammelten Aufnahmen von Erickson, Satir und Perls deren visionäre Ansätze und deren „stream-line"-Vorgehensweise so in Schritte und Übungen zu zerlegen, dass Kommunikation wirklich wie jedes Handwerk gelehrt und gelernt werden kann.

Für ihre Lehr- und Lernmethoden nutzten sie die Stufen des Lernens von Gregory Bateson und brachten damit weitere neue Ansätze hervor durch die klare Trennung von „Person und Verhalten", von „Inhalt und Form", von „bewusst und unbewusst", von „versteckt und offen", von „verbal und nonverbal". All dieses Streben nach Balance einerseits und dem Erfassen und Zerlegen der Ganzheit andererseits ergab in ihrer Klarheit neue Perspektiven im Bereich der Kommunikation.

Diese sich ergänzenden Ansätze benennt Heidrun Strikker mit ihrem komplementären Coaching-Modell, entwickelt sie weiter und zeigt auf, wie viel Freude es macht, unterschiedliche Denkansätze zu entdecken, diese miteinander zu kombinieren und dadurch gemeinsame Erfolge zu erzielen.

Eine weitere neue Sichtweise des NLP war die Aussage, dass jeder Mensch alle Ressourcen und Lösungsmöglichkeiten, die er braucht, auf seine Weise bereits in sich hat und dass lediglich der Zugang dazu fehlt. Diese These basierte auf der Vorgehensweise von Milton H. Erickson, die ebenfalls von NLP analysiert und zugänglich gemacht wurde. Milton Erickson hatte die von Freud begonnene tiefenpsychologische Entwicklung aufgegriffen und Verhalten in unbewusstes und bewusstes geteilt. Er ging davon aus, dass unser bewusstes Verhalten von inneren, unbewussten Prozessen gesteuert wird und nicht nur die Ursache für Schmerz und Verletzungen, sondern auch für Gesundheit, Lebensfreude, Gemeinsamkeit etc. ist. Die moderne Gehirnforschung bringt heute dazu viele neue Erkenntnisse und liefert Beweise dafür, wie wenig wir bewusst erfassen können und wie viel unbewusst in uns vorhanden ist.

NLP stützt sich heute auf diese inneren Ressourcen und hilft, sie mit vielen Möglichkeiten zu wecken, sodass sie für vorgegebene Ziele genutzt werden können. Dieses in uns schlummernde Reservoir an Wissen und Fähigkeiten kann Türen für viele Visionen öffnen, die zu neuen Richtungen menschlichen Miteinanders, besseren Arbeitsstrukturen und innovativen Produkten führen.

Was NLP damals in diese Vorgehensweise nicht miteinbezogen hatte, war der ethische Rahmen, innerhalb dessen die großen Persönlichkeiten handelten. Grinder und Bandler betonten immer, dass erst der Benutzer von Werkzeugen bestimmt, wofür die Werkzeuge eingesetzt werden, dass z.B. ein Hammer immer nur ein Hammer ist und erst die Person, die den Hammer in die Hand nimmt, bestimmt, was sie damit macht. Bandler und Grinder ließen es frei, wie und wofür die NLP-Werkzeuge gebraucht wurden. Das Fehlen des ethischen Rahmens und ihr strikt pragmatisches Vorgehen haben leider bis heute der Methode sehr viel Kritik entgegengebracht und überdecken oft die hervorragenden Beiträge, die durch NLP geleistet wurden.

Heidrun Strikker ordnet ihre lösungsorientierte Arbeit seit vielen Jahren einem klaren ethischen Rahmen zwischen Coach und Coachee zu und integriert diese Orientierung an den gemeinsamen Werten sowohl in der Ausbildung als auch in der praktischen Arbeit in den Unternehmen. Sie hat in ihrem Buch die verschiedenen Methoden auf ihre Art weiterentwickelt, ihre langjährigen Erkenntnisse zusammengefasst und so geordnet, dass sie praktisch anwendbar sind: Verbunden mit viel Geschick, Leichtigkeit und ihrer ausgeprägten **Lebensfreude** wird Heidruns besondere Fähigkeit deutlich, die tief schlummernden Fähigkeiten bei anderen zu entdecken und für deren Leben nutzbar zu machen.

Ähnlich revolutionär wie das Aufkommen des NLP waren **die ersten systemischen Ansätze**. Noch in den 60er-Jahren waren sowohl die Psychologie als auch die Medizin in ihrer Sichtweise klar zueinander abgegrenzt – der menschliche Körper und die Person wurden unabhängig von ihrem jeweiligen Umfeld betrachtet und getrennt analysiert. Virginia Satir an der University of Chicago war die Erste, die darauf hinwies, wie sehr das Umfeld, die Familie, die Ahnen, die Kultur etc. die Entwicklung einer Persönlichkeit beeinflussen und wie sehr in umgekehrter Reihenfolge jede Veränderung im System auf die einzelnen beteiligten Personen wirkt. Damit hatte sich die Betrachtungsweise auf Kommunikation wesentlich verändert und wurde zu einem Bestreben, Systeme in ihrer komplexen Ganzheit, in die Menschen eingebettet sind, zu erfassen. Nicht nur das Erfassen der Systeme war dabei wichtig, sondern auch die im System sich vollziehenden gegenseitigen Beeinflussungen der betroffenen Menschen – jeder beeinflusst jeden, ob gewollt oder ungewollt.

Aus dieser Erkenntnis heraus haben sich viele Ansätze und Richtungen entwickelt, die Heidrun in ihrem Buch gut zusammenfasst und gegenüberstellt. Hier liefert sie einen wichtigen Beitrag, indem **Heidrun respektvoll und mit viel Achtung die verschiedenen Ansätze** verbindet, sodass die gegenseitigen Bereicherungen und Ergänzungen sichtbar werden.

Heidruns Besonderheit ist es, diese Unterschiedlichkeit mit Leben, Freude und Begeisterung zu füllen. Sie weiß, wenn in einem Unternehmen Lebensfreude im Miteinander gelebt wird,

- ist Begeisterung für die gemeinsame Arbeit da,
- werden Veränderungen als Herausforderungen und nicht als Stress und Druck erlebt,
- bleiben Mitarbeiter gesund und es werden weniger Fehler gemacht.

Wird Lebensfreude in einem Unternehmen/einer Organisation gelebt, ist es wie ein gutes Orchester, in dem jeder seinen Part eigenverantwortlich und einzigartig spielt und gleichzeitig immer mit den Stimmen der anderen im Einklang ist.

Neben der beruflichen Zusammenarbeit bin ich mit Heidrun und ihrem Ehemann und beruflichen Partner Frank seit 20 Jahren befreundet und hatte dadurch Gelegenheit, in den vielen Jahren mitzuerleben, wie es ihnen miteinander gelingt, immer wieder in ihrem Auf und Ab des Lebens Lebensfreude in ihre Beziehung zu bringen.

In Zeiten der Veränderungen wird leicht das Gefühl von Chaos und Unklarheit erlebt, was im Bereich von Beziehungen die hohen Scheidungszahlen dokumentieren. Veränderungen können im Privaten wie Beruflichen aber ebenso gut auch als Chance gesehen werden, das Eigene zu entwickeln und die dadurch entstehenden Freiheiten und Spielräume zu nutzen.

Heidrun und Frank sind nicht nur beruflich im Change-Management und Komplementär-Coaching Spezialisten, sondern leben es auch privat in ihrer Familie. Sie haben immer wieder neu gemeinsam ihre Regeln und Werte definiert, haben Zeit füreinander und leben bewusst die unterschiedlichen Rollen – als Mann und Frau, als liebevolle Eltern, genießen Zeit für Freunde und Verwandte und lieben ihren Beruf, in dem sie gemeinsam erfolgreich sind. All das klingt fast unmöglich. Heidrun und Frank zeigen aber, dass es möglich ist und dass es nicht immer um Quantität geht, sondern oft um Qualität der gemeinsamen Zeit – es sind die bewussten Momente, die, wenn sie intensiv gelebt und miteinander geteilt werden, mehr Lebensfreude in den Alltag von Paaren, Familien und Teams bringen, als viele Stunden unachtsam nebeneinander verbrachte Zeit.

Heidrun lebt, was sie schreibt, und steht hinter dem, was sie vertritt. Darin hat sie immer wieder viel Mut bewiesen. Ich wünsche ihr weiterhin viel Freude beim Verbinden allen theoretischen Wissens mit innerer Weisheit – beim Weiterentwickeln des Komplementär-Coachings. Alle Theorien, werden sie gegenseitig respektiert und geachtet, können helfen, Lebensfreude zu verbessern und Lebendigkeit und Erfolg in Familien und Arbeitsprozesse zu bringen.

Dr. Gundl Kutschera
Kutscheracommunikation

Geleitwort

In den letzten Jahren hat Heidrun sich immer wieder der Frage gestellt, wie sie Kundenprojekte am besten konzipiert, wie wir in unserer Firma als Coaches vorgehen wollen und vor allem, welche Faktoren einen Veränderungsprozess erfolgreich machen, damit die Menschen ihren Weg selbstbestimmt gehen und wissen, wie sie ihre Ziele erreichen können.

Diese Welt voller Entdeckungen und überraschender Wendungen greift Heidrun auf und beschäftigt sich sehr intensiv mit der Reflexion der Kundenprojekte. Sie tauscht sich vertrauensvoll mit ihren Coachees aus und ist von der Idee inspiriert, aus der Begegnung mit ihren Kunden und aus der Analyse ihrer gemeinsamen Arbeit neue Handlungsmodelle für die Bewältigung und Steuerung des Change-Alltags zu entwickeln. Eine ihrer Grundannahmen ist: Wenn sich das Umfeld in der Wirtschaft, auf den Märkten und bei Unternehmen verändert, müssen Berater, Trainer und Coaches neue Antworten für ihr Vorgehen mit ihren Kunden finden.

Coaching ist Reflexion – für den Coachee, so lautet die gängige Meinung. Im vorliegenden Buch betont Heidrun, dass diese Interpretation nur eine Seite des Coachingprozesses berücksichtigt. Denn: Coaching ist auch Reflexion über die Situation, die organisatorische Einbindung und die systemischen Verflechtungen des Coachees und damit nicht nur über sein Verhalten, seine Einstellung und seine Wirkung. Mit Komplementär-Coaching verbindet Heidrun Strikker noch einen weiteren Schritt, indem sie mehrfach darauf hinweist, dass dieser Coachingansatz auch den Coach zur Reflexion auffordert. Dabei rekurriert sie auf die technischen Aspekte des Coachings, z.B. die Art der Fragestellung, die Auswahl der Aufgaben und Interventionen, noch deutlicher betont sie aber die Haltung und Einstellung des Coaches zu seinem Coachee. Hier liegt der eigentliche Schlüssel zum Erfolg von Coaching.

Aus dem ursprünglichen Suchprozess sind Lösungen entstanden. Heidrun hat zusammengestellt und reflektiert, was sie real bei Unternehmen tut, unabhängig davon, ob es einem theoretischen Ansatz genau entspricht oder nicht. Sie ist darauf gestoßen, wie sie in ihrer Arbeit verschiedene Modelle kombiniert, verzahnt, verbindet und integriert. Hier ist der Gedanke der Komplementarität entsprungen. Scheuklappen, Schubladendenken, Tunnelblick, Lehrbuchkonzepte – all das hat sie abgelegt, um offener für die realen Vorgänge sein zu können. Das Ergebnis liegt nun in Buchform vor Ihnen und lädt ein zu einer erfrischenden Reise.

Coaching ist das Transportmittel – sei es als Zug, Auto oder Flugzeug –, das im Mittelpunkt steht. Die Reise selbst führt uns durch die Welt des Change, der Veränderung von einzelnen Personen und ganzer Organisationen. Es gibt verschiedene Haltepunkte und Stopps, an denen wir Ballast abwerfen und neue spannende Ideen „auftanken", um mit dieser Energie den nächsten Reiseabschnitt zu starten. Daher wird es notwendig, auch während der Reise die Ressourcen immer wieder aufzufüllen, um sich mit Spaß und Freude in die nächste Veränderung hineinbegeben zu können.

Ein fixes Ziel, einen permanenten Aufenthalt, bietet die Change-Reise nicht – aber für mich ist es eine große Freude, sie mit meiner Frau Heidrun zu erleben, gemeinsam auf Überraschungen und persönliche Herausforderungen zu stoßen und ein neues Selbstverständnis als Coach zu entdecken.

Dr. Frank Strikker
Vertretungsprofessur für Bildungsökonomie und
Bildungsplanung an der Universität Bielefeld
Geschäftsführer SHS CONSULT GmbH & Co. KG

Einleitung und Dank

Als langjährige interne Ansprechpartnerin für Personal- und Managemententwicklung habe ich viele Facetten des direkten Umgangs mit Veränderungen sehr nah erlebt – die meisten Eindrücke hingen eng damit zusammen, dass Manager die Chance und die Verantwortung dafür bekamen, ihre eigenen Zukunftsideen in ein größeres Ganzes zu übertragen.

Wenn es ihnen gelang, sich zu beweisen und sie reüssierten, wechselten sie in noch verantwortungsvollere Positionen oder sie scheiterten – dann gerieten mit ihnen auch viele andere in Schwierigkeiten.

Berater und Coaches können in beiden Szenarien involviert sein. Ihr direkter Beitrag, ob als Interne oder als Externe, führt nicht zwangsläufig zum Erfolg des Coachees, dafür ist die Arbeit des Coaches und sein Einfluss auf die Organisation zu sehr gebunden an das, was der Coachee persönlich umsetzt, bewirkt und erreichen kann. Der Coach begleitet – nach oben wie nach außen, aber selten nach unten.

Intern wie später auch als externe Gesprächspartnerin von Change-Verantwortlichen bin ich heute zu der Überzeugung gelangt, dass *Coaching-Erfolg daran gebunden* ist, wie gut es den *Coachees* gelingt, *sich innerlich ins Lot zu bringen und sich an inneren wie äußeren Ressourcen zu orientieren,* während sie sich selbst mitten im Umbruch befinden und auch ihr Umfeld in Veränderung begriffen ist.

Sie schaffen dies, wenn sie sich gleichzeitig in Parallelwelten bewegen – mit offenen Augen und Ohren und mit einem aufmerksamen Gespür für das, was sich um sie herum im System und in ihrem Inneren ereignet. Ohne diese kontinuierliche Versicherung, dass während oder nach jeder Veränderung außen wie innen „alles wieder im Lot“ ist, hätten sie keinen Anhaltspunkt, mit dem sie vergleichen könnten, ob das Neue für sie passt, nur ungewohnt oder sogar unmöglich erscheint und wie weit sie Veränderungen mit zu tragen bereit sind. Nur so können sie erfolgreich „Ja“ oder „Nein“ zu konkreten Plänen oder Maßnahmen sagen.

Erfolgreiche Manager nennen dies ihr „untrügliches Bauchgefühl“ oder ihre „intuitive Sicherheit“ – erfolgreiches Coaching zielt auf genau dieses „innere Lot“ und nennt es „Mensch und System komplementär coachen“.

Wie wichtig diese komplementäre Beziehung zwischen beruflicher und persönlicher Entwicklung ist, lehren mich meine eigene Familie, unser Team von SHS CONSULT, meine Kunden, meine guten Freunde und unser aller Zusammenspiel von Selbstständigkeit, Freiraum, Zusammenhalt und Unterstützung.

Und dafür möchte ich mich bedanken. In den vergangenen Wochen hat mich vor allem mein Mann Frank in vielen Momenten nach außen und nach innen vertreten und mir ohne viele Worte liebevoll den Rücken freigehalten, damit ich in Ruhe schreiben konnte.

Viel Unterstützung habe ich von Andrea Hennig, unserer Office-Managerin, und von Kerstin Bongartz, unserer Trainee, erfahren, die mich, wo immer es ging, nach außen abgeschirmt und mich mit so manchem Kaffee und witzigen Geschichten versorgt haben. Besonders bedanken möchte ich mich zudem bei meinem Geschäftspartner Mathias Hofmann für seine als Selbstverständlichkeit empfundene Bereitschaft, mir Aufgaben abzunehmen, bei Martina Twelenkamp, die mit großer Begeisterung die kleinen Rechtschreibteufelchen aufgespürt hat, bei Vera Brüggemann für ihre schönen Illustrationen und bei meinem Freund Helmut Lemke für sein ruhiges und aufmerksames Zuhören, durch das ich Struktur in meine Gedanken bringen konnte.

Meine Kinder Jelena und Paul und die Enkelkinder Lionel und Maja Sophie haben mich in dieser Zeit mit ihrem umwerfenden Lächeln und ihrem Schalk in den Augen immer wieder dazu gebracht, alles stehen und liegen zu lassen und mit ihnen Zeit zu verbringen. In unserer Familie lassen sich, und darüber bin ich froh, das Leben und die Liebe tief einatmen und das macht Kopf und Herz frei für alles, was es darüber hinaus gibt – für tiefe Wurzeln im Zusammensein mit anderen und für ein pralles Leben inmitten von Beruf und Alltag.

Heidrun Strikker
Bielefeld, Januar 2007

Erstes Kapitel: Coaching im Wandel

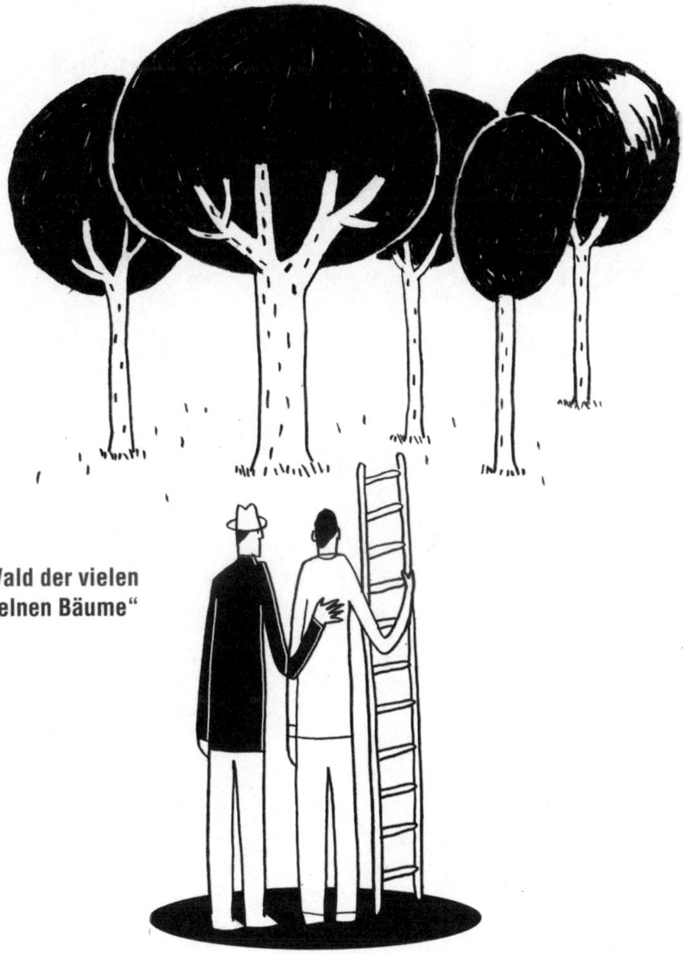

„Der Wald der vielen einzelnen Bäume“

Die Wunderleiter – *Stufe eins:*

Im Komplementär-Coaching unterstützt der Coach den Coachee, sich in seinem *Umfeld* sehr genau umzusehen und so viele Informationen wie möglich zu sammeln und zu sortieren, ehe er Entscheidungen für seine weiteren Schritte trifft. Je nachdem, welche Orte und Plätze er wählt, macht er spezielle Erfahrungen und verzichtet auf andere. Jeder neue Platz eröffnet ebenso neue Chancen wie neue Grenzen.

Quer durch alle Branchen und Organisationen hat sich seit einigen Jahren Change-Management als globales Unternehmenskonzept etabliert. Parallel verbreitete sich die Idee des Coachings als effiziente und kluge Form persönlicher Begleitung und setzte sich überraschend konsequent am Businessmarkt durch. – Mit methodisch vielseitigem Charme und irritierend theoretischer Offenheit platzierte sich Coaching im traditionellen Beratungsgeschäft.

Zukunftsfähige Begegnungen von Mensch zu Mensch

Innerhalb kurzer Zeit hat sich Coaching mit einer großen Themenpalette keck und unbefangen als innovatives Modell neben standardisierte Betriebswirtschaftskonzepte gestellt. Heute verdrängt Coaching zudem, nicht ohne verdutzte Reaktionen hervorzurufen, die langjährig erfolgreichen, systemisch geschulten Berater und Organisationsentwickler von ihren bisherigen ersten Plätzen.

Mensch und System sind in andauernder Bewegung und Veränderung. Kontinuität in der Entwicklung des einen oder des anderen, des Einzelnen wie der Organisation, löst sich auf, bricht irgendwo ab und formiert sich an anderer Stelle neu.

Im Change treffen sich beide Welten jeden Tag, oft abrupt, unvorbereitet, unausgeglichen! Die ganzheitliche Betrachtung, der Blick auf Zusammenhänge, wird zunehmend verdrängt von gleichzeitig auftretenden Einzelproblemen inmitten einer großen Veränderung. Coaches und Berater werden mit Change-Ausschnitten konfrontiert, die einen aktuellen Auslöser, viele verschiedene Hintergründe und eine kaum einschätzbare Entwicklung beinhalten. Zukunft ist kaum noch planbar. In Unternehmen richten sich Strategien auf das Erreichen von Quartalszielen, auf kurzfristigen Ertrag und vor allem auf Geldgeber aus, die der Organisation ehrgeizige Ziele vorgeben. Das Bild des Top-Managers, der mit dem systemischen Berater ganzheitlich seine Vision und Strategien über zwei Jahre und mehr diskutiert, entspricht immer weniger den Möglichkeiten und Bedingungen vor Ort, oft genug auch nicht der Verbleibdauer von Managern in den zu verantwortenden Positionen.

Brauchen Coachees den Blick auf ganzheitliche Zusammenhänge oder wird diese Sicht zum Luxus, der im Change kaum noch zu erreichen ist? Wie verankern sich Coachees strategisch und „taktisch" in ihrem System, einem eigendynamisch wirkenden Kontinuum, das sich unvorhersehbar und ständig verändert? – Wird Coaching zukünftig nur noch begrenzte Teilprozesse begleiten, konkrete Teilaspekte zu bearbeiten haben?

Kann Coaching unter solchen Bedingungen dann noch erfolgreich sein?

Coaching ist einerseits eine berufliche Tätigkeit, die einzelne Personen auf einer bestimmten Zeitstrecke unterstützt, ihre individuelle Bestleistung zu erbringen. Auf der anderen Seite begleiten Coaches seit Jahren und mit stark ansteigender Tendenz die Verantwortlichen großer und kleiner Organisationen darin, Projekte, Positionen und Prioritäten sinnvoll, auf Dauer und erfolgreich auf den Weg zu bringen.

In der Praxis zeigt sich derzeit, dass die inhaltliche und methodisch-konzeptionelle Trennung in Coaching und Beratung von „Mensch und System“ nicht mehr aktuell und zukunftsfähig ist. Change-Management ist im Berufsfeld von Coaches und Beratern zum Synonym für ständige Veränderungen geworden und „wirft“ Mensch und System aufeinander „zurück“.

Heute gibt es immer noch ein breit gefächertes, nebeneinander bestehendes Angebot von Coaching und Beratung, das sich im Wesentlichen darin unterscheidet, ob sich die jeweilige Expertise auf den Menschen oder auf das System bezieht, in dem diese Menschen leben.

Aber Manager und Mitarbeiter arbeiten immer stärker an unterschiedlichsten Aufgaben und stehen meist unter erheblichem Zeitdruck. Viele der Anforderungen müssen kontinuierlich aufeinander abgestimmt werden und überschneiden sich mit anderen Bereichen. Der eigene Arbeitsbereich ist durch fein kalibrierte, elektronisch gesteuerte Prozesse durchgängig geöffnet. Geschlossene Bürotüren schützen vielleicht vor Blickkontakt und Lärm, aber nicht vor den unmittelbaren Zusammenhängen mit anderen.

Der Einzelne muss die Auswirkungen seiner eigenen Tätigkeit auf die der anderen immer mit bedenken. Tut er dies nicht, können kleine Unachtsamkeiten ganze Abläufe und Strukturen im Unternehmen zusammenbrechen lassen. Die Grenze zwischen persönlichen Problemen und Konflikten aus der Zusammenarbeit oder den Umfeldbedingungen verwischt in Change-Prozessen völlig.

Wenn solche „vermischten“ Probleme auftreten, sehen sich interne Personal- und Managemententwickler nicht immer in der Lage, diese weitverzweigten Zusammenhänge durch kollegiale Beratung oder internes Coaching zu entwirren. Oft sind sie selbst in ähnliche Prozesse verwickelt. – Meist passt es nicht zur Kultur des Unternehmens bzw. zum Habitus der Beteiligten, mit Managern der Führungsetagen intern vertrauliche Gespräche über deren Probleme zu führen oder Coaching-Situationen herzustellen. Dann geht der **Blick nach außen**:

- *Wo sind geeignete externe Gegenüber für die Herausforderungen zu finden, die Change-Management im Unternehmen aufwirft?*
- *Wie können Coaching und Beratung den komplexen Anfragen so begegnen, dass sie den unterschiedlichen Personen und ihren Anliegen gerecht werden?*
- *Welche entscheidenden Antworten geben Experten?*
- *Welche methodische Vorgehensweise müssen sie angesichts knapper Ressourcen von Mensch und System heutzutage beherrschen?*
- *Was bieten Professionals ihren Coachees und Veränderungsmanagern, was diese nicht selbst einbringen können?*

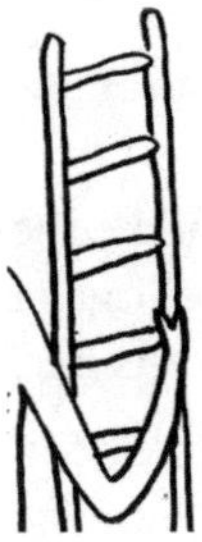

Veränderungsprozesse gehören bereits heute zum normalen Alltag in Unternehmen. Externe Coaches müssen die Frage sehr klar beantworten, wo zukünftig ihr Platz innerhalb oder außerhalb der Veränderung ist und wie es ihnen im laufenden Alltag gelingt, zu Lösungen bei komplexen Problemstellungen beizutragen.

Viel Zeit für eine erste Orientierung hat ein Coach meist nicht, wenn er in Change Prozesse berufen wird. Meist wird er möglichst schnell zum Coachee gebracht, der die internen Daten über den Coach vor sich auf dem Tisch liegen hat. Zwischen Erstkontakt und erstem Coaching-Termin liegen manchmal nur wenige Stunden. Zeit ist zur knappen Ressource in diesen neuen Szenarien geworden.

Der Erstkontakt – Crashtest ohne Versuchsanordnung

Coaching fällt zunehmend aus der Komfortzone der ruhigen Absprachen und bequemen Sesseln heraus. Beziehungsaufbau muss blitzschnell möglich sein oder gelingt gar nicht mehr. In besonderen Stressphasen sollen sich Coach und Coachee bereits nach wenigen Minuten einig werden und dann geht es auch schon los. Crashtest ohne Zeit und Dummy.

Alle Sinne müssen beisammen, alle Theorien und Modelle zur Hand sein. Mensch und System fordern den ganzen Coach – vom ersten Moment der Begegnung an. Diese tempogesteuerte Veränderungsleistung muss Coaching in der Person des Coaches, mit modernen Methoden und mit pfiffigen und griffigen Konzepten erbringen können. Das gehört zur Grundausstattung und zum Gesamtauftritt des Coaches. Er muss sich gut orientieren können und Klarheit behalten in der Welt des Coachees. Diese Grundbefähigung und unerschütterliche Haltung ist Dreh- und Angelpunkt erfolgreichen Coachings in Veränderungsprozessen.

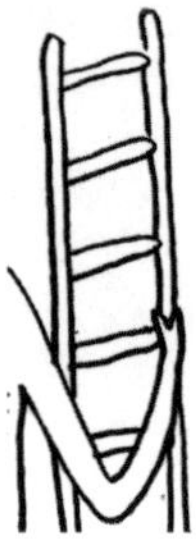

Der größte Unterschied zu früheren Beratungs- und Coachingszenarien liegt in der knappen Zeit. Heutige Coachingaufträge lassen nur wenig Raum für eine konzeptuelle Phase, in der Wünsche, Ziele und Fragestellungen des Coachees zu einer wohldurchdachten gemeinsamen Absprache führen und sich in einem strategisch ausformulierten Konzept ausdrücken.

Was unter Change-Bedingungen deutlicher wird, ist die Tatsache, dass sowohl die heute unter Zeitdruck stattfindenden als auch die früheren, zeitaufwendig angelegten Projekte mit der persönlichen Begegnung zwischen Coach und Coachee und mit deren erfolgreichem Verlauf beginnen.

In beiden Ausgangssituationen, ob mit viel oder wenig Zeit, steht und fällt alles, was zu Auftrag und Konzept führt, mit dem Kennenlernen und der persönlichen Beziehungsebene. Aber liegt auch die Aufmerksamkeit darauf?

Wenn man bedenkt, wie viel theoretische Modelle es über alle möglichen Facetten von Beratung, Change-Management und Coaching gibt, ist es absolut erstaunlich, wie wenig diese erste Kontakt- und Überzeugungsarbeit in der Literatur der Profis bisher gewürdigt wird. Schließlich sind es die konkreten Personen, die einander die Coachingtüren öffnen.

Ob als interne Coaching-Auftraggeber, mit Macht, Mission und Position ausgestattet, oder als Coaching-Dienstleister, mit Charme, Crash-Erfahrungen und Charakter auf Homepage und Autobahnen unterwegs – in beiden Rollen müssen sich externe Coaches und interne Auftraggeber als *Personen* aufeinander einigen können. Vor dem schriftlichen Auftrag stehen der persönliche Augenschein, der Händedruck, das gesprochene Wort und meist eine verlässliche Spürnase auf beiden Seiten, mit der der Gesamteindruck verdichtet wird: Entweder, es funktioniert auf Anhieb oder gar nicht, selten kommt es zur zweiten Chance.

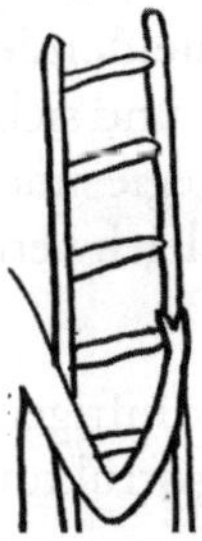

Für den erfolgreichen Einstieg in ein Coaching ist heute extrem entscheidend, wie gut es dem Coach auf Anhieb gelingt, die individuellen und systembedingten Fragestellungen in der Welt des Coachees zu erfassen.

Besonders bei den erfahrenen Coaches erscheint dies wie ein besonderes Fingerspitzengefühl oder wie eine intuitive Erkenntnis, die in ihnen aufkeimt. Tatsächlich beobachten sie genau, hören sehr aufmerksam zu und wissen den besonderen Trubel und auch die Tristesse von Change-Prozessen ihrer Coachees differenziert einzuschätzen.

Inhalt, Themen und komplementäre Cluster

Worum geht es Coachees, wenn sie ein Coaching in Betracht ziehen – ganz allgemein, ohne die subjektiven Auslöser sofort ergründen zu wollen, ohne die besonderen Bedingungen zu hinterfragen und die genaue Situation vor Ort zu kennen?

Aus jahrelanger Erfahrung, unabhängig vom jeweiligen Typ und der individuellen Situation des Coachees, lassen sich in nahezu jedem Coaching **fünf entscheidende Themenfelder** erkennen, die indirekt oder direkt miteinander zu tun haben und sich wechselseitig ergänzen. Es sind (1) Unternehmensentwicklung, (2) Strategie und Steuerung, (3) Kommunikation und Information, (4) Hierarchie und Gleichwert und (5) Performance.

1. Fragen, Perspektiven und Probleme zur vergangenen, aktuellen oder zukünftigen **Unternehmensentwicklung**, oft aus dem Fokus der eigenen Abteilungsstruktur oder des eigenen Bereichs;
2. Themen in Bezug auf **Strategie und Steuerung** sowie zu Führung und Vorgaben, daran gekoppelt Zielvereinbarungen, Anreizsysteme und Motivationsfragen;
3. Umsetzungsschwierigkeiten und Unsicherheiten bei internen und externen **Informations- und Kommunikationsprozessen**, Fragen zu Macht, Entscheidungen und exklusiver Teilhabe an Wissen;
4. Schwierigkeiten gegenüber der **Hierarchie** im Unternehmen, Schwankungen in der Besetzung von Positionen und **Gleichwert** in der **Verantwortlichkeit von Teams** und Projektgruppen, mit z.T. unterschwelligen oder akut aufbrechenden Teamkonflikten;
5. Fragen zur eigenen **Performance** im und außerhalb vom Unternehmen, befürchtete Karriereschwankungen, Vertrauensverluste in die **eigenen Fähigkeiten**, starke persönliche Belastungen sowohl privat als auch beruflich oder gesundheitlich.

Diese **fünf komplementären Coaching-Cluster** sind eingebettet in Markt und Umfeld des Unternehmens, in die Branche, den Standort etc. Unabhängig davon, ob diese Themen oder Teilaspekte vom Coachee angesprochen werden oder nicht, ist jeder Coach gut beraten, wenn er diese Themen in sein Blickfeld holt, ob mit Zoom im Besonderen oder mit peripherem Rundblick auf alle.

Coaches müssen generell davon ausgehen, dass mindestens ein Thema mit einem anderen der Komplementär-Cluster zusammenhängt. Coachees erleben in akuten Change-Prozessen solche Themen oft miteinander als unvereinbare Gegensätze.

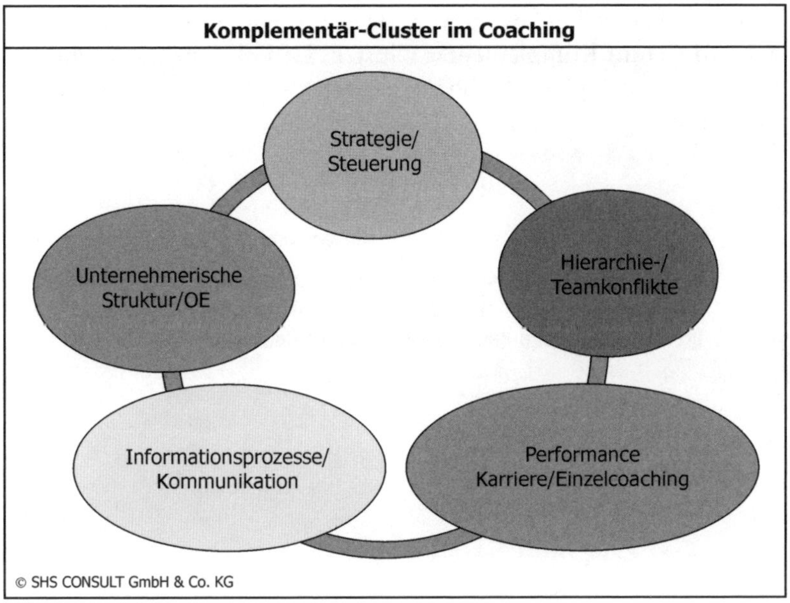

Abb. 1.1: **Komplementär-Cluster im Coaching**

So stehen sich Fragen zur Einzelperformance des Coachees und Probleme zur Steuerung des Unternehmens scheinbar ohne Verbindung gegenüber, weil der Coachee seine eigene Führungsschwäche und fehlende Überzeugungskraft gegenüber seinen Mitarbeitern mit deren Desinteresse, den strukturellen Bedingungen, einem Teamkonflikt oder mit Change-Müdigkeit „im Unternehmen" begründet.

Viele Manager müssen im Coaching erst lernen, kritisch auf eigene, individuelle Themenstellungen zu schauen, wenn sie darüber nachdenken wollen, wie sie Veränderungsprozesse in ihrem Unternehmen optimieren könnten oder warum gedanklich gut durchdachte Perspektiven in der Vorbereitung bereits scheitern.

Geradezu „klassisch" sind in diesem Kontext Coachinganlässe, bei denen es um strategisch oder organisatorisch begründete Veränderungsprozesse im Unternehmen und um die fehlende Betrachtung der persönlichen Lebensplanung der Beteiligten geht. Solche Double Binds oder „Zwickmühlensituationen" fordern gerade dann von jüngeren Managern besondere Mobilität und „rücksichtslose" Flexibilität, wenn diese sich in einer Lebensphase befinden, in der ein Karrieresprung in ein anderes Land vielleicht bedeutet, die eigene Familie mit dem sehnlich erwarteten Nachwuchs in den kommenden Monate allein, d.h. „im Stich" zu lassen. International operierende Unternehmen bieten in ihren deutschen Dependancen in solchen Situationen zwar Anforderungen, aber wenig werthaltige und entsprechend flexible Angebote für die Betroffenen und deren Angehörige, weder bei der Frage des „Ausstiegs" noch in der Phase der „Re-Integration".

Coach und Coachee sollten daher von Beginn an in ihrem gemeinsamen Coaching-Prozess die „fünf Komplementär-Cluster" im Fokus behalten und auf die besonderen Zusammenhänge und Abhängigkeiten zwischen den verschiedenen Themenfeldern achten.

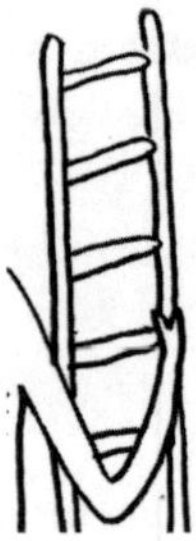

In der professionellen und sich ergänzenden Bearbeitung dieser verschiedenen bedeutsamen Disziplinen, der fünf Komplementär-Cluster, liegt die zentrale und grundlegende Idee des komplementären Coachings.

Sinn und der Nutzen in der Wahl des Coachees

Zu jedem Coachinganlass findet sich ein Bedürfnis.

Coachees, die sich im Coaching gegenüber Veränderungen öffnen, wollen etwas *zurückerlangen oder endlich für sich entdecken,* was Csikszentmihalyi (vgl. Csikszentmihalyi 1992, 1995) als *holistisches Gefühl,* als kurzes Erleben des Glücks, als **Flow** beschreibt:

- *motiviert sein durch das, was sie tun und nicht durch das fremdbestimmte, äußere Ergebnis, das Investoren oder Shareholder vor Augen haben;*
- *ihre Aufmerksamkeit zentrieren auf ein Aktionsfeld, das sie selbst stimulieren und steuern können;*
- *in ihrem Handeln gefordert sein, eindeutig etwas bewirken und darauf eindeutige Rückmeldungen bekommen;*
- *ihre Fähigkeiten und Fertigkeiten auf diese Rückmeldungen hin ständig verbessern und angleichen, ohne sich dieses Prozesses bewusst sein zu müssen, sondern als unbewusstes „Fließen", wie ‚selbstvergessen' zu handeln.*

Wenn Tätigkeiten, in denen Coachees Kraft und Potenzial entfalten können, sehr fein auf ihre spezifischen Fähigkeiten abgestimmt (kalibriert) sind, erleben sie ein hohes Maß an intrinsischer Motivation, Freude in ihrem Tun und setzen eine enorme kreative Schubkraft für Veränderungen frei.

Die andere Seite dieser hohen Energiebereitstellung und Leistungsfähigkeit sind starr bürokratische Abläufe, steife Regularien der Verwaltung und festgezurrte Formen von Bildung. Wie um ein Gegengewicht zu ambitionierten Change-Vorhaben zu schaffen, finden sich diese starren Formen im Windschatten der meisten innovativen Veränderungsprozesse und internen Change-Vorhaben.

Die Anstrengungen, diese oftmals als „sinnlos" erlebten, negativen Erscheinungsformen zu beseitigen, kosten die meisten Menschen mehr Kraft als der Schub nach vorn in eine ungewisse Zukunft. Deshalb sind lähmende Tendenzen und Widerstände oftmals Bestandteil von Coaching, explizit von Auftragscoaching (vgl. Klein/Strikker 2003), das durch Dritte veranlasst, einen Coachee oftmals nicht mehr vor die Wahl einer Veränderung stellt, sondern ihn dazu verpflichten soll. Letzteres ist allerdings eine besondere Situation, die spezifische Herangehensweisen erfordert. Im folgenden Beispiel hat die betroffene Führungskraft nicht so lange gewartet, bis ein Dritter entschied. Aber die kontextuelle Situation war nicht ohne Druck auf den Coachee.

Coachees wollen ebenso wie ihre Vorgesetzten, sofern diese in einen Coaching-Auftrag involviert sind, rasch wissen: Ist auf den Coach Verlass? Hat er Zeit und ist er eindeutig loyal gegenüber dem Coachee bzw. gegenüber dem Unternehmen? Kann er einschätzen, um was es geht? Ist er sein Geld wert? Wie kommt der Coachee schnell zu einer Entscheidung, ohne mehrere Coaches prüfen zu müssen?

Diese Fragen stellte sich auch ein Manager eines großen Pharmaunternehmens, der vor einer überraschenden Beförderung stand, über die er sich vielleicht früher gefreut hätte. Aber in Umbruchzeiten und mitten in Change-Prozessen können solche Angebote durchaus schwierig zu entscheiden sein, wenn mit einer Karriereentwicklung nicht gleichzeitig klar ist, dass sich die Zahlen des Unternehmens ebenfalls nach oben entwickeln werden.

Praxisbeispiel: Beförderung im Umbruch

Eine nicht unproblematische, aber change-typische Ausgangssituation: Es war in den vergangenen Monaten verstärkt zu Auseinandersetzungen zwischen Vorstand und Geschäftsführung über die Ziele des Unternehmens gekommen und der Geschäftsführer zog die Konsequenz durch eine abrupte Kündigung. Es war die Rede von Verkauf und einige Kollegen hatten, zeitgleich mit dem Geschäftsführer, damit begonnen, sich nach Headhuntern umzuhören. Der Vertriebsleiter, 37 Jahre alt, seit einigen Jahren bereits im Haus, sollte nun, mitten im Umstrukturierungsprozess, unerwartet die Nachfolge des Geschäftsführers übernehmen.

Der mit Verve agierende Vertriebsleiter hatte trotz schwieriger Marktsituation mit seiner Mannschaft gute Zahlen erreicht und noch in den letzten Tagen zwei große Kunden halten können. Mit den Top-Führungskräften seiner fünf besten Gebiete stand er deshalb vor einem Event, das alle als besonderes Dankeschön ins Ausland führen sollte. Allerdings war die Gesamtsituation im Haus kritisch und er fragte sich, wie lange der Vertrieb noch „ungeschoren“ bleiben würde.

Statt einer Bestätigung seiner Befürchtungen wurde er völlig überrascht von dem Angebot, die Funktion des in Kürze ausscheidenden Geschäftsführers zu übernehmen und das Unternehmen endlich in die Erfolgszone zu führen. Damit war er der erste „Vertriebler“, der auf eine solche Aufgabe angesprochen wurde. An sich war es eine tolle Sache für seine Laufbahn. Aber gerade jetzt, in dieser politisch ungeklärten Situation? Traute er sich die Führung zu oder würde er nach wenigen Monaten sowieso nur Verkaufsverhandlungen führen? War er ein Statthalter auf Zeit? Hätte er sich früher auch solche kritischen Fragen gestellt oder sich einfach gefreut? Stand er noch zum Unternehmen oder nicht?

Ablehnen konnte und wollte er das Angebot an sich nicht. „Nein“ sagen könnte er nur einmal, danach würden das andere zum passenden Zeitpunkt für ihn übernehmen. Aber er hatte kein gutes Gefühl bei der Sache, wie auch? Würden die Kollegen, die über Ausstieg nachdachten, bleiben, wenn er annähme? Außerdem wollte er weiterhin ein bisschen Familienleben haben können. Er fühlte sich „kalt“ erwischt, ausgerechnet er.

Seine direkten Kollegen im Vertrieb und Marketing, denen er von dem Angebot erzählte, beglückwünschten ihn bereits, aber er spürte auch, wie sie sich ein ganzes Stück weiter von ihm zurückzogen, als er dies bisher von ihnen kannte.

„Worauf kommt es wirklich an?“

Worauf würde ein erfahrener Coach in einer solchen Situation fokussieren?
Er würde, je nach Qualifizierung und situativer Ausgangslage, vermutlich zunächst den Coachee unterstützen,

- mit verschiedenen Perspektiven auf die unternehmenspolitische Situation zu schauen,

- mögliche innere und äußere Konfliktpunkte zu erkennen und
- die Gründe für das Zögern des Coachees gegenüber der neuen Position zu klären.

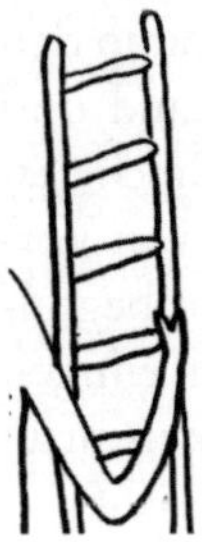

Mit Blick auf Mensch und System beachtet ein komplementär ausgerichteter Coach sowohl die beruflichen und privaten Rahmenbedingungen, die Chancen und Risiken der Aufgabe als auch die persönliche innere Haltung des Coachees zum Angebot des Unternehmens. So kann z.B. ein wie nebenbei angesprochener Wunsch nach Familienleben wesentlich größere Bedeutung haben für die berufliche Entscheidung, als man vermuten würde.

Viele Manager machen die Erfahrung professioneller Hilfestellung und Reflexion mit einem Coach erst, wenn gravierende persönliche Veränderungen verlangt werden, nicht einzuordnende, ungeklärte Aufgabenstellungen eintreten oder sich die Rahmenbedingungen entscheidend verändern. Dann reichen die vertrauten Problemlösungsstrategien und die Rückmeldungen der Gesprächspartner meist nicht mehr aus.

In akuten Situationen einen fremden Coach auszuwählen, kann unter Zeitdruck eine erhebliche Zusatzbelastung für den Coachee bedeuten, weil sich viele Manager der eigenen Auswahlkriterien nicht bewusst sind und es für sie zudem nicht gerade vertraut ist, mit einem wildfremden Menschen über persönliche Belange zu sprechen.

Also versuchen Manager, so weit und so lange wie möglich vertraute Kollegen und persönliche Freunde anzusprechen, die Familie zu befragen oder mit sich selbst „ins Reine zu kommen". So auch der Vertriebsleiter.

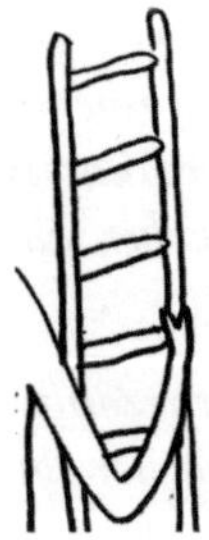

Vieles ist möglich zu Beginn eines Coachings, aber der Anfang ist nicht beliebig. Die aktuelle Situation im Unternehmen und die Intensität der emotionalen Haltung des Coachees geben dem Coach klare Vorgaben – und die verbleibende Zeit ebenso.

Dem Vertriebsmanager wurde sehr bald klar, dass er seine Fragen nicht mit seinen Leuten besprechen konnte. Sollte und durfte er überhaupt noch die geplante große Event-Aktion durchführen? Wie würde dieses Signal im Haus zum Auftakt seiner neuen Position interpretiert werden?

Er musste sich dringend Klarheit verschaffen. Die Zeit lief ihm an allen Enden davon, jeder erwartete seine Entscheidung, seine Leute kamen täglich zu ihm und fragten nach. Was musste er in den kommenden Wochen parallel veranlassen oder selbst tun? Was durfte er auf keinen Fall übersehen? Wie wollte er seinen Einstieg und den Übergang gestalten? Was war generell zu beachten? Die Fragen hörten nicht auf.

Im Unternehmen benahmen sich seine derzeitigen Chefs und zukünftigen Kollegen so, als sei längst alles in Ordnung, und sie deuteten schon eine gemeinsame kleine Feier mit den Ehefrauen an. Dabei hatte er noch einige entscheidende Fragen mit seinem Rechtsanwalt durchzusprechen. Seine Frau saß mehrere Abende in Folge und mehr oder weniger geduldig mit ihm zusammen, langsam hatte sie genug. Sie hatten alle möglichen Bedenken hin und her gedreht, irgendetwas war immer übrig geblieben. Sie riet ihm, einen professionellen Coach zu nehmen, der sich in Karrierefragen auskannte. Auch ein alter Freund unterstützte ihn darin, einen Profi zurate zu ziehen, aber er mochte nicht so recht „an diese Sache" herangehen.

Fix voran – Coaching im Zeitraffer

Trotz guter Ratschläge bleiben viele Coachees, so wie der Vertriebsleiter, längere Zeit unentschlossen, denn im Grunde haben sie in akuten Stresssituationen keine Lust darauf, jemanden in ihre Probleme einzuweihen, den sie nicht kennen. Mal ist es körperliches Unwohlsein, manchmal der Nebensatz eines Kollegen oder die spürbare Überforderung der Freunde und Familie, die den Ausschlag geben für die Suche nach einem Coach.

Wenn Managern klar ist, dass Coaching eine gute, professionelle Dienstleistung und Unterstützung sein kann, dann wird relativ fix gehandelt.

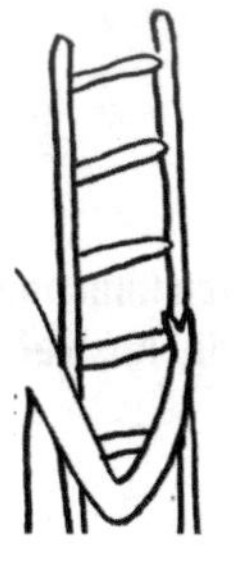

Für Manager, die sich bekanntlich nur selten mit anderen darüber unterhalten, wie sie die eigene Souveränität wiederfinden, sind nur der Schritt und die Entscheidung, auf einen Coach zuzugehen, fremd. Alles andere ist dann kein Thema mehr.

Einmal erkannt, wie es ihm ging, zögerte der Vertriebsmanager nicht und entschied sich, seine Ausgangssituation mit einem Coach durchzusprechen und sich eine externe Perspektive zu holen. Da er niemanden persönlich kannte, es aber nun doch eilig hatte, fragte er bei der zentralen Personalentwicklung an und ließ sich aus dem ‚Coachpool' drei Personen empfehlen. – Seine Kriterien zur Auswahl waren a) Erfahrung in der strategischen Arbeit für das obere Management, b) etwa gleiches Alter und c) absolute Vertraulichkeit.

Mit dem ersten Coach, einer Frau, die lange Zeit Führungskraft im Marketing war und seit Jahren externer Coach, führte er noch am selben Nachmittag ein unerwartet langes Gespräch. Dagegen signalisierte er dem zweiten Coach, einem sehr strategisch erfahrenen und klugen Mann im gleichen Alter, der zufällig im Haus war und auch noch vorbeikommen konnte, bereits nach wenigen Minuten das Ende des Gesprächs. Er entschied sich gegen eine dritte Runde und sprach sich für den ersten, den weiblichen Coach aus, mit dem er sich unmittelbar am nächsten Tag bereits für vier Stunden traf.

Es ist in Change-Prozessen nicht ungewöhnlich, sowohl schnell ausgewählt wie auch ebenso schnell abgelehnt zu werden. Es gibt allerdings unter Coaches sehr unterschiedliche Meinungen darüber, ob direkt im Anschluss an ein erstes Kennenlernen auch die erste offizielle Coachingsitzung stattfinden sollte.

In vielen Change-Situationen ist diese Frage müßig. Wenn es schlicht und ergreifend brennt, kann ein Coach nicht mit Tatütata ankommen, sich kurz als Feuerwehr vorstellen, nur um dann wieder wegzufahren und ein ruhigeres Treffen zu vereinbaren. Das klingt vielleicht etwas markig, entspricht aber vielen realen Situationen vor Ort.

Die wechselseitige Befähigung zum erfolgreichen Arbeiten zeigt sich innerhalb kurzer Zeit im Erstkontakt. Wozu warten, wenn etwas passt? Wenn Coach und Coachee nach ihrem ersten Kennenlerntermin weitere Zeit eingeplant haben und sich noch am selben Tag zusammensetzen wollen, ist das allein ihre Entscheidung und keine akademische Frage. Empfehlenswert sind bereits im Vorfeld ein erstes Telefonat mit dem Coachee oder ein Klärungsgespräch mit der Personalentwicklung, um zu erfahren, was gewünscht wird und was leistbar ist.

Heutzutage kann Unklarheit und fehlende Recherchezeit funktional sehr gut durch intensiven eMail-Kontakt oder durch Informationen über die jeweilige Website etc. aufgefangen und in großen Teilen ausgeglichen werden: It´s Change-Time – auch für Coaches und Berater!

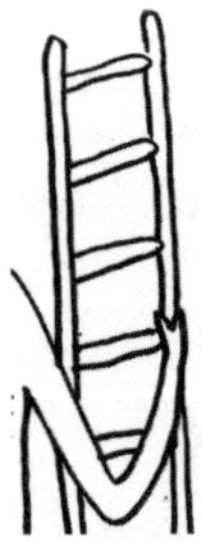

Je weniger Zeit im beruflichen Alltag bleibt, umso wichtiger sind für den Coachee die schnelle Wahl, das sichere Gespür für den richtigen Moment und die Auswahl des passenden Coaches.

„Wie klappt's denn mit dem Coach?“

Warum sich ein Coachee bei seiner Wahl für diesen und keinen anderen Coach entschieden hat, ist nicht immer leicht zu beantworten. Dieses Wissen liegt nicht einfach auf der Hand.

Der Vertriebsmanager war während des Coaching-Termins volle vier Stunden intensiv und konzentriert bei der Sache. Beide verabredeten einen klaren Plan mit Meilensteinen, klärten die dringlichen Schritte wie Rücksprache mit dem Konzern und terminierten eine erste, nachhaltige Zeitleiste für anstehende Aufgaben.

Danach besprachen sie ausstehende vertragliche Details zum Coaching-Prozess mit der verantwortlichen Personalentwicklerin. Der Vertriebsmanager nahm einige Fragestellungen als „Hausaufgabe" mit, die er bis zum nächsten Treffen abarbeiten wollte. Er bekam zu tun und freute sich sehr über die wiedergewonnene Tatkraft. Er würde den neuen Job annehmen – aber es tat ihm ausgesprochen gut, genau zu reflektieren, wie er die bisherige Aufgabe abschließen und die neue angehen wollte.

Als die interessierte Personalentwicklerin ihn später unter vier Augen fragte, was ihn letztlich bei der Auswahl des Coaches überzeugt hätte, antwortete der Coachee: „Es war der erste Eindruck, der Blick. Ich habe sofort im Blickkontakt gesehen, dass ich ihr hundertprozentig trauen kann. Ich brauche im Moment jemanden, dem ich vertrauen kann. Sie wirkte auf mich schon beim Reinkommen sehr klar und ich glaube, sie hat auch Humor. Den kann ich im Moment besser gebrauchen als 1000 kluge Hinweise, die ich sicher von dem zweiten Coach bekommen hätte. Aber im Moment will ich das nicht, ich habe den Kopf voll genug."

Auch wenn der Coachee am besten weiß, was er braucht, wird es förderlich sein, ein paar „kluge Hinweise" aus Coachsicht einzubringen. Die Situation ruft nach Ordnung und Übersicht, nach klaren Strukturen und nach einem ruhigen Pulsschlag. Vielleicht hätte dies auch genauso gut und professionell der zweite Coach geleistet, aber er hat nicht „gepasst".

Der Vertriebsleiter hatte einfach schon gefunden, was er suchte, ohne vorher genau zu wissen, wen er als Person auswählen oder was er methodisch im Einzelnen von Coaching erwarten würde. Daher hatte der zweite Coach gar nicht die Chance, ausgewählt zu werden. Ohne lange Vorabsprachen und aufwendige Präsentationsdesigns war daher dieses Coaching bereits mit der ersten Begegnung auf einem guten und einvernehmlichen Weg.

Coaching ist manchmal wie „Finetuning" zur Energiebereitstellung, um endlich aus einer Verwirrung in eine neue Ordnung zu gelangen – aber genau dieses Quäntchen macht schließlich den Quantensprung aus und aus einem Treffen zweier Menschen ein qualitativ hochwertiges Coaching.

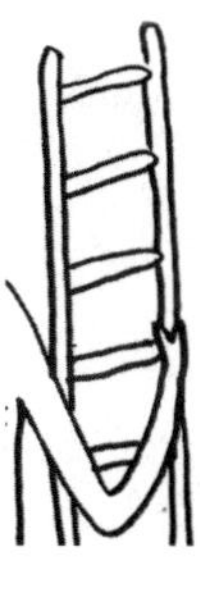

Komplementär-Coaching nimmt diesen ersten Kontakt besonders ernst. In der Begegnung zwischen Coach und Coachee liegt die wahrnehmbare Schwingung des gemeinsamen Erfolges und der potenziellen Lösungswege.

Personenbezogenen Coaches ist dieser Aspekt vertraut, denn sie arbeiten explizit mit individuellen Interaktionen und dem Wert persönlicher Sympathiefaktoren. Systemische Berater, die in ihrer Expertise lieber auf einer Metaebene der Kommunikation agieren und sich als Betrachtende und Außenstehende definieren, haben ebensolche persönliche Begegnungen mit ihren Klienten. Auch diese entscheiden per Händedruck darüber, ob ihre Berater an die Peripherie ihres gemeinsamen Blickfeldes rücken dürfen, und geben, inmitten all der organisationsspezifischen Betrachterwelt, ihr „personales Einverständnis". Das tun sie nicht, wenn ihnen persönliches Auftreten und interaktives Verhalten ihrer Berater nicht gefallen – auch bei noch so überzeugenden Planskizzen und Ideensammlungen.

Diesem Aspekt der *Bedeutung von persönlichen Begegnungen* könnte seitens der systemischen Berater deutlich mehr Gewicht gegeben werden – immerhin geht es in der ersten Konsequenz dabei um ihre Auftraggeber. Die Annahme scheint berechtigt, dass systemische Berater viel mehr über ihre Persönlichkeit intervenieren und überzeugen, als sie dies offen diskutieren.

Der vertrackte Kontrakt

Aus der Sicht von Coaching und Beratung betrachtet, gibt es in dieser besonderen „Akquise-Situation“ einige weitere Aspekte, die sich lohnen, betrachtet zu werden. Diese Aspekte berühren die Entscheidung für oder gegen einen Coach und für oder gegen einen Coaching-Prozess. Immerhin stehen für den Coach von Honorar bis Zeitmanagement ebenfalls einige Fragen zur Klärung an.

Coaching selbst *beginnt* für Coach und Coachee *mit dem Kontrakt,* mündlich oder schriftlich. *Vorher* wird aber bereits entschieden, und zwar für- oder gegeneinander. Nur wenn die erste Begegnung positiv verläuft, führt sie zu einem weiteren Schritt. Ansonsten wird der Kontakt beendet und das bedeutet das frühzeitige „Aus“ für diesen Coach.

Selbst wenn der Coach auf bereits bestehende Beziehungen zu dem Unternehmen aufbauen kann, im Erstkontakt mit einem Coachee ist die persönliche Begegnung entscheidend für alle weiteren Entwicklungsschritte.

Jede erste Begegnung ist neu und fremd für alle Beteiligten. Es ist verführerisch, sich „als Coach des Hauses“ allzu vertraut mit den Bedingungen und Umständen zu zeigen, wenn man bereits in gutem Einvernehmen mit der Organisation arbeitet. Im Erstkontakt kann der Coach immer noch neue und spezifische Perspektiven der „Change-Performance“ beim (potenziellen) Kunden kennenlernen und überraschende Informationen erhalten.

Jeder Coach baut im Kontakt mit dem Coachee auf seinen internen und externen Vorerfahrungen auf. Beide sehen sich einer „Inszenierung“ von Neuem und Bekanntem gegenüber, erhaschen einen ersten Blick auf die Sichtweisen des anderen und auf den Kontext, das System, die Branche.

Das Besondere der ersten Begegnung ist, dass der Coach den Coachee im gesamten laufenden Prozess nicht mehr so unmittelbar in offener Beziehung zu sich selbst erleben wird wie in diesem Erstkontakt.

In diesen ersten Momentaufnahmen erfährt der Coach nicht nur etwas Neues über andere, sondern am meisten über sich selbst und seinen eigenen Umgang mit Veränderungsprozessen.

„Wenn es um Geld geht, hört die Freundschaft auf“, sagt ein Sprichwort. Wenn es um Honorar geht, fängt der Coaching-Kontrakt an.

Coaches haben nicht nur den Kontakt mit dem Coachee vor Augen, wenn sie sich auf eine erste Begegnung vorbereiten. Von Beginn an müssen auch ihre wirtschaftlichen Erwägungen und die möglichen Konditionen in Betracht gezogen werden. Wenn es um einen neuen Auftrag geht, wird ein Coach nachdrücklich mit seiner eigenen Haltung, seinen Bewertungen und seiner Auffassungsgabe konfrontiert, denn er bekommt direktes Feedback zu sich selbst – in Form von unmissverständlichem Ja oder Nein.

In dieser offenen Situation gelangt an die Oberfläche, wie die Beteiligten zueinander stehen, insbesondere der Coachee zum Coach. Meist wird dies durch Fragen aneinander und durch die Art, wie sie gestellt werden, sehr rasch deutlich: *Wie gut kann sich der Coach „verkaufen", persönlich wie auch honorarmäßig? Wie rasch findet er emotional Zugang zu seinem Gegenüber? Entsteht eine vertrauensvolle Atmosphäre? Durch wen oder was? Welche Zeitstrecke plant er ein, wie oft soll das Coaching stattfinden und mit welchem Budget kann er rechnen? Welche Ziele werden anvisiert? Wie sympathisch sind sich die Beteiligten? Werden „verborgene" Regeln oder vertrauliche Details im Unternehmen angesprochen, die der Coach gleich zu Anfang kennen sollte? Was bedeutet für beide Seiten ein „Erfolg"?*

In der ersten Begegnung herrscht eine völlig andere Atmosphäre als zu jeder Zeit *nach* dem Entschluss, miteinander zu arbeiten oder auch, sich wieder zu trennen (vgl. Strikker, H. 2006).

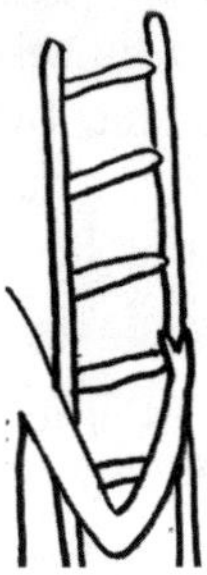

Die Themen im Erstkontakt, meist ist dies zugleich die Akquisitions-Situation, betreffen immer den persönlich-emotionalen, sachorientierten und wirtschaftlichen Hintergrund *aller* Beteiligten. Neben individuellen und wertebasierten Gesprächsthemen ist es für einen Coach daher nicht immer einfach, die eigenen finanziellen oder vertraglichen Fragen zu platzieren. Mitten im System steht der Coach als Ökonom im Verhandlungsraum. Das bedeutet: Klarheit darüber schaffen, wie viel Honorar der Coach wofür genau verhandeln will. Kein Coachee will einen Coach als Berater, der selbst nicht offen formulieren kann, was er sich „wert" ist.

Der ökonomische Spielraum

Eingebettet in „Oberflächen-Small Talk“, wird das Aufeinandertreffen von Kundenerwartungen und den Fragen des Coaches sehr unterschiedlich gestaltet. Je nach Kontext, Zeitpunkt, Dauer des Zusammenseins und der Art und Weise, in der kommuniziert wird, können diese Erstbegegnungen sehr entspannt, locker und freundlich verlaufen oder sich rasch konzentriert und fachlich entwickeln. In den kurzen Zeitspannen, die Change-Prozesse diesen Erstkontakten gewähren, ist der Coach daher besonders heftig und meist in all seinen Befähigungen gefordert: In Windeseile muss er entscheiden, ob er sich von „smooth“ bis hart, von offen bis zurückhaltend oder von offensiv bis empathisch zeigen möchte, wenn es um den anstehenden Kontrakt geht.

Ein Coach muss das ihm noch gänzlich unbekannte Profil, eine fremde Erwartungshaltung erfüllen, und steht von Beginn an im Vergleich zu anderen Coaches: *Wie gut erfasst er die Situation des Coachees? Auf welche Weise tritt der Coach gegenüber Dritten aus der Personalentwicklung und/oder einem Vertreter der Führung auf, falls diese zukünftig eingebunden werden? Kann er sich flexibel, aber charakterfest darstellen, sich angemessen „inszenieren“? Wie kann er qualitativ und theoretisch überzeugen? Wodurch?*

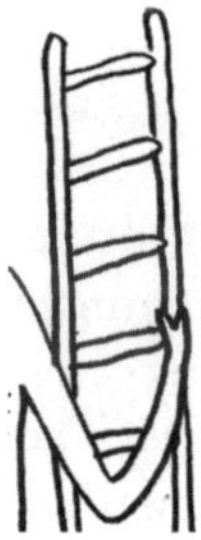

Meist wird im Erstkontakt nur in Teilen offen gelegt, welche Erwartungen auf beiden Seiten existieren. Eine besondere Eigendynamik „hinter“ dem Verhalten der Beteiligten wirkt vom ersten Moment des Kennenlernens und wird i.d.R. offen wahrnehmbar beim Austausch über Honorar, Zeitbedarf und Kontrakt. Coaches sind gut beraten, sich vorher klare Kriterien ausgesucht zu haben und mit „Puffer-Zahlen“ nach oben wie nach unten verhandeln zu können.

Coaches handeln nicht selbstlos in ihrer Rolle als zugewandte, kundenorientierte Dienstleistende, als methodensichere Trainer oder vertrauenswürdige Coaches und Berater. Coaches müssen ebenso eloquent die Rolle des wirtschaftlich denkenden, selbstständig akquirierenden und ggf. hart verhandelnden Profis ausfüllen können, der unternehmerisch auftritt und ein angemessenes Honorar für seine Leistung bezieht.

Coaching ist Erwerbstätigkeit – auch wenn sich manche Coaches gar nicht gern mit diesem Hinweis positionieren, sondern lieber über Inhalte, Methoden und Qualität von Coaching sprechen. Der Aspekt der „ökonomischen Inszenierung“ des Coaches bedeutet aber, bei aller Betrachtung der inhaltlichen und methodisch professionellen Arbeit, die Sicherung seiner wirtschaftlichen und finanziellen Existenz.

Transparenz, Offenheit und Klarheit stellen von Beginn an den dazu notwendigen Rahmen her.

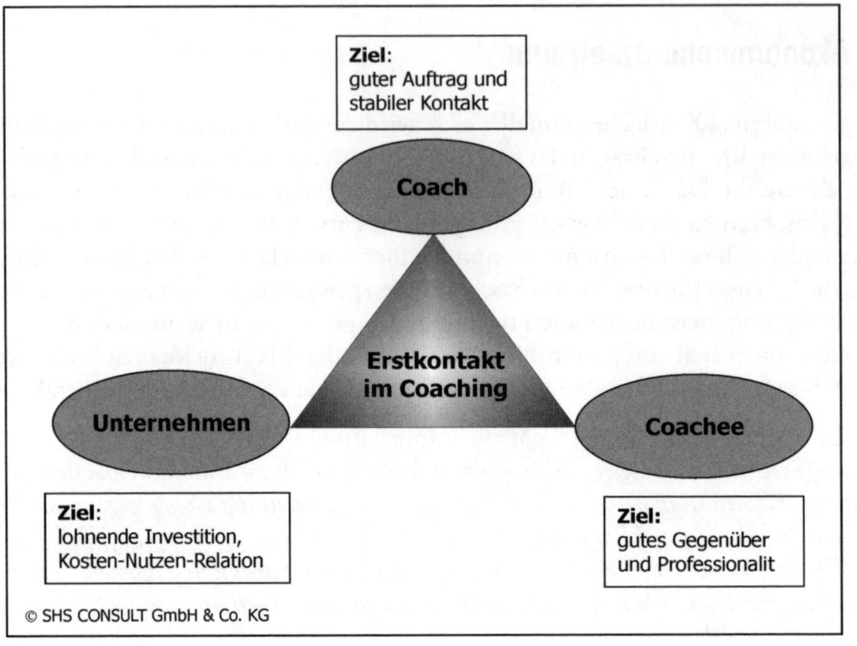

***Abb. 1.2:* Ziele, Kontakt und Kontrakt im Coaching**

Viele Coaches mögen es nicht, sich funktional „am Markt" anzubieten – z.B. als Teil eines Konkurrenzgefüges im Coach-Pool des Unternehmens oder unter Bedingungen von Austauschbarkeit im Vergleich zu anderen Bewerbern. Aber wenn es gelungen ist und Mensch, System und Methodenspektrum zusammenpassen, entwickelt sich aus dem ersten Kontakt eine intensive, erfolgreiche und vertrauensvolle Zusammenarbeit.

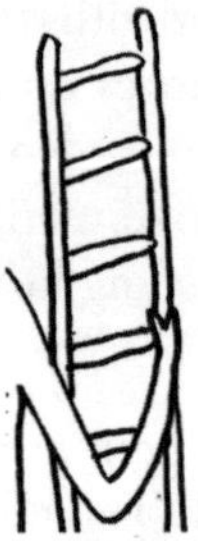

Coaching hat alle Facetten der Kommunikation und Interaktion zu bieten. Deshalb brauchen Coaches für ihre „Partituren" im Erstkontakt die innere Sicherheit und äußere Beweglichkeit auf der gesamten Klaviatur ihres Könnens.

Zusammenfassung – Kapitel 1

1. Komplementär-Coaching greift vom ersten Kontakt mit dem Coachee sowohl personenbezogene wie auch systemische bzw. organisatorische Fragestellungen auf.

2. Um sofort in ein „360-Grad-Themenfeld“ einsteigen zu können, müssen Komplementär-Coaches persönlich viele Facetten in der Kommunikation freisetzen und sich auf unterschiedliche Personen und Rahmenbedingungen einlassen können. Das bezieht sich insbesondere auf ihre *sprachliche* Performance.

3. Komplementär-Coaches müssen ihren Anspruch auf Mehrdimensionalität ihrer Expertise sowohl im persönlichen Kontakt als auch in der Kontraktphase im Erstgespräch einlösen können und unter Beweis stellen, dass sie Wirtschaftlichkeit und professionelles Verhandlungswissen einzubringen wissen. Hier wird oft ihre *„Cleverness“* abgeprüft.

4. Das Erstgespräch fordert „alles“ vom Coach. Hier zeigt er auf einen Blick, was er als Komplementär-Coach anzubieten hat. Umgang mit Zeit und Tempo/Langsamkeit/Empathie und beobachtender Ruhe sowie Verbindlichkeit sind nur einige der Wirkungsfaktoren und einzulösenden „Versprechen“ des Coaches. Insbesondere die non-verbalen Signale seiner *Körpersprache/Mimik/Gestik* stehen „unter Beobachtung“.

5. Komplementär-Coaches schätzen nach dem ersten Kontakt offen ein, wobei sie Unterstützung geben können und was nicht bzw. nicht unter den vom Coachee gewünschten Bedingungen machbar ist. Sie sind *ehrlich* und *verbindlich.*

6. Entlang der Fragestellungen 1. Unternehmensentwicklung, 2. Strategie und Steuerung, 3. Information und Kommunikation, 4. Hierarchie und Gleichwert sowie 5. persönlicher Performance ordnet Komplementär-Coaching von Beginn an die *individuellen Themen* zu.

Zweites Kapitel: Der Coach für das Wesentliche

„Der ganz persönliche Erkenntnisbaum“

Die Wunderleiter – ***Stufe zwei:***

Coach und Coachee erkunden und klären fortlaufend, welche konkreten *Verhaltensweisen* und *Fertigkeiten* in einem bestimmten Umfeld und System erforderlich sind und welche nicht. Der Coachee überprüft individuell für sich, wieviel Angleichung und wieviel Freiraum er in seinem konkreten Handeln braucht. Im komplementären Wechselprozess liegt der Schlüssel für Wahlfreiheit und individuelle Gestaltung notwendiger Veränderungen.

Coaches sind manchmal mehr, manchmal weniger neugierig. Sie sind eindeutig nicht neugierig genug, wenn es um bestimmte Facetten ihrer eigenen Person geht. Auf die Frage, warum der Coachee bereit sei, mit ihnen vertrauensvoll zu arbeiten, kennen längst nicht alle Coaches die Antwort aus Sicht ihres Coachees. Sie fragen so genau nicht immer nach.

Auf den Coachee ist schon eher Verlass. Ein Coachee, der zwischen mehreren Coaches die Wahl hat, kann sein Urteil in aller Regel blitzschnell an Äußerlichkeiten festmachen und das konkrete Verhalten des Coaches mit früheren Erfahrungen abgleichen. Coaches haben keine Chance, wenn sie dabei in negative Vorannahmen hineingeraten.

Allein, um die Fallen und Tücken zu kennen, die sich mit solchen Vorerfahrungen verknüpfen, lohnt sich das offene Gespräch mit dem Coachee, und sei es, um im Rückblick noch einmal zum Anfang zu schauen.

„Fishing for Compliments" und andere Interaktionen

Im Change gibt es gute und weniger gute Zeiten für das Miteinander von Coach und Coachee. Am leichtesten fällt es dem Coach, in guten Zeiten nachzufragen, was der Coachee an der Person des Coaches besonders schätzt. In schlechten Zeiten trifft man sich nicht (mehr) so ohne Weiteres für eine Reflexion der Zusammenarbeit.

Wenn beide genügend Zeit haben oder eine dritte Person als Arrangeur oder Auftraggeber Rückmeldungen wünscht, bietet sich ein Austausch direkt im Anschluss an den Erstkontakt oder die Besprechung des gemeinsamen Coaching-Kontrakts an. Jede Frage nach dem persönlichen Befinden, nach ersten Rückmeldungen zur eigenen Person kann Sicherheit auf beiden Seiten geben, weil sich beide noch fremd sind. Je früher sich der Coach ein Feedback zu seiner Person und zu seinem Auftreten holt, desto mehr Klarheit gewinnt er über den bisherigen Stand der Beziehung und kann sofort ausgleichen, was noch fehlt.

Es geht nicht darum, ein „Fishing for Compliments" zu arrangieren.

In den zeitknappen, hektischen Change-Arrangements, in denen Coaching oft stattfindet, sollten Coaches stattdessen eine konkrete Vorstellung davon haben, auf welche Form des Umgangs und Verhaltens ihre Coachees besonderen Wert legen. Es entlastet die Arbeit erheblich.

Professionelle Coaches sollten in den heutigen, schnellen Change-Prozessen **wissen**,
- was sie persönlich in ihrer **Interaktion** mit dem Coachee bewirken (können), je nachdem, wie es dem Coachee geht,
- was der Coachee in seinen verschiedenen **Rollen** und **Funktionen** im Unternehmen zu tun hat und
- was außerhalb seiner individuellen **Macht**, dafür aber als **Ressource im System** des Coachees zur Verfügung steht.

Nur in dieser Verbindung und im Überblick gelingt dem Coach eine effektive Kommunikation mit dem Coachee und er bekommt eine Vorstellung davon, worin Chancen und Grenzen in der gemeinsamen Arbeit liegen könnten.

Je leichter und offener sich daher Coach und Coachee begegnen können und je mehr der Coach darüber weiß, was der Coachee erwartet, umso mehr Kapazität und Energie ist für die eigentliche Lösungs- und Zielfindung frei.

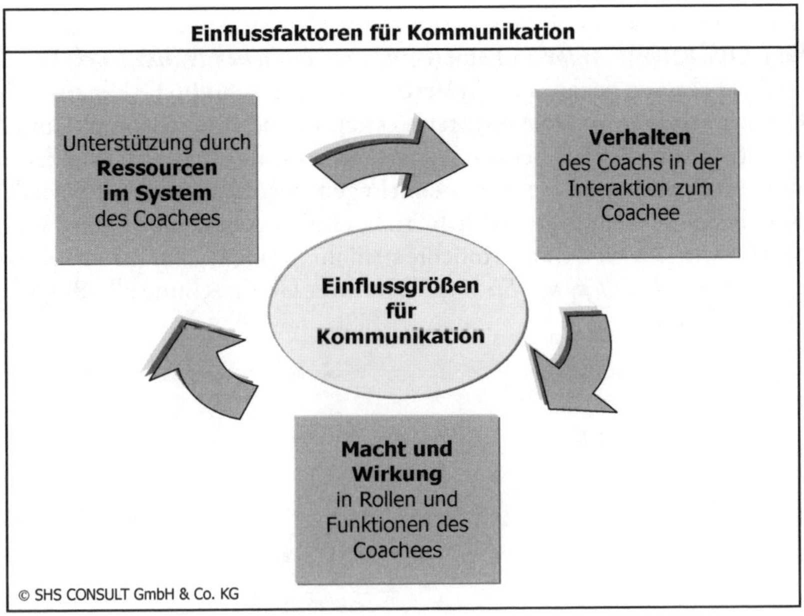

Abb. 2.1: **Ausgewählte Einflussfaktoren auf Interaktion und Kommunikation im Coaching**

Auftraggeber, vor allem aber Coachees, sollten von ihren Coaches erwarten können, dass diese ihr Stärkenprofil und damit ihre Reflexionsfähigkeit schnell darstellen können. Der Coach sollte in seiner Performance möglichst gut vorbereitet sein, auf solche Fragen entsprechend stimmige Antworten zu haben. Dann vermittelt er: Wer seine eigenen Wirkungsfaktoren kennt, entdeckt auch die anderer Menschen.

Im vorigen Beispiel wollte die interne Personalentwicklung im Rahmen einer internen Studie wissen, wie die Arbeit der eingesetzten Coaches eingeschätzt wurde (insgesamt etwa 30 Personen, bereichsübergreifend), welches die persönlichen Erfolgsfaktoren aus Sicht der Coachees waren und welche Kriterien demgegenüber von den Coaches selbst als erfolgreich zurückgemeldet wurden. Daher wurde bei den aktiv im Coaching befindlichen Coachees und Coaches telefonisch oder persönlich nachgefragt.

Vor diesem Hintergrund sollte der weibliche Coach im o.g. Beispiel beantworten, ob sie wisse, welche Kriterien für den Coachee entscheidend waren. Sie gab an, dass es sehr rasch eine positive und lockere Gesprächsatmosphäre gegeben habe. Sie selbst halte aber die spontan am Flipchart skizzierten Ideen des Coachees für den – aus seiner Sicht – vermutlich spannendsten Teil des Gesprächs. Diese Form der inhaltlichen Arbeit hätte beide direkt zu seinem Thema geführt. Daher sei die gemeinsame fachliche Betrachtung vermutlich entscheidungsrelevant für den Coachee gewesen. Ihr war überhaupt nicht bewusst, dass der wesentliche Auslöser für die Entscheidung ihrem persönlichen Ausdruck galt.

Auf den Coachee wirkte sie als Person *vom ersten Moment an* überzeugend. Sie hatte einen *offenen Blick, viel Humor* und einen *guten, verlässlichen Händedruck.* Durch diese emotionalen Faktoren bekam sie sein Vertrauen. Die methodische Expertise für ihren Job als Coach wurde vom Coachee vorausgesetzt. Für den ersten Kontakt und den Beziehungsaufbau war die Fachlichkeit weniger wichtig als ihr Wesen und das hatte sie nicht als Feedback erwartet. Sie hätte vielmehr gedacht, dass sie zukünftig vielleicht etwas zurückhaltender sein sollte, sie habe sich, ehrlich gesagt, eher als etwas zu dynamisch erlebt. *„Ach du liebe Güte!"*, möchte man ihr zurufen: *„Auf gar keinen Fall, bleiben Sie um Himmels willen, wie Sie sind!"* Mit ihrer Überraschung allerdings steht die Dame nicht allein da.

Persönlichkeit und Selbstwert mit System

Sie hat viele Kolleginnen und Kollegen, die es ihr gleichtun und eher wenig über ihre unmittelbar äußere Wirkung, ihre Mimik oder ihre Art des Blickkontaktes wissen. Im Coaching hat es, wie in allen Bereichen der Kommunikation und zwischenmenschlichen Begegnung, außerdem einen nicht unerheblichen Einfluss auf die Interaktion der Beteiligten, ob ein weiblicher oder ein männlicher Coach mit einem weiblichen oder einem männlichen Coachee zusammentrifft und ob sie ein gleich- oder gegengeschlechtliches Tandem bilden werden.

Daher steht das Thema der komplementären Ergänzungen von *Männern und Frauen* im Business immer wieder im Fokus, z.B. in Bezug auf Macht und Kenntnis von Machtstrategien. Hier können Männer von Frauen und Frauen von Männern vieles lernen. Auch ihr unterschiedlicher Umgang mit Konfliktsituationen, mit Empathie und Humor kann im Coaching eine großartige Grundlage für neue Perspektiven bieten. Aber Geschlechterrollen sind nicht per se komplementär, es kommt schon sehr darauf an, wie sie gelebt werden und mit welchen Haltungen sich Mann und Frau begegnen. Wird vorrangig hierarchisch kommuniziert, löscht dies die komplementäre Beziehung zueinander unter Umständen vollständig aus.

Geschlechtsspezifische Fragen im Coaching nehmen mit der Zahl weiblicher Führungskräfte nach und nach an Bedeutung zu. Berater-Teams, die keine weiblichen Coaches an Bord haben, werden zu Recht nach dieser Unterlassung gefragt – meist von Auftraggeberinnen. Je mehr Frauen in Spitzenpositionen agieren, umso häufiger wird dort die Frage nach professionellen weiblichen Coaches gestellt.

Aber es zeigt sich im individuellen wie im organsiationsspezifischen Themenfeld von Coaching, dass eine wesentliche Problemstellung über Mann-Frau-Fragen hinausweist und die Bedeutung der Identität und Individualität berührt.

Es ist erstaunlich und zugleich paradox, wie bedeutsam viele Business-Coaches, Männer wie Frauen, im Wettbewerb mit anderen nicht ihre Person selbst, sondern ihre fachliche Qualität und ihr Know-how einschätzen, wenn sie beurteilen sollten, was ausschlaggebend ist, um einen Auftrag zu erhalten.

Viele Jahre galt es allerdings – was einen Teil der Antwort ausmacht – bei einer Reihe interner Auftraggeber aus Personalentwicklungsabteilungen als positives Kriterium, wenn sich bei Feedbackauswertungen zu Trainings, Workshops und Coachings der Trainer, Coach oder Berater in seinem Führungsverhalten zugunsten der Teilnehmer-Aktivitäten und inhaltlichen Arbeit deutlich im Hintergrund gehalten hatte. Viel zu selten wurde so deutlich, welche Leistung der Externe einbringt und wie sehr z.B. eine gute Gruppenatmosphäre erst durch seine Arbeit ermöglicht wurde.

Diese Feedbackkultur hat sich heute weitestgehend zwar gewandelt. Aber es ist nicht selbstverständlich, dass Coaches mit ihrer mentalen oder auch körperlichen Anstrengung, ihrer bereitgestellten Energieleistung und in ihrer Überzeugungskraft als Persönlichkeit gesehen werden. Nach wie vor gibt es Coachees oder Teammitglieder, die zum Abschluss einer Coachingmaßnahme oder eines Change-Workshops stolz verkünden, dass sie selbst bzw. die Gruppe auch ohne Coach auf die richtige Spur gekommen wären. Vielen Coachees geht es um Komplimente für die eigene Entwicklung – aber Coaches sind nicht gut beraten, wenn sie diese Haltung bestätigen.

Glücklicherweise kommunizieren Coaches mittlerweile mehrheitlich ihre Professionalität auf souveräne Weise und stehen zu ihrer Expertise in der dynamischen Prozesssteuerung und professionellen Methodenvielfalt. Der schmale Grat zwischen aufrechter Haltung, offensiver Selbstbeweihräucherung, zeitkritisch einzulösenden Versprechungen und seriöser, auch finanziell bodenhaftiger Professionalität gelingt aber nicht immer und auch nicht allen namhaften Experten.

Coachingerfolg steht und fällt mit der unverwechselbaren Fähigkeit des Coaches, einen geeigneten Raum zu schaffen für die Fragen, Gedanken und besonderen Anliegen seiner Coachees. Von Beginn an achtet der Komplementär-Coach auf Mehrdimensionalität und Methodenauswahl. Je nach Ausgangssituation und Zielsetzung des Coachees variiert er systemische Aspekte ebenso wie persönlichkeitsbezogene Methoden.

Diese exklusive Form der *komplementären Entfaltung* von Veränderungsenergie, von Lernpodesten und kreativen Methoden der persönlichen Weiterentwicklung entsteht in erster Linie durch die gleichwertige Interaktion und die Persönlichkeit von Coach und Coachee und nachrangig über die gelebte Methodik.
Komplementär-Coaching ist insofern und im besten Sinne keine Methode, sondern eine Methodologie für eine komplementäre innere Haltung und echte, ehrliche Begegnungen.

Komplementär-Coaching schult und entwickelt diese emotionalen Erfolgsfaktoren wie das Vermitteln von Sicherheit im Kontakt, das Schaffen dieser besonderen Atmosphäre des Vertrauens für eine offene Reflexion und kreative Ideen. Gerade weil dies alles „unsichtbar“ ist, müssen sich Komplementär-Coaches ihrer Befähigungen bewusst sein und diese für den Coachee erkennbar in dessen Wahrnehmungsraum bringen.

Freie Wahl und alle Zeit der Welt

Change bietet viele unklare Szenarien, in denen sich alle Beteiligten nach besten Kräften ihren Weg suchen, mittendrin und jeden Tag die Coachees. Deshalb sorgen interne Coaching-Auftraggeber für ausgewiesene, nachvollziehbare Kriterien und haben klare Vorstellungen von der Expertise der auszuwählenden Coaches. Sie können auf Unklarheiten gut und gern verzichten, denn sie sind, in Bezug auf ihre eigene Reputation, darauf angewiesen, dass sie für ihr Unternehmen die Besten am Markt herausfischen. Und immer mehr große Unternehmen tun genau das – sie fischen sich Coaches und „halten" sie in eigens eingerichteten Pools.

Effizienz und Ressource sind einige der Gründe für intern aufgebaute „Coaching-Goldfischbecken". Diese Coach-Pools können einerseits eine personenbezogene Bindung von Externen an ein Unternehmen herstellen, exklusive Zugangskriterien und Vertragsformen bieten und andererseits eine wirtschaftlich kluge Basis für „Single"-Coaches sein, die sich von solchen Anbindungen ein Stück ökonomische Sicherheit und Entlastung in ihrer Akquisitionstätigkeit versprechen. Darüber hinaus verhelfen Pools, das interne Angebot an unterschiedlichen Professionals, besonderen Befähigungen und ausgewählten Tools durch gezielte und effektive Vorauswahl sicherzustellen.

Ob aus einem Pool herausgefischt zu werden, wie im vorherigen Beispiel, oder als freier Externer in der aktuellen Konkurrenz mit anderen zu bestehen – ein Coach muss sich in der kurz bemessenen Zeit zwischen erster Begegnung mit Coachee bzw. Auftraggeber und Kontrakt einen möglichst breiten Überblick verschaffen können. Er muss gut einschätzen können, in welche Situation und in welchen zeitlichen Moment er ins Unternehmen eintritt und sich mit dem Coachee auf den Coaching-Weg macht.

Ein kompakter Fragenkatalog sollte sich dann vor seinem inneren Auge aufrollen und für den „Notfall" den einen oder anderen Hinweis auf Klärungsbedarf bereithalten:

„Notfall"-Fragebogen:

- **Was ist das übergeordnete Ziel? Wohin oder woran orientiert sich der Coachee?**
- **Wer genau ist der Coachee – als Individuum, im ersten Eindruck?**
- **Aus welchem aktuellen Kontext kommt er und wie ist er funktional/rollenspezifisch eingebunden?**
- **Warum Coaching und warum „Ich"?**
- **Welche Einstellung, welche Wertvorstellungen bringt der Coachee mit ins Coaching?**
- **Was ist der aktuelle Anlass und was soll der Nutzen sein?**
- **Was ist thematisch wichtig?**
- **Auf welche Weise geht der Coachee mit seinem Thema um, welche Verhaltensmuster deuten sich an?**

- **Was hat er bisher für eine Lösung getan oder auch nicht getan?**
- **Was passiert gerade im Moment, was ist es für eine Zeit, Phase, Zeitspanne, in der das Coaching stattfinden soll?**

Manchmal aber ist es ganz einfach: Manche Menschen mögen sich nicht! Das ist so und kann an den unterschiedlichsten Gründen liegen. Mal sind es Äußerlichkeiten wie Kleidung, Haarfarbe oder Körpergewicht, dann wieder ist es die besondere Stimme, die an irgendjemanden von früher erinnert, oder es ist einfach ein schlechter Zeitpunkt für eine an sich gute Begegnung.

Das alles passiert und geschieht auch Coach und Coachee. Falls „es nicht stimmt" zwischen den beiden oder auch nur für einen von beiden, dann sollte sich der Betreffende ohne viel Umschweife zurückziehen.

Wenn sich im ersten Kontakt andeutet, dass Vertrauensgefühle oder Sympathie ausbleiben, sollte zumindest der Coachee in Erwägung ziehen, dass sich diese Gefühle auch zu einem späteren Zeitpunkt nicht zwingend herstellen lassen.

Nur weil die beiderseitige Thematik bzw. Expertise interessant und vielversprechend klingt, wird kein gutes Coaching daraus, z.B. wenn manche Coaches, oft gerade diejenigen, die ins Management streben, erhebliche Vorbehalte gegenüber Top-Managern oder blonden Businessfrauen haben. Coaching macht auch keinen Sinn, wenn Coachees generell negativ gegenüber Coaching eingestellt sind, es aber „vielleicht" mal mit dem einen oder anderen Coach versuchen würden – besser nicht.

Auf diese Weise werden wenige unterhaltsame Spiele gespielt. Unter Männern kommt es dann gern zu „Der Hahnrei", unter Frauen beliebt ist „Die mit den spitzeren Absätzen". Kennenlern-Szenarien, die das Gegenüber von Beginn an wie mit Scanner abtasten, kommen selten über die Oberflächenebene hinaus in konzeptionelle Phasen. Sie sind verlorene Liebesmüh – für beide Seiten.

Viele Coaches, die allein und selbstständig arbeiten, steigen oft sehr spät aus solchen Szenarien aus, damit ihnen der Auftrag nicht ganz verloren geht, und holen zu spät, nämlich erst dann Unterstützung durch einen Kollegen, wenn es mit dem Coachee überhaupt nicht mehr klappt.

Coachees haben *die freie Wahl.* Sie sollten darauf achten, ob sie vorschnell einen Coach ablehnen, der vielleicht genau der Richtige sein könnte, nur weil sie als Coachees *Ungewohntes* mit Unangenehmem verwechseln – was manchmal sehr nahe beieinanderliegen kann. Coachees sollten daher gut überprüfen, ob sie dem Coaching-Prozess selbst ausweichen oder ob es einfach nur besser ist, nach Alternativen Ausschau zu halten. Dasselbe sollte ein Coach in einer solchen Situation auch tun können.

Wie immer der Coachee sich entscheidet: Für den Coach bedeuten diese anfänglichen Begegnungen, dass er innerhalb weniger Minuten möglichst klare Antworten mit ersten aufblitzenden Ideen für die Arbeit mit dem Coachee finden muss. Einem professionellen, gut ausgebildeten Coach gelingt dies, selbst wenn nicht jeder erfolgreiche Coach weiß, wie genau er das eigentlich macht.

Er muss sich innerlich „alle Zeit der Welt" lassen können bei der Auswahl seiner Möglichkeiten, während die äußere Uhr vielleicht nur fünf bis zehn Minuten freigibt. Diesen inneren Prozess genau zu steuern, bedeutet gute Kenntnis und innere Strategien parat zu haben, um in Bruchteilen von Zeit zu großer Präsenz und hoher Aufmerksamkeit zu gelangen.

„Innere Schaltuhr für Not-Zeiten"

Komplementär-Prinzip: „Je schneller außen, desto langsamer innen – und umgekehrt!"
Eigene Körperreaktion bewusst machen.
Langsam und gezielt bis in den Bauch atmen – langsam und sanft ausatmen.
Rückgrat aufrichten – Haltung entspannen.
Augen nach außen „richten" und so viele Informationen wie möglich visuell aufnehmen, ohne zu bewerten oder mit innerem Dialog zu kommentieren.
Ohren öffnen und Details „heraushören", z.B. Tempo, Reizwörter, Betonungen.
Alle Informationen „nur" sammeln und mit jedem Atemzug sortieren.
Auf „Pause" beim Gegenüber warten.
Mit der eigenen „Umschalt-Zeit" nach innen bringen Sie gleichzeitig eine Veränderung in Ihre Kommunikation nach außen. Ihre Körpersprache signalisiert „Ruhe" – und besonders im Change nehmen andere solche feinen Signale lieber auf als viele Worte.

Komplementär-Reaktion: Je mehr Sie sich als Coach diese „Zeit-Momente" nehmen, desto mehr Zeit geben Sie Ihrem Coachee!

Im Komplementär-Coaching sind solche internen Verarbeitungsstrategien wesentlich, um verschiedene, parallel verlaufende Prozesse gleichermaßen erfassen und ansehen zu können. Wie in Zeitreisen werden dann von manchen Coaches in nur wenigen Atemzügen die äußeren Zeitspannen mit innerer „Zeitlupengeschwindigkeit" ausgestattet, um Zugang zu den Optionen zu haben, die für sie in diesem Moment hilfreich sind. Andere Coaches wiederum finden durch eine besondere Körperhaltung Zugang zu ihren „Ressourcen für den Moment", wie auch immer:

Das Erlernen einer eigenen, mentalen „Zeitschaltung" ist wesentlich, wenn es um das Aufgreifen spontaner Situationen, das Erfassen paralleler Prozesse und vor allem um die Steuerung von Change-Management in den Unternehmen geht.

Die Strategie, das Setting, der Start

Coaching-Settings erfordern vom Coach, sich sehr früh über den Grad der Komplexität klar zu werden und so schnell wie möglich zu entscheiden, ob es komplizierte Aspekte gibt, auf die er besonders achten muss und wie er sie handhabbar machen kann. Die systemische Beratung hat dafür den Begriff der „Reduktion von Komplexität".

Komplementär-Coaching setzt an der „gefühlten" Wirklichkeit von fassbaren Veränderungssituationen und ihren personalen und systemischen Verknüpfungen an, denn es passiert Coaches heute schnell, dass sie zunächst mit einem Coachee eine begrenzte, persönliche Thematik besprechen sollen und dann mitten in einen Veränderungsprozess mit mehreren Beteiligten hineingeraten.

Umso wichtiger ist es für Coaches, dass sie **variable Zugänge** zu den Themenstellungen ihrer Coachees haben und sich auf die Belange des Coachees und seines Unternehmens einstellen können.

Im folgenden *Praxisbeispiel* geht es um eine Situation, die sich für den Coach zunächst als Thema mit drei kleineren Unterthemen darstellte, bei näherem Hinsehen aber zu einem relativ großen Coaching-Unterfangen anwuchs, immer komplizierter wurde und nach und nach mehrere Personen einbezog.

Praxisbeispiel: Unbekannte Unterschiede

Ausgangssituation: Zwei Manager [(A) und (B)] führen jeweils eine Hauptabteilung und gehören zur ersten Führungsebene des Unternehmens, A seit einem Jahr, B bereits seit fünf Jahren. Infolge einer besonderen Entwicklung am Markt müssen ihre beiden Hauptabteilungen eine gemeinsame Schnittstellen-Abteilung „Markt" einrichten und die Rolle des Vertriebs neu ordnen. Dies führt zu erheblichen Unruhen, weil aus beiden Abteilungen Mitarbeiter freigestellt werden, ohne dass deren Arbeit vertreten oder aufgefangen wird. Einer der beiden Manager möchte mit einem externen Coach (C) die Situation in seinem Bereich zeitnah besprechen. C, seit Längerem im Unternehmen bekannt, wird von dem internen Human-Ressource-Manager gebeten, ein Treffen mit A zu verabreden. Dieser möchte mit ihm, falls es zwischenmenschlich passt, seine aktuelle Situation und die Frage der Abläufe schnellstmöglich klären. Diese Informationen führen bei C sofort zu folgenden Überlegungen: Abläufe sind in erster Linie funktionale Bewegungen im Unternehmen, nach denen Produkte, Dienstleistungen, Informationen und Kommunikation verteilt werden. Strukturelle Veränderungen und Bewegungen bedeuten Abstimmungsprozesse und verlaufen für die einen zu schnell, sind den anderen zu langsam oder beziehen die Interessen des einen zu wenig, des anderen zu stark ein. Schaut man sich die Gründe für diese Differenzen an, dann findet man sie oftmals in den grundverschiedenen Vorstellungen von denselben Abläufen – in den Köpfen der Beteiligten. Könnten solche Differenzen ein Grund für die Coaching-Anfrage sein? Welche Rolle soll dann C als Externer haben?

A und C treffen sich zu einem Kennenlern-Gespräch, in dessen Verlauf C die Wünsche und Ausgangssituation von A erfährt.
A möchte gern:

- *die Zusammenarbeit mit seinem Kollegen B zum Thema Schnittstellen und Vertrieb verbessern,*
- *seine eigene Abteilung zu einer besseren Zusammenarbeit in dieser Frage bewegen,*
- *die Mitarbeiter stärker aktivieren,*
- *selbst klarer führen, besonders gegenüber einer Abteilungsleiterin, in deren Team es Probleme gibt.*

Als A die derzeitige Situation der Kommunikation im Haus kurz aus seiner Sicht skizziert, wird deutlich, dass enorm viele Informationskanäle und Kommunikationsstränge von beiden Hauptabteilungen in das Unternehmen hinein, untereinander und nach außen verlaufen.

Sowohl A als auch C erleben dieses Vorgespräch als zielführend. Beide vereinbaren bereits für den nächsten Tag einen neuen Termin, der zunächst als Einzelgespräch geplant wird. C sollte aber die Zeit rund um diesen Termin nutzen, um auch B kennenzulernen.

Der HR-Manager gibt am nächsten Tag telefonisch, nachdem er mit A gesprochen hatte, ebenfalls ein positives Feedback und wirkt erleichtert, dass „die Sympathie offensichtlich gestimmt" habe. Er würde sich freuen, wenn C auch B überzeugen könnte, weil dieser sich ziemlich abseits halte, in Zukunft aber beide Hauptabteilungsleiter wesentlich enger und auch besser zusammenarbeiten müssten, als dies derzeit der Fall sei. C solle aufpassen: B sei ein alter Fuchs und habe viel Einfluss im Unternehmen.

Schritt 1 – Einzelcoaching

Im ersten „offiziellen" Einzelgespräch mit dem Coachee am nächsten Tag wird schnell deutlich, dass A entscheidende Facetten in seinem ***Verhalten*** *ändern will: In erster Linie vermisst er persönliche Klarheit in seinem Auftreten und in seinen Entscheidungen in seinem Bereich. Während seiner Beschreibungen formt er auffällig oft ein Dreieck mit seinen Händen und C übernimmt irgendwann diese Form in seine Notizen.*

‚Logical levels' nach Dilts

Abb. 2.2: **‚Logical levels' nach Dilts, in Anwendung als Tool im Erstkontakt**

In dieses „Dreieck", das, wie C blitzartig auffällt, auch dem Modell der Logischen Ebenen von Robert Dilts (vgl. Kapitel 6) nachempfunden sein könnte, trägt C passend seine Notizen ein und fragt gezielt nach, wenn bzw. auf welcher Ebene ihm Informationen fehlen. Als er dem Coachee abschließend die Möglichkeit anbietet, seine Gedanken in das System der „Logischen Ebenen" einzuordnen, ist dieser sehr angetan von dem Modell und überrascht, wie gut es sich zur Informationssammlung eignet.

Aus der Arbeit dieser ersten Sitzung ergeben sich schon jetzt sehr konkrete Schritte und viel Klarheit darüber, was den Coachee bisher abgehalten hatte, sich stärker im Unternehmen zu positionieren. Im Wesentlichen erkennt er die vielen unklaren Vorstellungen von der Entwicklung des Vertriebs im Hause und sieht, wie er sich bisher ebenso unklar dazu verhalten hatte. Die von ihm bisher vorgeschlagenen Ablaufstrukturen erscheinen viel zu kompliziert. Das muss sich ändern:

Im ersten Coaching-Gespräch muss ein Coach *eigentlich* nicht viel mehr tun, als aufmerksam zu sein und die Aussagen des Coachees möglichst differenziert aufzunehmen. Im o.g. Beispiel gab die Idee, das Dreieck als Grundform für das „Modell der Logischen Ebenen" zu nutzen, eine spontane „Analyse-Struktur" vor und unterstützte den Coach darin, genauere Fragen angemessen pointieren zu können. Hier zeigt sich bestens: Ein Coach muss innerlich präsent und wach „uptime" sein und die Gesten und Körpersprache des Coachees mit dessen Worten verbinden. Dass in diesem Fall ein Ordnungsmodell wie das von Robert Dilts dazu passte, gelingt nur, wenn solche Modelle dem Coach „in Fleisch und Blut" übergegangen sind. So eine Übereinstimmung lässt sich vorher kaum planen, aber es zeigt: Modelle sind zum Anwenden da. Und: Je mehr Modelle der Coach gut kennt, um so flexibler kann er auf den Coachee eingehen. Der Coachee gibt in seinen Worten und Gesten viele weitere Formen und den Inhalt vor, um daraus kreativ visuelle Anker und Skizzen abzuleiten. Auch wenn dem Coachee dies nicht bewusst ist, kann der Coach ihm so seine „ureigenen" Formen und Strukturen anbieten, die den Prozess der Auseinandersetzung mit seinen Gedanken und Gefühlen sinnvoll unterstützen.

Nicht die Technik des Visualisierens als solche ist entscheidend für den Verlauf eines Coachings, sondern a) den richtigen Zeitpunkt dafür sowie b) die individuelle Gestalt in den Worten des Coachees zu erfassen, ist die eigentliche Kunst des Coaches.

Schritt 2 – Beziehungsbalance im Tandem

Im Anschluss an diese sehr ergiebige Einzelsitzung treffen Coach und Coachee mit B zusammen. Ziel ist ein Kennenlernen und eine Klärung offener Fragen von A.

Es ist B bekannt, dass A und C ein Coaching durchgeführt haben. Im Dreiergespräch könnte es nun um mögliche Aufgaben des Coaches in der Entwicklung von Schnittstellen zwischen den Hauptabteilungen von A und B gehen. – Der Kollege kann sich überraschend leicht in die lockere Atmosphäre zwischen A und C einfinden.

Beide Bereichsleiter skizzieren ihr inneres Bild von den Abläufen innerhalb, aber besonders zwischen beiden Bereichen. Und das führt zu einer kleinen Überraschung für beide, denn es zeigt sich, warum sie im Vorfeld so oft im Dissens waren – und ihre Mitarbeiter ebenfalls. Es gibt erhebliche Unterschiede:

A möchte gern den Hauptteil der Entscheidungsabläufe nah am Kunden und daher in seinem Bereich verwirklichen und sieht B eher als klassischen Innendienst. Das sieht B allerdings deutlich anders und will, aus Erfahrungen der Vergangenheit, zukünftig wesentlich mehr Korrekturmöglichkeiten zum Kunden hin und auch gegenüber dem Bereich von A haben. Schon in dieser erstmaligen Gegenüberstellung beider Vorstellungen macht sich der Coach bezahlt, denn zu 50 Prozent ist nun „die Miete drin“: Diese Unterschiedlichkeit, so zeigt das weitere Vorgehen infolge dieses gemeinsamen Gesprächs mit dem Coach, ist der Grund für z. T. heftige Differenzen unter den Mitarbeitern beider Abteilungen.

Als ihnen klar wird, dass sie bisher ihre eigenen Führungskräfte nie nach deren Bildern im Kopf gefragt haben, vereinbaren beide, dies bis zur nächsten Coaching-Sitzung nachzuholen.

Es ist absolut faszinierend für beide, wie unterschiedlich ihre Ergebnisse sind.

Die Gespräche überzeugen vollständig: Es müssen klarere und ausgewogene Strukturen her. Der interne Personalentwickler, gar nicht so überrascht von dieser change-orientierten Entwicklung, begrüßt ausdrücklich das weitere Vorgehen. Als zentraler „Back-up-Ansprechpartner“ gibt er sein O.K. auch für die nächsten Schritte, die darauf hinauslaufen, weitere Personen in den Prozess einzubeziehen.

Ursprünglich ausgelöst durch eine Anfrage nach Einzelcoaching, wird den Coachees oft erst in der aktuellen Bearbeitung der persönlichen Anliegen deutlich, welche umfassenden Themen zu Kontext und Positionierung parallel zu lösen und in welche Prozesse sie eingebunden sind. Weder eine alleinige Personenbetrachtung noch eine ausschließlich systemisch fokussierte Haltung des Coaches, sondern nur eine komplementäre Einbeziehung beider Bereiche macht Sinn und ermöglicht eine Veränderung der Situation.

Entscheidungen haben Konsequenzen

1. **Aus einem Einzelbedürfnis** eines Managers erwächst ein kollegialer „Schulterschluss“, ein **ergebnisorientierter Neustrukturierungsprozess**, den beide Manager jeweils in ihrem eigenen Verantwortungsbereich, aber auch in Übereinstimmung miteinander auf den Weg bringen – obwohl sie anfangs so unterschiedlicher Meinung zu sein schienen.

2. Aus dieser emotional befriedigenden Erfahrung, Probleme ähnlich einzuschätzen, entsteht der Wunsch und daraus die Verabredung zu einem befristeten Tandem-

Coaching, das der Coach aufmerksam zu steuern hat, ***denn:*** Tandem-Coaching braucht das, was ein Einzel-Coaching erfordert, in doppelter Ausführung – **Aufmerksamkeit und Loyalität für zwei**. Ansonsten würde, hätte A auf einem zeitgleichen Einzel-Coaching bestanden, die für den Prozess notwendige Dreierbeziehung von A, B und C an **grundsätzlicher Balance** verlieren.

3. Für den Coach verschiebt sich die Aufgabenstellung vom **Personen-Coach zum Prozessberater**. Prozessberatung bedeutet Ansprechbarkeit für alle Beteiligten, die in diesem Fall für beide Führungskräfte und ggf. für weitere Schlüsselpersonen sicherzustellen ist. Coaching bewegt sich immer zwischen verschiedenen Themenfeldern und eines davon berührt oft den Bereich der **Hierarchie und Gleichwertigkeit**. Im Beispiel ist es von entscheidender Bedeutung, dass es dem Coach gelingt, beide Manager als gleichwertige Partner anzusprechen und nicht einem von beiden den „Vorzug" zu geben.

4. **Einbeziehung weiterer externer Coaches**: Auch auf der **Beziehungsebene** zwischen mehreren Beteiligten kann eine stärkere Hierarchienähe des Coaches zu einem der Machthaber im Unternehmen eine kritische Rolle spielen. Auch hier muss ein Coach oft ausgleichen und „Sondermaßnahmen" wie Einzel-Coaching, Moderation oder Diskussionsleitungen etc. eventuell an weitere Coaches abgeben. Nachdem er eine Kollegin und einen Kollegen zur Unterstützung bei der Durchführung von Workshops vorgestellt hatte und sowohl A als auch B einverstanden waren, folgte die ...

5. **... Einbeziehung des internen Human-Ressource-Verantwortlichen**, um in jedem Fall die internen Prozesse sicherzustellen, die der externe Coach ohne dessen Unterstützung gar nicht von außen steuern und organisieren kann. Die meisten Externen schätzen ihren „Draht" zu den Entscheidern im Unternehmen realistisch ein. Ihr Kontakt ist auch, bei aller Nähe und Vertrautheit zu ihren Ansprechpartnern, eine **temporäre Dienstleistung**. Ein externer Coach ist dann gut aufgehoben, wenn ihn der interne Ansprechpartner wertschätzt, mit in den **„Inner Circle"** hineinnimmt und mit Informationen „versorgt".

Allerdings muss ein Coach dann und wann die „Bremse" ziehen und rückmelden, wann es genug ist – im konkreten Fall sollte er ursprünglich auch noch ein Führungsthema von A klären helfen. Es ergab sich aber in einem zufälligen Moment „zwischen Tür und Angel", dass der Coach und die betreffende Abteilungsleiterin sich kurz über die Situation in ihrem Team unterhielten und rasch zu einer sehr guten Auflösung des Konfliktthemas fanden.

Auftrags-Coaching? Nein, danke!

Im Gespräch mit der Abteilungsleiterin erfuhr C erstmals, dass bereits ein weiterer Coach seit einigen Monaten der Abteilungsleitung konzernseitig zur Seite stand, allerdings außer-

halb des laufenden Prozesses und ausschließlich als integrierte Fördermaßnahme im Kontext ihrer persönlichen Karriereentwicklung.

Die AL gab ausführlich und sehr offen ihre eigene Darstellung der Situation ab und beschrieb die gegenwärtige Schnittstellen-Problematik sehr konstruktiv. Da die AL bereits einen persönlichen Coach hatte, zudem ein Team-Coaching mit ihrer Abteilung auf gutem Weg war, gab es für die Gesprächspartner nicht viel mehr zu tun, als zufrieden mit dem Ergebnis zu sein.

Hier war keinerlei Anlass für ein Auftrags-Coaching gegeben, wie sich bereits nach den ersten Sätzen herausstellte. Auftrags-Coaching hat verschiedene Vorbedingungen und braucht sehr klare Zielsetzungen, vor allem aber die Notwendigkeit der herbeigeführten Veränderung und die daran anknüpfende Bereitschaft des Coachees (vgl. Klein/Strikker 2004).

Es wurde beiden Managern klar, dass sich die strategischen und strukturellen Voraussetzungen in *beiden* Bereichen würden ändern müssen. Ohne klare Zuständigkeiten und Strukturen würden sie keine effizienten Schnittstellen ausfindig machen können.

Großer Überblick und schnelle Gewinne

Im Ergebnis übernahm B die Leitung des neuen Schnittstellen-Teams, weil dies in seinen Führungskontext am besten hineinpasste und die Kommunikation zu den Zentralen Stabsstellen sicherte. Einige Teams wurden intensiver, andere kaum in diese Neustruktur eingebunden, und nach und nach würde man sehen, wie sich diese Zusammenarbeit entwickelt. Bis dahin sollten regelmäßige Treffen und ein kontinuierlicher Austausch zwischen A und B den notwendigen Anpassungs- und Veränderungsrahmen für diese Entwicklung sichern.

Fasst man die wesentlichen Aussagen zusammen, fokussierten sich rückblickend die Problemfelder auf folgende Aussagen:

- *In der Kommunikation untereinander fehlte der Gesamtblick.*
- *Die Qualität der Kommunikation hing zu sehr an einzelnen Meinungsbildnern fest.*
- *Eskalation fand unterschwellig statt oder wenn, dann auf der Ebene der zweiten Führungsebene (Abteilungsleitung).*
- *Formale Abläufe lösten scheinbar notwendige Kettenreaktionen aus.*
- *Dem ständigen Zeitdruck wurden Qualität und Seriosität untergeordnet.*

Alles in allem waren die Beteiligten schließlich wesentlich besser vorbereitet auf größere Veränderungen und weitere Umstellungen als viele andere Kolleginnen und Kollegen, denn nur wenige Wochen später führte ein großer Managementwechsel zu weiteren Veränderungen der Strukturen und zu einem neuerlichen einschneidenden Umbau der Führungsverhältnisse im Unternehmen.

Winds of Change

Mit Blick auf die Hintergründe bzw. Steuerungselemente solcher komplexen Situationen wird deutlich, wie offen der Blick eines Coaches sein muss, um die Gesamtperspektive mit all ihren verschiedenen Blickwinkeln auf Change-Prozesse im Auge zu behalten.

Im Komplementär-Coaching verbinden sich die Veränderungsebenen von Change-Prozessen ganzheitlich miteinander. Daher wird jeder Prozess, jede Veränderungswelle und jeder scheinbar geschlossene Kreis immer in „atmender", organischer Verbindung zu seinem Umfeld wahrgenommen, nach innen wie nach außen.

Jede Sequenz ist Teil eines Zusammenhanges und bildet, während man noch vollauf mit der Gegenwart befasst ist, vielleicht schon längst wieder eine neue Veränderungsform. Aus diesem Grund betrachtet ein Komplementär-Coach sich *als Teil des Prozesses,* da er gar nicht selbst entscheiden kann, ob er sich außerhalb oder innerhalb eines Prozesses befindet. Die eigene Position ist immer subjektiv und die eigene Positionierung ist immer relativ gesehen zum Raum, den jemand um sich zieht.

Es gibt unter Change-Bedingungen immer noch einen Kreis, der sich der eigenen, subjektiven Wahrnehmung entzieht – oder „immer zweimal mehr", als man sich selbst zugestehen möchte:

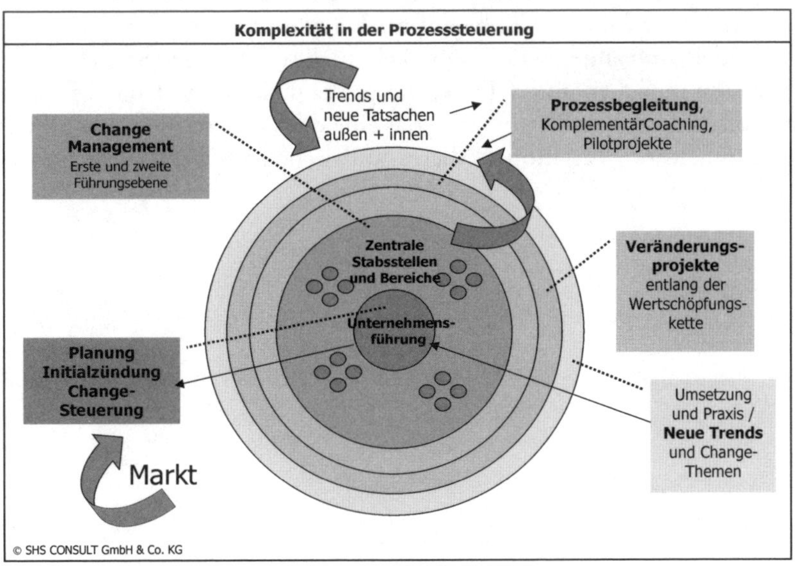

Abb. 2.3: **Komplexität als Thema im Komplementär-Coaching**

Veränderung verläuft definitiv nicht entlang von Linien, Zahlen und Grafiken der komplexen Schaubilder und Veränderungsarchitekturen von Beratern und Coaches.

Veränderungsarbeit umfasst die prozessorientierte Begleitung von Veränderungsprojekten. Coaching muss mit dem Coachee neue Trends und unterschwellige Themen aufspüren, bereit sein für inhaltliche Initialzündungen und, entlang der Wertschöpfungskette, sowohl die zentralen Stabsinteressen als auch die dezentralen Strukturen mit ihren freiheitsliebenden Akteuren, besonderen Ideen und Marktchancen im Blick haben. Komplementär-Coaching holt deshalb differenzierte oder sich widersprechende innere Bilder besonders gern in den wahrnehmbaren Raum, denn sie tragen immer schon einen Teil der Veränderungsarbeit in sich.

Mit dem Zoom auf einzelne Aufgabenbereiche wird das besonders deutlich. Wie soll ein einzelner Mitarbeiter die Zusammenhänge und die besonders wichtigen Schnittstellen erkennen? Welche Möglichkeiten bieten Unternehmen ihren Mitarbeitern und Führungskräften in den laufenden Projekten, sich einen Überblick zu verschaffen? Wie wichtig erleben sie es für sich selbst oder gehen sie nicht auch stattdessen eher mit dem Zoom an ihre eigenen Interessen heran?

Im Coaching stehen diese und ähnliche Fragen derzeit „hoch im Kurs“, denn Change-Management enthüllt viele Vorgaben und Vorschriften, aber kaum eine, die diese spezifisch verbindende Führungsaufgabe konstruktiv und mit Augenmaß ins Pflichtenheft schreibt.

Coaches wissen: Change hört nie auf, hat keinen Anfang und nimmt einfach kein Ende. Coaches und Berater arbeiten in einem breiten, breiten Fluss von Veränderung. Sie halten weder die Flut und Ebbe auf noch ändern sie etwas an den auftretenden Wellen, Strudeln und anderen Unwägbarkeiten, die der Wind vor sich hertreibt. Aber Coaches wissen manchen guten Trick, um passende Flöße zu bauen, finden Furten und Brücken und kennen Plätze, wo es das eine oder andere zu angeln gibt inmitten der eigentümlichsten Variationen dieses auffrischenden und wieder abebbenden „Wind of Change“.

Zusammenfassung – Kapitel 2

1. Komplementär-Coaching hilft, sich auf den eigenen Aktionsradius zu konzentrieren und mit parallel geschalteter Aufmerksamkeit die weiteren Umfeldbedingungen „im Auge zu behalten".

2. Coachees müssen handlungsfähig sein (oder es wieder werden). Deshalb achten Komplementär-Coaches darauf, im konkreten Praxisfall die persönlichen Verhaltensweisen und Einstellungen in Beziehung und in den Vergleich zu denen anderer Beteiligter zu bringen und ggf. zu relativieren.

3. Komplementär-Coaches achten insbesondere darauf, Widersprüche und Ärger von Beteiligten als Information über das Funktionieren von Strukturen wertzuschätzen. Je offener sich Beteiligte äußern, desto klarer werden innere Bilder und äußeres Verhalten, weshalb Komplementär-Coaches auch so viel Wert auf eine gute und vertrauensvolle Kommunikation legen.

Drittes Kapitel: Neue Rollen und frisches Outfit für Mensch und System

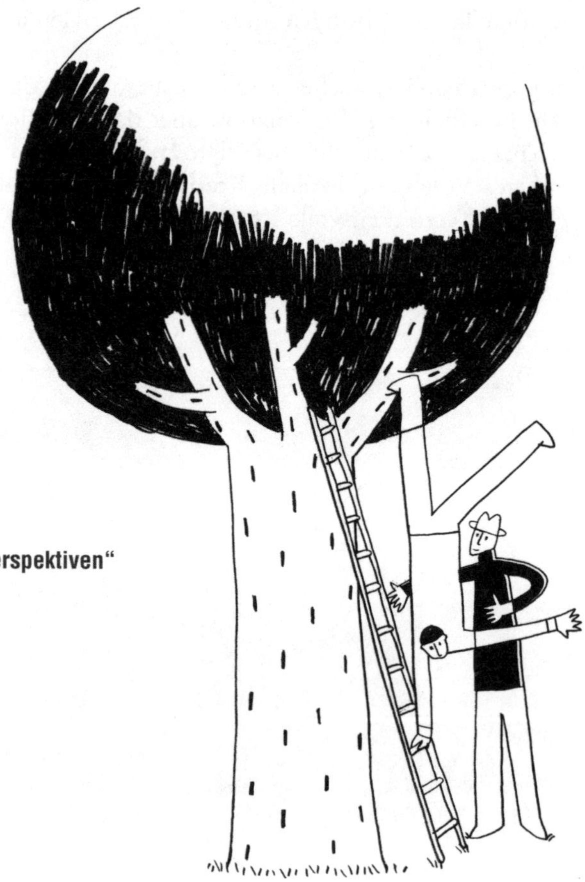

„Potenzial und Perspektiven“

Die Wunderleiter – ***Stufe drei:***

Etwas wirklich gut zu können, ist das Ergebnis von Freude am Lernen, beweist unsere Geduld und führt zu Sicherheit in unserem Verhalten. Erst wenn wir Neues riskieren und ausprobieren, was wir noch nicht beherrschen, entdecken wir unsere *Fähigkeiten*. Komplementär-Coaching schafft solche *Potenzialräume* – für den Menschen und in seinem System.

Coaching bietet eine erstaunliche Themenfülle. Anlässe für Coaching sind längst nicht nur Themen, die eng mit dem Aufgaben- und Funktionsspektrum des Coaches verbunden sind. Coaching-Auslöser können Inhalte aus dem gesamten prallen Lebensspektrum des Coachees betreffen – beruflich wie privat hängen viele Themen in Veränderungsprozessen auf das Engste miteinander zusammen. Auch Liebe, Lasten und Leidenschaften sind Themen, die dazu führen, ein Coaching zu wählen. Der Coach muss für sich entscheiden, ob er diese Inhalte bereit ist zu bearbeiten oder ob er es für richtig erachtet, eine Eheberatung, Familientherapie oder eine Suchtberatung zu empfehlen.

Lösungen mit offenen Enden statt Standards voller Grenzen

Wo es inhaltliche Grenzen gibt, finden sich auch thematische Berührungspunkte. Coaching hat in den letzten Jahren ausgesprochen viele Nachbardisziplinen und anverwandte Themenstellungen hinzubekommen, allein ein „Click" wöchentlich im Internet zeigt, wie rasch die unzähligen Koppelungen und Deutungen zu diesem Begriff anwachsen. Seriöses Coaching kann sich m.E. nicht damit aufhalten, diese Grenzsituationen in diffizil ausgearbeitete Coaching-Berufsordnungen und Qualitätskataloge festzuschreiben. Auch die zunehmende Zahl von Verbänden, die durch exklusive und finanziell aufwendige Zugangshürden oder, im Gegensatz dazu, durch besonders kostengünstige Angebote die Zahl ihrer Mitglieder konzentrieren wollen, macht mittels Masse kaum noch Sinn. Qualitatives Coaching muss sich anders platzieren, neu.

Wenn Coaching-Themen heute so stark differieren, wie es im Internet und in den Veröffentlichungen mit den Zusätzen *Life, Balance, Wellness, Personal* und allen Facetten von *Business Coaching* den Anschein hat, dann werden sich auch die passenden Gesprächsgegenüber „Coach und Coachee" finden.

Angesichts der Unternehmensentwicklung und der Veränderungsprozesse muss sich heute ein berufstätiger Coach immer wieder neu entscheiden, was er zu leisten und zu geben in der Lage ist, ein Stück weit frei von Modewellen, aber mit Blick auf den Markt und die Konkurrenz.

Andererseits gibt es Coaching-Themen, die beim ersten Zuhören fast schon zu privat scheinen und beinahe zu Abwehr beim Business-Coach führen, nur um ihn Sekunden später hellwach zu machen. Plötzlich schwingt etwas im Unterton oder in den Worten des Coachees mit, das eine zentrale berufliche Fragestellung betrifft, aber offensichtlich im „falschen Kontext" angesiedelt ist: Oft sind dies Themen, die rund um Werte wie Selbstbestimmung, Kreativität, Freiheit, Lebensglück gruppiert sind – oder um deren Abwesenheit im augenblicklichen Leben.

Anfragen zu *Stressmanagement* und *Zeitmanagement* oder auch *Persönlichkeitsentwicklung* sind solche scheinbar unverfänglich allgemeinen Themen, bei denen aber letztlich die ganz persönliche Lebensführung eine entscheidende Rolle spielt, wie z.B. die Bedingungen der beruflichen oder ökonomischen Situation des Coachees oder seine Träume und Wünsche nach einem besseren Leben jenseits des bisherigen Alltags.

Oft werden diese Themen seitens der Managementwicklung oder im Rahmen der betrieblichen Weiterbildung zur besseren Zielerreichung, zum effizienten Arbeiten, zur effektiveren Terminplanung etc. im persönlichen, aufgabenspezifischen Kontext angesiedelt, auch wenn sie strukturelle oder führungsspezifische Ursachen haben. Bestimmte Formen der psychischen Überforderung können aber im unternehmensnahen Coaching keinen angemessenen Raum zur Bearbeitung finden, wenn dies nicht von vornherein so zwischen Coachee und Coach vereinbart wird. Gerade diese Themen stoßen nah an private Problemsituationen und benötigen zuweilen therapeutische Expertise.

In den vergangenen Jahren wurden solche grenznahen Themen zunehmend aus den Weiterbildungsprogrammen herausgenommen. Heute tauchen die Themen wieder im Zusammenhang mit Projektmanagement und Change auf.

Immer öfter werden durch unerwartete berufliche Situationen persönliche Themen in den „halböffentlichen" Raum des Unternehmens katapultiert. Oft genug löst dies (ungewollt) Gespräche mit Personalchefs, Vorgesetzten, Personalberatern etc. aus, weil es um neue Funktionen, Stellenbesetzungen etc. geht. Wenn solche Veränderungen persönliche Gedanken und Gefühle berühren, über die ein Coachee nicht ohne Weiteres zu sprechen bereit ist, nimmt *Komplementär-Coaching* eine *neue und wichtige Schnittstellenfunktion zwischen personaler und systembezogener Beratung* ein.

In solchen Grenzmomenten muss der beruflich angesprochene Coach auch ohne viele Worte und selbst bei ganz leisen Zwischentönen wissen: Hier ist seine volle Aufmerksamkeit vonnöten, hier befindet er sich mit seinem Coachee in einem Entscheidungskorridor für oder gegen das Weitermachen. Und diese Entscheidung liegt ausschließlich beim Coachee.

Coachees brauchen heute Coaches, die mehrdimensional ausgebildet sind und individuell zugeschnittene Methoden beherrschen, um sowohl den Kontext und die Rahmenbedingungen wie auch die Emotionen und aktuellen Fragen oder Probleme des Coachees aufgreifen zu können.

Je besser Coaches qualifiziert sind, Mensch und System zur „Verfügung" zu stehen, umso eher erfassen sie die Bedürfnisse ihrer Coachees. Statt, wie noch vor wenigen Jahren, Seminare zu allgemeinen Themen wie „Stressbewältigung" zu besuchen, wollen Mitarbeiter und Führungskräfte wissen, was genau zu ihrer Situation und Fragestellung passt. Coachees brauchen keine Standards für alle, sondern Lösungen für sich.

Der Coach weiß viel, der Coachee auch

Um sich nicht allzu leicht von dieser „Magie" der äußerlichen oder inhaltlichen Themen ihrer Coachees einfangen zu lassen, müssen Coaches wissen, wie sie einen schlichten, ausgesprochen pragmatischen Blick auf die Gesamtsituation werfen, aus der heraus der Coachee ihnen gegenübertritt. Coaches sollten sich in erster Linie daran orientieren, was genau ihr Coachee als Person und was sein System fordert. Um welche konkreten Inhalte es im Einzelnen geht, ist nicht ausschlaggebend für den Coach. Aber dieser Punkt ist nicht so schlicht umzusetzen, wie er klingt. Viele Coaches wissen nicht, was „inhaltsfrei" meint, dabei ist die inhaltsfreie Arbeit von entscheidender Bedeutung für den Erfolg von prozessorientiertem Coaching. Viele Coaches verstehen unter „inhaltsfrei", sich nicht mehr um die inhaltlichen = persönlich bewertenden Aussagen der Coachees zu kümmern, sondern ihren Fokus allein auf die kontextuellen Bedingungen der Organisation, auf die Funktionen und die Aufgaben des Coachees zu legen. Damit orientieren sie ihre Expertise allerdings auch nur auf äußere, scheinbar objektive Faktoren von Veränderung.

In den heutigen Change-Prozessen reicht dieser Fokus überhaupt nicht mehr aus, wenn er denn je ausreichend war. Im Change gibt es keine fixen äußeren Parameter mehr, die nicht jederzeit verändert werden könnten. Planungen, Prozesssteuerung, Rahmenbedingungen fallen u.U. täglich neuen Plänen, neuen Rahmenbedingungen, neuen Prozessen zum Opfer, spätestens aber, wenn ein Machtwechsel eintritt und die beteiligten Personen ausgetauscht werden.

„Inhaltsfrei" bedeutet, nicht selbst (als Coach) Inhalt in die Aussagen des Coachees zu geben (und zu werten), sondern auf die Bezüge und tieferen Hintergründe, auf Verallgemeinerungen, wiederkehrende Muster etc. zu achten. Die Inhalte des Coachees sind die Informationen und Anhaltspunkte für geeignete Interventionen des Coaches.

Mit „inhaltsfreier" Arbeit ist also gemeint, aus den Äußerungen des Coachees herauszuhören, ob sie etwas darüber aussagen, was und wie der Coachee über seine Themen denkt, was er fühlt, welche Vorannahmen er hat, weniger, was genau er fachlich, sachlich zum Thema berichtet.

Die „inhaltsfreie Arbeit im Coaching" löst besonders bei „Coaching-Quereinsteigern", z.B. aus Marketing oder Vertrieb, aber insbesondere in Programmen wie „Führungskraft als Coach" enorm viel Verwirrung aus.

Dabei kann sich der professionelle Coach auf eine große „Methoden-Toolbox" beziehen, die es für die qualitativ anspruchsvolle inhaltsfreie Arbeit gibt, von der klassischen Gesprächsführung bis hin zu strukturierten Interviewfragen oder Trance-Induktionen und der Arbeit mit Metaphern oder Matrix-Mapping. Für Manager ist diese inhaltsfreie Vorstellung sehr fremd und hier „hakt" das interne Verständnis gegenüber Coaching m.E. am stärksten. Erst im Wahrnehmen durch Beobachten statt Bewerten erschließt sich diese spannende neue „inhaltsfreie" Dimension.

Was der *Coach persönlich* meint und für richtig oder falsch hält, ist für den Coachee im Kontext seines Coachings erst einmal *vollkommen irrelevant.* Ansonsten wäre dies eine klare manipulative Arbeit und hätte weder im Komplementär-Coaching noch im prozessorientierten Coaching noch in einem anderen professionellen Kontext einen Platz. Es wird am Umgang mit Inhalt deutlich, wie haarscharf die Grenze zwischen Behutsamkeit, Einfühlungsvermögen, Eigeninteresse und vertrauenswürdigem Umgang mit offenen Situationen verlaufen kann. Der Coachee entscheidet aus seiner eigenen persönlichen Meinung und nicht durch korrigierendes inhaltliches Eingreifen seines Coaches, wie sein Lebensweg weiter verläuft.

Aber der Coachee bekommt durch den Coach, was sehr hilfreich sein kann, statt eines inhaltlichen Inputs vielleicht das erste Mal im Leben den Impuls, seine Entscheidung nicht nur von einem vergangenheitsbelasteten Bild vor seinem inneren Auge abhängig zu machen. Der Coach kann ihn darin unterstützen, mehr Kriterien auszuprobieren, kreativ zu „träumen" und vielleicht zusätzlich eine innere Kreuzverbindung zwischen seinen visuellen Kriterien und seinen dazugehörigen Emotionen herzustellen. Es könnte sein, dass der Coachee auf diese Weise eine Entscheidung doch noch einmal in Ruhe überprüft. Diese Wahlfreiheit könnte mit der Meinung des Coaches durchaus übereintreffen. Aber:

Es ist ein großer qualitativer und manchmal auch ethischer Unterschied, ob der Coachee die Erfahrung der Freiheit seiner Wahl selbst wahrnimmt oder ob der Coach ihn methodisch dazu „überredet", mehrere Alternativen zu prüfen. In der inneren Welt des Coachees wird über diese Qualität befunden und entschieden, was er in seinem Handeln daraus macht.

Der Coach kann sich selbstverständlich zu jeder Thematik äußern, wie er will. Natürlich hat er eine persönliche Meinung und kann sich jederzeit mit dem Coachee darüber unterhalten. Nur ist das zu diesem Zeitpunkt kein prozessoffenes Coaching. Es ist wahrscheinlich ein empathisches und sehr aufschlussreiches Gespräch der beiden – im Sinn einer persönlichen Sach- und Fachberatung in Lebensfragen. Aber es ist unsachgemäß, wenn es nicht offen und transparent für den Coachee und ggf. außerhalb des eigentlichen Coaching-Settings verläuft.

Eine Reihe Berater und Coaches halten sich nicht daran, dass sie ihren persönlichen Rat „sperren" sollten, aber für so manche Coachees wäre es eine echte und hilfreiche „gute Tat". Eckard König und Gerda Volmer formulieren dies für das Wissen in sozialen Systemen deutlich aus: *„Damit richtet sich dieser Grundsatz auch gegen einseitige Expertenberatung: Es ist gleichsam ein klassischer Fehler traditioneller Unternehmensberatung, dass Lösungen von außen vorgegeben werden. Solche Veränderungen von außen führen häufig nicht zu den erwarteten Ergebnissen, sondern in vielen Fällen zu neuen Proble-*

men. (...) Konsequenz daraus ist, dass letztlich nur der Klient bzw. das Klientensystem die Angemessenheit von Lösungen für die konkrete Situation beurteilen kann und damit auch autonom bei seiner Entscheidung ist" (König/Volmer 2005, S. 162).

Verkürzt könnte man auch sagen: Coachees haben nichts davon, ob der Coach „Hü" oder „Hott" sagt. Auch wenn ursprünglich „Coach" das Wort für Kutscher war, hat sich heute an diesem Bild einiges geändert: Der Coach ist nicht der Kutscher auf dem Kutschbock, die Methoden haben *hoffentlich* nichts gemeinsam mit Peitschenknall und Feststellbremsen und vor allem ist der Coachee nicht das Pferd.

Der Coach, und damit ist er an sich in Change-Prozessen ausreichend beschäftigt, sollte sich ausschließlich darauf konzentrieren, was seinen Coachee im Unternehmen oder in seiner Organisation antreibt und was hier Mensch und System in ein gutes Verhältnis zueinander und sinnvoll nach vorn bringen könnte.

Sowohl der systemische Expertenblick aus der Distanz als auch der tiefe, personenbezogene Blick in die Augen des Coachees sind wesentliche Bestandteile einer Coaching-Expertise. Diese Expertise wird als komplementäre Herangehensweise an chaotisch verlaufende Change-Prozesse und eine zunehmende Vermischung persönlicher und systemischer Veränderungen immer notwendiger.

Da Change-Prozesse ständige Fluktuation implizieren, können Coaches und Coachees von einer Nachhaltigkeit ihrer Bemühungen leider nur träumen, denn mit den scheidenden Partnern und Kollegen werden oft auch die gemeinsamen Vorhaben verabschiedet. Nur die sehr jungen und unerfahrenen Berater und Coaches finden diese wechselnden Bedingungen wirklich genial – denn ihre Lernfehler und ungelenken ersten Schritte treffen in solchen Szenarien auch nicht auf Nachhaltigkeit. So hat alles „seine guten Seiten", wie immer.

Vom Spiegel zum Sinnstifter – neue Rollen für Coaches

Jeder Manager, der neu berufen wird und sich noch dazu berufen fühlt, will eigene Vorhaben einbringen, umsetzen und etwas bewirken, meist ohne Zeit zu verlieren und ohne viel Federlesen. Er nimmt sich wahr als der Erste, der etwas Neues unternimmt, egal, wie viele vor ihm diesen Schritt im Unternehmen bereits getan haben. Der Erste ist im eigenen Selbstbild immer „der Erste" , nie der „fünfte Erste". Für die Manager und Mitarbeiter im Unternehmen ist er dies schon, aber was hilft es ihnen?

Neue Verantwortliche interessieren sich meist nicht für Vorabsprachen und Vorgeschichten, die sie nicht mitgestaltet oder als Verpflichtung angenommen haben. Was soll ein neu hinzukommender Manager aber auch von komplizierten Beraterarchitekturen, von Plänen für das nächste Jahr voller Workshops und Meetings halten, die seine Vorgänger – manchmal noch in letzter Sekunde miteinander abgestimmt haben? Gar nichts!

Ein neuer Manager will etwas veranlassen, das dem vorherigen nicht zu sehr ähneln soll. Seine Pläne sollen seinen Bildern im Kopf entsprechen und die möchte er in Leitbildern, Visionen und Image-Clips abgebildet sehen. In Change-Prozessen entsteht im Wechsel von einer zu einer anderen verantwortlich steuernden Person auf diese Weise alles andere als lang überlegte, neue Ordnung – es entsteht, vor allem in Übergangsphasen, ein ausgesprochenes Tohuwabohu.

Coaches werden in solchen Phasen sehr oft strukturierende Funktionen abverlangt und sie müssen ihre Rollen den offenen Szenarien angleichen, in die sie gerufen werden. Das bedeutet, sich nicht beeindrucken zu lassen von Stress, Hektik, unüberlegten und hingeworfenen Bemerkungen oder von der eigentümlichen Dynamik, die angriffslustig in Besprechungsräumen „aufpoppt", sobald eine Gruppe von Managern dort zusammenkommt.

Die nachfolgende Abbildung macht deutlich, in welche üppig ausgestatteten Rollen sich ein Coach hineinlavieren kann, wenn er nicht sehr klar kommuniziert, welche er daraus für sich auswählt, wofür er ansprechbar ist und wofür nicht.

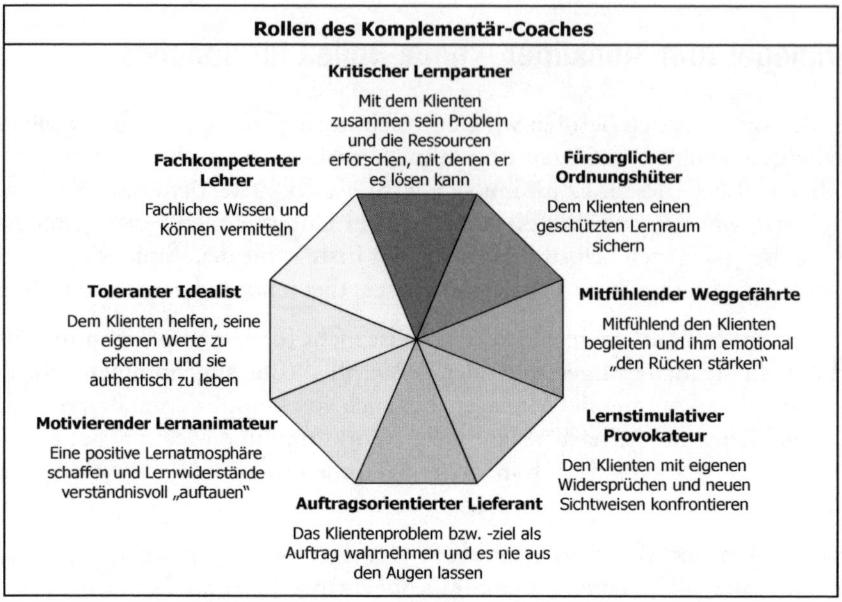

***Abb. 3.1:* „Rollen des Coaches" (vgl. Geissler 2005)**

Viele Coachees wünschen sich von ihrem Coach in aufreibenden und anstrengenden Lebensphasen weniger die Rolle des kritischen Lernpartners oder Lehrers als vielmehr die des mitfühlenden Weggefährten, der, ohne viel Aufhebens davon zu machen, versteht, zuhört, und, wenn er schon nicht zustimmt, so sich doch weitestgehend von Bewertungen fernhält. Diese sehr personenbezogene „Lehnstuhl-Rolle" findet, auch wenn der Coach gar nichts gegen solche Ruhemomente einzuwenden hätte, in vielen Change-Situationen, trotz aller Bedürfnisse danach, kaum noch ihren Platz. Everybodys Darling können Coaches auf diese Weise also nicht sein.

Allerdings kommen Coaches immer häufiger in Rollen, in denen sie nicht nur für ihren Coachee, sondern, neben ihm, gleich einer ganzen Gruppe von Change-Managern, Change-Verantwortlichen und Change-Beteiligten zur Verfügung stehen sollen, denn: Mit all den Workshops, Meetings und Sitzungen, durch die sich der ständige Veränderungsdruck in den Alltag hineindrängelt, werden Coaches zunehmend in der Rolle des ausgleichenden, schlichtenden, „die Dinge auf den Punkt" bringenden **Moderators** angefragt. In dieser Funktion sollen sie oft in erster Linie ihren Coachee davon entlasten, in Meetings die Gruppendynamik neben all den wichtigen inhaltlichen Themen im Auge zu behalten. Die Coachees wollen oft lieber mitdiskutieren oder, ebenso oft, am Rand sitzen und in Ruhe zuhören. Der Coach soll deshalb als Moderator beispielsweise in strategisch bedeutsamen Besprechungen, in hitzigen Debatten und in kniffligen Entscheidungssituationen zu Besonnenheit mahnen, die inhaltliche Fokussierung unterstützen und die emotionalen Auseinandersetzungen minimieren oder konfliktlösend eingreifen.

Dazu befähigt Coaches ganz und gar nicht allein die Tatsache, dass sie den Management-Vertretern bekannt sind oder im vertraulichen Setting des Einzel-Coachings vieles über und von den Change-Verantwortlichen wissen.

Moderation bedeutet mehr. Sie verlangt volle Präsenz vom Coach, die Kenntnis klarer Kommunikations- und Interaktionsregeln, erfordert vielfältiges methodisches Know-how im Gebrauch deutlicher Signale für die Gruppen und lebt von emotionaler Führung in dynamischen und zeitkritischen Momenten.

Wesentlich für den Erfolg in der Doppelrolle als Coach und Moderator ist seine Befähigung, im Vorfeld kluge Fragen zu stellen und seine eigene Kreativität freizusetzen, um, über die Kenntnis der traditionellen Moderationstechniken und -methoden hinaus, in allen möglichen Unwägbarkeiten effiziente neue Vorgehensweisen zu erfinden oder „alte" passend zu machen.

„Kompakt" – neues Maß für chaotische Momente

An schlechten Tagen, also in den meisten kritischen und heißen Change-Situationen, kann die harmlose und methodisch „an sich schlichte" Bitte des Vorgesetzten, Teamleiters oder Projektmanagers in einem Meeting um ein klassisches „Drei-Minuten-Blitzlicht" zur Einstimmung auf den Tag einiges an Sprengkraft und losgelöster Energie bedeuten. Der verantwortliche Fragensteller sollte damit rechnen, dass ein teilnehmender Abteilungsleiter plötzlich zwei Minuten lang *völlig unter Dampf*, aber noch streng „an der Sache", berichtet, was gerade bei ihm los ist, um dann in den letzten 45 Sekunden seines Statements mit seinem Vorgesetzten in heftigsten Streit zu geraten, weil er ihm in sehr wenigen, aber deutlichen Worten die komplette Schuld an seiner *Druck*situation gibt. Es braucht nur weitere *Bruchteile* dieses Blitzlichtes, vielleicht ein „Frosch-im-Hals"-Räuspern des Vorgesetzten und schon steht, wie als direkte Antwort darauf, der Satz des Abteilungsleiters laut und unüberhörbar im Raum: *„Das kann für mich nur bedeuten, auf der Stelle zu kündigen!"* Diesen Satz muss der gruppendynamisch unerfahrene Gesprächsleiter, der nun einmal in der Praxis als „unbedarfte" Führungskraft agiert, erst mal souverän zurückgedreht bekommen.

Ausgelöst durch diese und ähnliche Erfahrungen, entstand für solche in der Praxisluft liegenden „Tohuwabohu-Momente mit Ansage" die Maßeinheit „Kompakt".

Der Begriff „Kompakt" bedeutet, in Meetings und Workshops, die durch Themen oder personelle Konstellationen aufgeladen sind und unter Zeitdruck stehen, vehement auf alle überflüssigen Informationen und Vorhaben aus den bis dato noch geltenden Absprachen und dem früheren Design zu verzichten und Führung, wie vom alten Schlag' fest in die Hand zu nehmen.

Dem Tohuwabohu einer aktuell „unter Strom stehenden" Change-Situation setzen Coaches kompakte Methoden mit komplementären und klaren Linien, harten Strichen und einzuhaltenden Zeiteinheiten entgegen.

Die Vorteile liegen auf der Hand, aber auch die Nachteile: Einerseits können die Beteiligten durch die konsequente Nutzung solcher kompakten Methoden ihre Perspektive der Prozessbetrachtung einhalten. Andererseits müssen sie auf viele der unter ruhigeren Bedingungen möglichen Zielsetzungen verzichten: Ruhige Reflexion, Zeit für Diskussionen kritischer Einwände und Befürchtungen gibt es nicht kompakt.

Es bietet sich stattdessen eine, im engen Schulterschluss mit Kunden erarbeitete, „kleine, straffe Methodologie“ für moderierende Coaches und (nur selten) marodierende Coachees in Meetings an.

Für akut auftretende Change-Situationen haben sich kompakte Szenarien vor allem dann bewährt, wenn Manager in engem Dialog mit ihrer zweiten und dritten Führungsebene agieren müssen und sich Ereignisse überschlagen, Entscheidungen immer noch auf sich warten lassen oder auch für Situationen, in denen ein Führungsvakuum besteht und trotzdem gehandelt werden muss.

Dann eignen sich im ersten Schritt oder auch als dauerhaftes Kommunikationsinstrument zur Straffung und klaren Steuerung der Kommunikation und Interaktion

- kompakte **Informationsrunden**, top down durchgeführt, mit klarem Zeitfenster und maximal 10 bis 15 Minuten Zeit für Fragen;
- komprimierte Mailings, entsprechend eines abgestimmten Kaskadeprozesses;
- kompakte **„Dialog“**-Szenarien, in denen strategische bzw. kurzfristig taktische Vorgehensweisen in **vertraulichen** Gesprächen mit der Managementleitung und auf der ersten und zweiten Führungsebene abgestimmt werden müssen.

Bei Problemen, die mit verschiedenen Konsequenzen bedacht und trotzdem innerhalb kurzer Zeit zu einer Entscheidung geführt werden müssen, haben sich die **Kompakt-Workshops (KOWs)** inmitten großer Unruhe und Schwankungen **als verlässliches Führungsinstrument** behauptet, das

- Raum gibt für die emotionalen Spannungen und manchmal schlichtweg den **Frust** der Beteiligten auffängt (irgendwann muss das auch mal sein);
- in Vakuum- und Übergangszeiten von einem Managementleader zu einem anderen (was oft genug Monate andauert) ein kluges taktisches Mittel ist, das das Fehlen der übergeordneten Management-Entscheidungen durch **Führungspräsenz „vor Ort“** ausgleicht und enorm **vertrauensbildend** ist;
- durch die straffe externe Moderation die interne Führung enorm entlastet und in akuten Entscheidungssituationen für klare **Ergebnisorientierung** sorgt;
- das **Versprechen** von Geschäftsführern und anderen Managementvertretern methodisch einlösen kann, sich situativ angemessen im Change-Prozess persönlich vor die Mitarbeiter und hinter die Führungskräfte zu stellen;
- **Steuerungsgruppenmitglieder oder andere Schlüsselpersonen** weiter intensiv in die Prozesssteuerung einbindet, denn sie bilden den „heißen Draht“ zwischen Basis, mittlerem Management und Geschäftsführung und halten sehr engen Kontakt zu den Externen.

Diese Idee der kompakten Führung ist reine „Absicht", wenn sie extrem konträr zur sich auflösenden Führung im Konzern verläuft, denn genau das Kompakte dieser kleinen Methodologie ordnet einen großen Teil des umliegenden Chaos und macht trotzdem und wahrnehmbar Sinn. Der Coach braucht allerdings ein ziemlich „gewieftes" Standing, denn er kriegt oft genauso „kompakte" Reaktionen und Informationen darüber, wie er die Moderation durchführt!

„Kompakt" auf einen Blick:

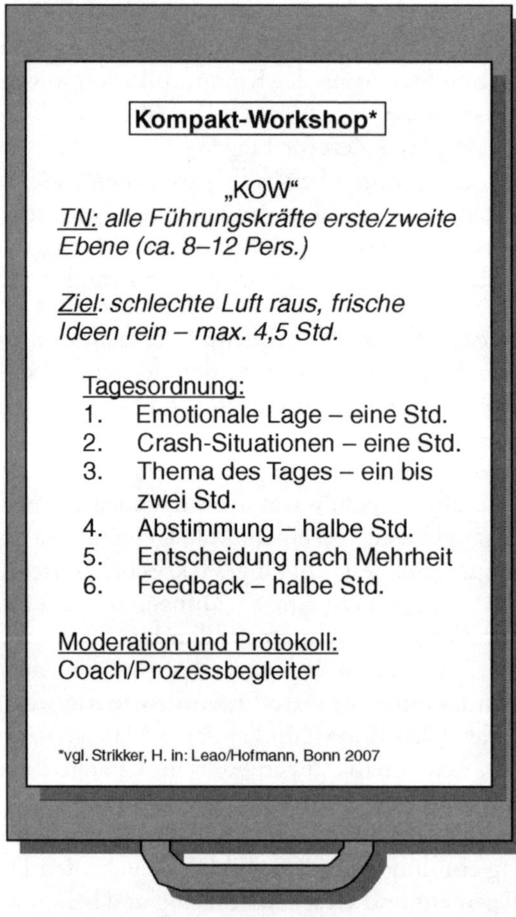

Das Gute an kompakten Szenarien ist: Sie verkürzen und verhindern oft „längere Geschichten", die bei mehr Zeit vielleicht zu richtig großen Problemen anwachsen könnten, denn selbst als sich beispielsweise der weiter oben beschriebene Manager mit seiner Drohung einer Kündigung ziemlich verhoben hatte, konnten ihn Coach und Kollegen dank des vertraut-straffen Rahmens mit wenigen Worten einfangen und die Ursache für den Ausbruch ebenso kompakt auf den Weg bringen. Er blieb noch viele Monate dabei.

„Kompakt" macht manchmal weniger Worte und wirkt zuweilen fast schroff. Es gibt weiche und harte Momente, Verlierer und Gewinner in jedem Veränderungsprozess – aber wenn durch kompaktes Vorgehen die Besten bleiben und weiter ihre Persönlichkeit einbringen können, haben alle gewonnen.

Coachees im Spannungsbogen von innen und außen

In besonders heiklen Situationen fällt Coaches eindeutig die prozessorientierte **Expertenrolle** zu. Dann brüten sie in Terminen stundenlang mit ihren Coachees und Mitgliedern von Steuerungsgruppen oder an vielen anderen Tagen mit eigenen Coach-Kollegen über die vielen unglaublich schlecht laufenden Change-Situationen und die dafür geeigneten **Methoden zur Prozesssteuerung**. Alle Internen haben in solchen Krisenphasen eines gemeinsam, das „P" für Panik in den Augen. Immer stärker richten sie dann den eigenen Fokus auf sich selbst und die allernächste Zukunft.

Befürchtet oder erhofft, erwartet oder vermieden, wechseln im Change meistens die Vorgesetzten als Erste vor weiteren Personen einer langen Kette von Führungskräften im Unternehmen. Auf einmal ist dann der interne Lobbyist weg. Damit werden die persönlichen weiteren Vorhaben wie eine Seifenblase platzen, besonders wenn es noch Monate dauert, bis sich die Top-down-Situation stabilisiert. Was nun? Was tun?

Die meisten Coachees brauchen in Change-Prozessen deshalb für den Moment praxisnahe Ideen, ehrlichen und direkten Input, hilfreiche Tools und klare Gedanken aus den Coachings. Für sie bedeutet Change zwingend persönliche Veränderung. Sie müssen neue Fähigkeiten und angemessene Verhaltensweisen entwickeln, um sich zurechtzufinden in neuen Positionen, Rollen und Funktionen. Erst durch neues Lernen können sie zukunftsnahe, individuelle Lösungen für das eigene Handlungsrepertoire finden – auch wenn sie keine Vorstellung davon haben, in welche Richtung.

Für den Coach gilt in den Begegnungen mit seinem Coachee oft genug das Gleiche: Er wird konfrontiert mit Dingen, die er so noch nicht gehört hat, zu denen er eine eigene Bewertungshaltung hat oder die er ganz anders einordnen würde, als dies der Coachee tut. Um Unterstützung geben zu können, braucht er neue Ideen, ganz andere konzeptionelle Vorgehensweisen, als er es gewohnt ist. Der Spannungsbogen, unter dem sich Change abspielt, mag unbekannt und offen sein. In jedem Fall ist er zu groß für kleine, „harmlose" Techniken.

Externe, insbesondere Komplementär-Coaches bringen erst dann einen hohen Nutzen, wenn sie aus dem Input des Coachees das aufgreifen, was den Coachee in seinem Veränderungsanliegen voranbringt oder nicht. Sie spiegeln wie Reflektoren aus ihrer Beobachtung zurück:

- wer im System in welcher Rolle und in welcher inneren Verbindung zueinander steht;
- wer welche förderlichen und welche hinderlichen Kräfte mobilisieren oder verdecken könnte;
- wer die Initialzündung für Veränderungen übernehmen sollte, wann und wie;
- wer wann für die Steuerung verantwortlich sein könnte;
- wer der erste Ansprechpartner für die Feinabstimmung untereinander ist (extern und intern);

- wer, wie, wo und wann genau in welchen Change-Phasen/Meilensteinen aufeinandertreffen sollte.

In welcher Mischung und zu welchen Anteilen sich dieses besondere Spannungsverhältnis „Mensch und System“ entwickeln wird, zeigt sich erst im laufenden Coaching-Prozess. Das Konzept des Komplementär-Coachings begibt sich direkt in dieses Spannungsfeld hinein und fordert Coaches zu einer neuen Perspektive und Übersicht auf die Situation des Coachees auf.

In Change-Prozessen treten viele Faktoren gleichzeitig auf. Der „Spannungsbogen“, den ein Coachee zu steuern und zu verarbeiten hat, zeigt sehr deutlich die unterschiedlichen Facetten der Wechselbeziehung von inneren und äußeren Bedingungen:

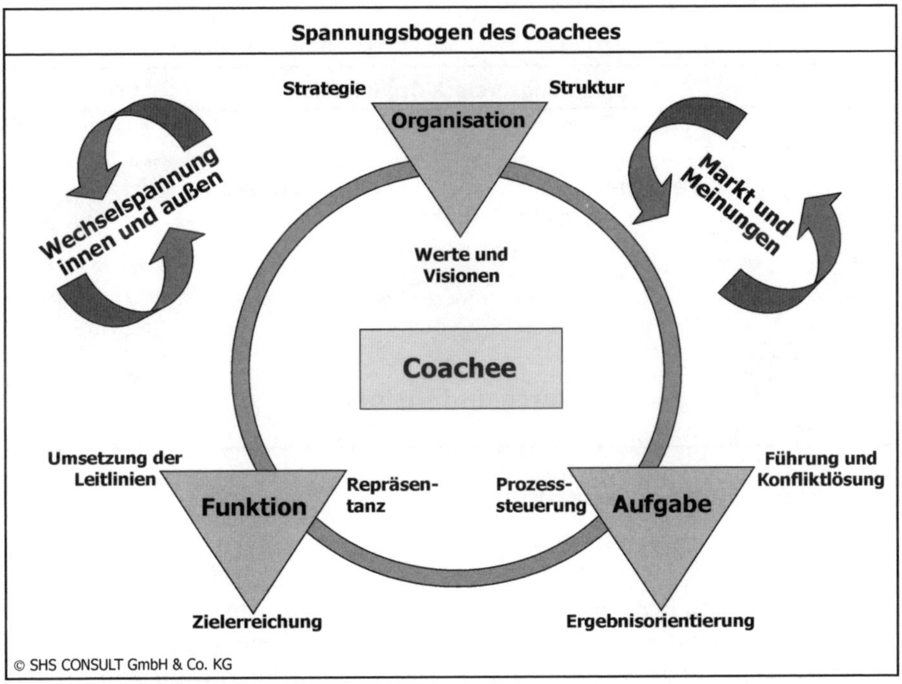

***Abb. 3.2:* Komplementär-Spannung im Coaching**

Für eine komplementäre Sicht auf diese *Wechselspannung* im Kontext von *Innen- und Außenwelten* und *Markt und Meinungsbildung* bieten die Faktoren
(1) Organisation,
(2) Aufgabe,
(3) Funktion
einen guten Zugang zum Thema „Komplementäres Coaching“.

Die Organisation im Fokus

Viele Coaches interessiert in den ersten Stunden des Coachings, wie sich der Coachee in seinem System „verortet“. Sie wählen die ***Organisation*** als erste Orientierungsgröße für den Start in den Coachingprozess. – Aus dieser Perspektive sollte sich deshalb ihr Blick wesentlich stärker als in früheren Jahren auf die Wechselbeziehung der konkreten, komplementär zueinander wirkenden Veränderungsebenen *Struktur, Strategie und Werte* richten, denn: Alle drei Aspekte verbinden sich im Change idealerweise mit den positiven Werten und Leitbildern des Coachees und der „Mission“, die sich das Unternehmen „auf die Fahnen“ schreibt. In dieser Verbindung entsteht das entscheidende Motivationspotenzial, das im Management und in der Belegschaft Veränderungen auf den Weg bringen kann.

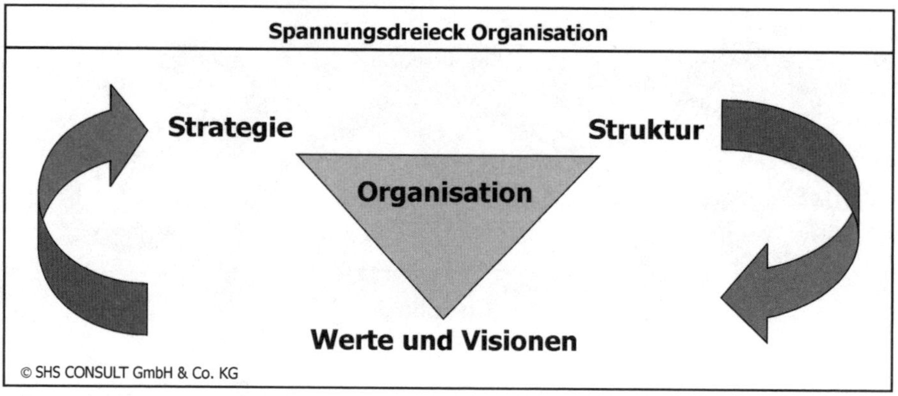

Abb. 3.3: **Spannungsdreieck „Organisation“**

Ändern sich einzelne Bereiche dieser Triade, meist sind es im Change als Erstes die Strukturen, dann hat dies immer Auswirkungen und Konsequenzen auf andere Bereiche, in diesem Fall auf die Strategie- und Werteebene des Unternehmens und seine beteiligten Personen.

Wenn eine *Abteilung* innerhalb eines Bereiches *umstrukturiert* werden soll, weil sie strategisch eine andere Bedeutung im Gesamtkontext erhalten wird, dann hat dies unmittelbare Auswirkungen darauf, welche Werte und Zukunftsvorstellungen mit der Umstrukturierung verbunden sind. Diese „müssen“ sich zwingend verändern, weil der Aufwand der Veränderung ohne einen Wertezuwachs nur wenig Sinn machen würde.

Führungskräfte übersehen diesen einfachen, aber überzeugenden Zusammenhang ebenso leicht wie Coaches und Berater, die gern komplexe Veränderungsszenarien designen, ohne sich mit den inneren Konsequenzen und emotionalen Seiten der neuen Struktur zu befassen. Viele Veränderungsprozesse könnten einfacher verlaufen, wenn mehr Wert auf einfache Zusammenhänge gelegt würde.

Wenn sich die *Lebensplanung* einer Person aufgrund beruflicher oder privater Impulse verändert, berührt dies im weiteren Sinne die *persönlichen Strategien,* das eigene Lebenskonzept, die individuellen Zielsetzungen. Ein Strategiewandel des Unternehmens bedeutet u.a. strukturelle Neuausrichtung und marktorientierte Neubewertungen der eigenen Performance. Viele Mitarbeiter können sich persönlich wesentlich besser auf neue Strategien und Strukturen einlassen, wenn ihnen der Wechsel glaubhaft und „wertvoll“ erscheint, denn immerhin wird von ihnen einiges an Mehrbelastung und Umstellungen erwartet, oft genug verbunden mit Einbußen an Zeit, Kraft und Raum für die eigenen Pläne.

Diese Anforderungen erfordern persönliches Standing der Führungskräfte, eine klare Haltung zu den neuen Wertvorstellungen und Mut zu einer visionären Orientierung.

Ansonsten werden vor allem diejenigen, die ihr Leben nach wertvoller Arbeit ausrichten, sich in ihrer Lebensplanung außerhalb des Unternehmens orientieren und schlichtweg kündigen.

Im Komplementär-Coaching findet die Auseinandersetzung mit dem beruflichen Strategie- und Strukturwandel oftmals eine thematische Entsprechung in den privaten Inhalten wie dem Wert der eigenen Gesundheit, dem Wunsch nach Familienglück, mehr Freiheit im Job oder Kreativität bei der Arbeit. Es gibt immer wieder Coachees, die sich den Themen ausschließlich privat gewidmet haben und im Komplementär-Coaching endlich Lösungen fanden, in denen sie ihre Wünsche nach Veränderung mit dem notwendigen beruflichen Bezug auf den Weg bringen konnten. Die ausschließliche Beschäftigung mit nur einem der beiden Komplementärfelder führt nur zu einem Teilergebnis.

Werden dagegen im Coaching Werte, Strategien und Strukturen von Berufs- und Privatleben gleichermaßen betrachtet, können die verschiedenen Gewichtungen berücksichtigt, in das *Gesamtlebenskonzept* eingeordnet und die persönlichen Vorstellungen und Bedürfnisse *mit den Notwendigkeiten und Chancen der Organisation sowie den strukturellen Bedingungen überprüft und verglichen werden.*

Für Veränderungen auf der Ebene der Leitlinien und Wertvorstellungen des Managements gilt dieses Spannungsverhältnis ebenso. Ging es lange Zeit einem Unternehmen um das klassische Change-Duo „Verbindlichkeit und Sicherheit“ gegenüber dem Kunden oder gegenüber einer übergeordneten Organisation, dann bedeutet ein Strategie- und Wertewechsel beispielsweise zu mehr „Effizienz und Vernetzung“, dass sich die weitere strukturelle Zusammenarbeit der Beteiligten neu orientieren und ausrichten muss, und zwar u.a. auf

- Zusammenarbeit in Teams und Projektgruppen,
- Schnittstellenmanagement,

- Neuorganisation der zeitlichen Abläufe,
- Führungsverantwortung mit weniger Hierarchiestufen,
- Informations- und Kommunikationsstrukturen,
- Feedback-Prozesse und Beschwerde-Management.

Dies sind nur einige der Konsequenzen, die aus betriebswirtschaftlich fokussierten Konzeptentwürfen und nachfolgenden Budgetierungen gern herausgehalten werden, weil sie zu wesentlich höheren Aufwendungskosten und Führungsaufgaben führen könnten, als dies unter „Effizienz- und Vernetzungsgesichtspunkten" von Beraterwie Kundenseite eingeplant war.

Gerade die betriebswirtschaftlichen Fachberater haben an diesen Konsequenz-Punkten erstaunliche Defizite. Sie denken in ihren Empfehlungen oftmals viel zu unkritisch, viel zu geradlinig und ohne Bezug zu den hinter den Zahlen stehenden Verhältnissen und Auswirkungen.

Im komplementär ausgerichteten Coaching bestätigt sich im Spannungsverhältnis von Mensch und System, was Robert Dilts und Gregory Bateson mit ihren Lern- und Veränderungsstufen oder Peter Senge mit seiner „Fünften Disziplin" schon vor geraumer Zeit zu erkunden begannen: In Change-Prozessen sind die Faktoren *Struktur, Strategie und Werteebene* innerhalb von Organisationen auf das Engste miteinander verbunden und geben einer Veränderung in diesem Rahmen überhaupt erst Sinn.

Diese drei Erfahrungsebenen wirken mit enormer Spannung sowohl im Innern des Coachees als auch im Erfahrungsraum des Systems, in dem er sich bewegt. Es gibt keine individuellen beruflichen Bedürfnisse, die nicht mit den systemischen Veränderungsprozessen korrespondieren und umgekehrt.

Änderungen auf Organisationsebene haben enorme personale und systemspezifische Konsequenzen. Veränderungen in den wertespezifischen Prioritäten eines Unternehmens, in seinen Leitbildern und visionären Zukunftsszenarien vorzunehmen, bedeutet, dass Mitarbeiter und Führungskräfte nicht nur ihre Einstellung und ihre Haltung, sondern auch ihr Verhalten innerhalb der Strukturen und Abläufe z.T. völlig neu definieren müssen.

Das gilt ebenso für das nächste „Drama-Dreieck", in dem es um die Spannung zwischen Zielerreichung, Umsetzung von Vorgaben und Repräsentieren der eigenen Funktion im Unternehmen geht.

Funktionale Spannung zwischen Macht und Versprechen

Die Funktionen innerhalb einer Organisation tauchen in Change-Prozessen nahezu zwangsläufig auf der Agenda der vordringlichsten Themen auf.

Mit der **Funktion** repräsentieren Führungskräfte und Mitarbeiter ihre Organisation. Sie müssen, neben der Umsetzung der Unternehmensleitlinien, auch verantworten, dass die Vorgaben erfüllt werden und ihr Bereich seinen Teil zum Erfolg des Ganzen beitragen kann. In Change-Prozessen haben sie diese Funktion doppelt und dreifach. Die stattfindenden Veränderungen befreien sie nicht von bestehenden Vorgaben – unabhängig von neuen Zielen, umzuschreibenden Leitlinien oder einer noch unklar definierten Repräsentanz nach innen und außen.

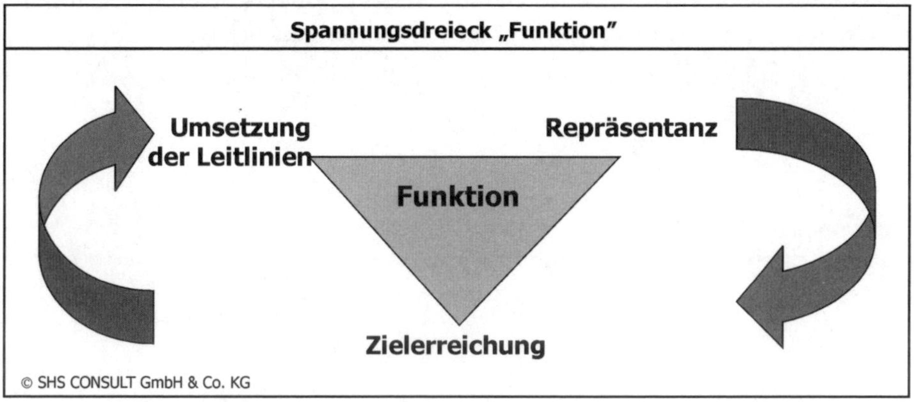

Abb. 3.4: **Spannungsdreieck „Funktion"**

Im funktionalen Kontext des Coachees ist das Thema *Selbst- und Fremdbestimmung* bei der Zielerreichung und Widerstand gegenüber der Umsetzung von Leitlinien am häufigsten zu finden. Funktionale Veränderungen drücken besonders stark auf die Repräsentations*pflichten* des Funktionsträgers, denn mit jeder neuen Veränderung muss auch überprüft werden, ob der Repräsentant noch den neuen *Anforderungen* genügt. Die hohe Doppelbelastung, ungewohnter Erwartungsdruck von außen und wenig Handlungsspielraum nach innen werden von vielen Coachees als emotional belastende Begleiterscheinungen beschrieben, auf die ihnen pragmatische Antworten fehlen.

Management-Funktionen werden aufwendig mithilfe arbeitsrechtlicher, juristischer und organisationsspezifischer Kriterien in Verträge „gegossen". Sie sollen, zumindest aus Sicht von Personalvorständen und Recruiting-Assistenten, eine gewisse Vergleichbarkeit innerhalb der Hierarchie und eine möglichst einzufordernde Gewähr für die Erreichung von Zielen haben.

Einerseits werden deshalb funktionale Zuordnungen und Verantwortlichkeiten personenunabhängig definiert und als neutrale Kategorien für Gehalt, Leistung und Privilegien in den Verträgen festgehalten. Andererseits wird von den beteiligten Personen um kaum etwas so intensiv gefochten wie um diese Funktionsbeschreibungen und die dahinter vermuteten oder realen Bedingungen, Vergünstigungen und einzufordernden Verantwortlichkeiten.

Denn: Mit Funktionen kommen Titel, Macht und Einfluss zu einer Person. In Change-Prozessen ist deshalb der inhaltlich motivierte Kampf mancher Personalabteilungen um klare Kriterien bei arbeitsrechtlichen Fragen so vergebens wie der Ritt von Don Quichotte gegen die Windmühlen: Es gibt insbesondere in Change-Prozessen nicht *die* eine Klarheit. Funktionen bringen nicht *die* Gewissheit inmitten der Veränderungen. Weder gibt es darüber Eindeutigkeit, wie sich eine Funktion ausdifferenzieren lässt, noch gibt es die eine Wahrheit, wohin sich der zu verantwortende Teil des Change-Prozesses entwickeln wird. Das macht das besondere Spannungsgefüge und das „Drama" dieser Triade für immer mehr Coachees aus.

Aufgabe – aufgeben oder aussteuern?

Wenn es um die Besetzung von Funktionen geht, erhält die Kategorie „Mensch" plötzlich eine gewichtige **Veränderungsaufgabe**, denn jetzt kommt es darauf an, was genau sie tun wird, diese Person, die in eine Funktion berufen wird: Wer ist sie und was für ein Mensch ist sie? Was kann sie und was soll sie umsetzen? Wie repräsentiert diese neue Person die anstehenden Veränderungsthemen? Kann sie die Organisation nach innen und nach außen angemessen vertreten?

In Change-Prozessen wird kaum etwas so symbolisch und emotional wahrgenommen wie die eigene Funktion im Unternehmen und die anderer im Vergleich zur eigenen. Immerhin bestimmen diese Funktionen nicht zu knapp, welche **Aufgaben** sich daraus für alle Beteiligten ergeben. Vor allem bestimmen die Funktionsinhaber darüber, was aus den Aufgaben wird, die an diese Funktionswelt angeknüpft sind.

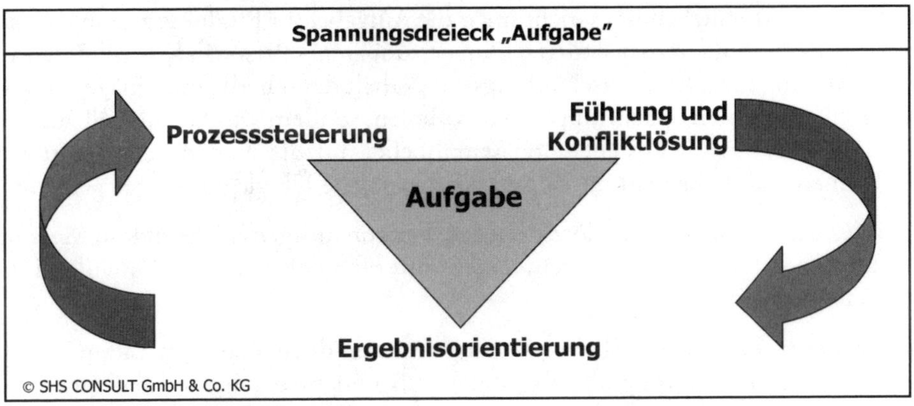

Abb. 3.5: **Spannungsdreieck „Aufgabe"**

In Veränderungsprozessen binden die konkreten Aufgaben und die Umsetzung in die Praxis die Menschen in ihrem Verhalten emotional und fachlich außergewöhnlich stark in Projekte und Vorhaben ein.

Aufgaben erfüllen bedeutet, im Change zu wissen,
- wie Prozesse funktionieren und warum bzw. wann nicht;
- wie der Stand der Ergebnisse bei laufenden Veränderungen nachverfolgt werden kann;
- wie dieses ganze Themenspektrum mitsamt seiner Konfliktpotenziale durch eine angemessene Führungsleistung zu steuern ist – und
- wo die Probleme liegen könnten, wenn es nicht klappt.

Auf das „handwerkliche" Erreichen von Ergebnissen, auf das praktische Können der Verantwortlichen lassen sich Aufgaben nicht mehr reduzieren. Aufgaben kommen, selbst wenn sie „wortgetreu" umgesetzt werden, gar nicht erst in die Zielkorridore geschweige denn in die Ergebniszone, wenn sie nicht genauestens abgestimmt und angeglichen werden auf die Veränderungen im Unternehmenskontext und am Markt.

Change bedeutet für viele Beteiligte, die faktisch verstandene Bedeutung der eigenen Aufgaben umzudeuten und stattdessen Prozesse in die Hand zu nehmen. – So mag es zwar eine bedeutungsvolle und schöne *Aufgabe* für das Management eines Automobil-Zulieferers sein, für technisch und sogar ästhetisch gute Produkte zu sorgen, die vielfach und weltweit verkauft werden sollen. Es ist allerdings eine weniger schöne Aufgabe, einen Prozess steuern zu müssen, der eintritt, wenn die dazugehörigen strategischen Optionen nicht aufgehen und Investoren kommen, die den „Lead" übernehmen. Dann geht es nicht mehr um Aufgabenerfüllung, sondern um das „Aufstellen zum Rapport".

Change stürmt dann mit internationalen Geldgebern und großer Eile in die Hallen und Büros, und plötzlich ist es nicht mehr die Aufgabe, für Produkte zu sorgen, sondern es geht darum, vor allen anderen Dingen zu sparen – Personal, Kosten, Zeit, Produkte, Bildung etc. Die Wertschöpfungskette erhält dann herbe Einschläge. Das bedeutet, nicht nur den Sparstrumpf hervorzuholen, sondern wirklich überall aus dem letzten Winkel kleinste Pöstchen und Schräubchen aufzutreiben, die eingespart werden können – als habe man im Übrigen vorher solche Überlegungen nie gekannt.

Die internen Manager sitzen plötzlich jeden Tag von morgens bis abends in Meetings und müssen sich dem gesammelten, ungewohnt offenherzigen, z.T. wütenden Frust des Hauses stellen.

Egal wohin sie kommen – Change-Manager müssen diese besonders unerquickliche Konfliktebene als Führungsaufgabe annehmen und in praxisgerechten, pragmatischen Schritten Lösungen finden können. Prozesssteuerung als eigentliche *Aufgabe* zu verstehen, gelingt und „steht" aber längst nicht allen Managern.

Viele Paradoxien entstehen dann beim Versuch, inmitten der Prozessabläufe konkrete verbessernde Aufgabenstellungen zu finden. Alles dreht sich um Zahlen – längst nicht mehr um die ursprüngliche Aufgabe, ein gutes Produkt herzustellen, und jene Einzelentscheidung zieht andere Entscheidungen nach sich.

Vielen Betroffenen geht der ständige „Domino-Effekt" an die Substanz: Im Change sind konkrete, gewohnte *Aufgabenstellungen* nicht mehr wiederzuerkennen und bleiben nicht fassbar. Ohne klare Aufgabenstellung aber kommen keine wahrnehmbaren guten *Ergebnisse* zustande. Schlechte Ergebnisse führen wiederum zu *Konflikten* und diese lassen sich nur begrenzt lösen, weil die Entscheidungsebene gar nicht in den eigenen Händen liegt. Es ist eine Krux. Im Coaching stehen solche quasi „naturgewaltigen" Effekte und das Gefühl von Ohnmacht immer häufiger ganz oben auf der Agenda.

Vor der Krise ist nach der Krise und Change ist rund

Manager kämpfen in Krisensituationen unaufhörlich um Macht, Machterhalt, gegen Machtverlust und für Machtgewinn. Denn: Mit neuen Strukturen werden neue Regeln aufgestellt und alte Verhaltensweisen zur Diskussion gestellt. Viele funktionale Absprachen, die Manager mit ihren Unternehmen getroffen hatten, gelten bei neuen Machtteilhabern nicht länger und werden von einem Moment auf den anderen außer Kraft gesetzt. Darauf sind längst nicht alle Manager vorbereitet.

Global Manager formulieren teilweise so strikte und enge Vorgaben, dass dies innerhalb von betroffenen Unternehmen nicht nur als schlechtestes denkbares Szenario, sondern ungläubig als omnipotentes Wunschdenken interpretiert wird. Im Grunde genommen werden die Betroffenen aber einfach nur mit für sie ungewohnter, smarter Gleichgültigkeit konfrontiert. Gerade das will als Führungskraft, die Respekt und Anerkennung gewohnt war, erst einmal gemeistert werden.

Ein Coachee mit Faible für strategische Arbeit, Geschäftsführer eines akut schlingernden Unternehmens aus dem weiter oben beschriebenen Automobil-Bereich, formulierte seine Begegnung mit den Global-Managern so: *„Es waren eigentlich sehr kultivierte, freundliche Menschen, mit denen ich mir gut hätte vorstellen können, nach einem Theaterbesuch noch nett zusammenzusitzen. Die waren sehr chic gekleidet – ich meine: wirklich chic, nicht einfach nur gut gekleidet. Keiner war älter als Ende dreißig, sehr gutes Deutsch, sehr eloquent. Aber als ich ihnen bei ihrem letzten Besuch sagen wollte, dass die Firma unmöglich bis zum Ende des Quartals die Zahlen erreichen könnte, war es wie ein persönlicher Affront, als mir einer dieser weitgereisten, ausgesprochen gepflegten Herren freundlich lächelnd antwortete: ‚Nehmen Sie es bitte nicht persönlich, aber wissen Sie – es ist mir egal, wie Sie das machen – es interessiert mich wirklich überhaupt nicht.‘ Das habe ich schon sehr persönlich genommen! Klar – vermutlich ist das genau sein Job, gleichgültig zu bleiben. Aber wir kommen nicht ran, an keinen. Denen ist es persönlich wirklich gleichgültig, ob wir den Dreh schaffen oder nicht. Die sind so abgeschlossen uns gegenüber, das ist unglaublich.“*

Keine Chance für Interpretationen. Wenn Global-Management mit Investoren derart ungerührt in Geschäftspolitik und Strategie eingreift, ist für Anpassungsszenarien die Zeit vorbei, egal, ob man dies nun als „Heuschreckenplage“ oder als dringend notwendige „Marktbereinigung“ bezeichnen will – Führungskräfte wollen führen, Manager wollen managen, aus eigener Kraft wirken. Meist gilt dies auch für persönliche Macht und die Ambitionen, das Unternehmen in eine bessere Zukunft führen zu wollen.

Die Situation stellt sich für Führungskräfte, die es bisher gewohnt waren zu entscheiden und Anweisungen auch durchzusetzen, als vollkommen paradox dar. Einerseits wollen sie das Unternehmen für die Mitarbeiter und für die Region schützen und vor dem K.O. bewahren. Andererseits werden sie, die sich als strategiestark und innovativ bezeichnen würden, wegen genau dieser Haltung von den neuen Geldgebern als change-resistent, als strategie- und ideenlos, als führungsunfähig interpretiert. Damit stecken viele Manager in Change-Prozessen mitten in ihren Bemühungen fest, wissen weder vor noch zurück und dennoch können sie die Situation nicht auflösen, indem sie nichts tun.

Mit diesen sehr persönlichen Problemen, den Selbstzweifeln und der wahrgenommenen Ohnmacht, besonders aber mit der fehlenden Machthabe hängen die meisten Manager in Change-Prozessen ziemlich alleingelassen in der Luft. Privat wollen sie ihre Familien nicht belasten, bevor nichts entschieden ist. Beruflich wollen sie nicht zu stark drängeln, um nicht „schlafende Hunde" zu wecken. In anderen Firmen sieht die Situation nicht unbedingt besser aus. Auch dort arbeiten Mitarbeiter und Management bis spät in die Nacht, sind morgens einer vor dem anderen am Platz – ohne damit wirklich etwas aufhalten, ändern oder nachhaltig bewirken zu können.

Es liegt auf der Hand, dass solche Change-Probleme auf Dauer nicht im privaten Kontext der Familie, mit Lebenspartnern oder im Gespräch mit dem guten Freund zu besprechen sind. Erst recht sind sie dort nicht zu lösen.

Für Unbeteiligte sind die internen Problemstellungen von Change-Prozessen kaum nachzuvollziehen. Aber selbst im vertraulichen Austausch mit Kollegen zeigt sich: Die persönlichen Verwicklungen und unterschiedlichen Interessen führen zu sehr subjektiven Perspektiven bei gleichen Themenstellungen.

Coaching wird zum „Platzhalter", Ersatz und ist manchmal der erste wirkliche „Auslöser", über die eigene Situation zu reflektieren und gegenüber verschiedenen Standpunkten die eigenen Positionen zu finden.

Stürmisches Duo: Wahlfreiheit und Verantwortung

Viele wie oben beschriebene Coaching-Anlässe zeigen: Es geht Coachees, insbesondere in höheren Managementpositionen, in Change-Prozessen darum, Handlungsfreiheit zu bekommen inmitten der auf sie einstürmenden Veränderungswelt.

Sie suchen nach innerer Unabhängigkeit und der Chance, wieder ein Gefühl von Selbstbestimmtheit zu erlangen, das ihnen verloren zu gehen droht. Wahlfreiheit ist eines der scheinbar paradoxen Change-Prinzipien, für das es sich lohnt, Führung und Verantwortung zu übernehmen. Manager definieren es, ähnlich wie Mihaly Csikszentmihalyi, dem „Erfinder" des Flow-Erlebens, als intrinsisch lohnende Erfahrung, wenn sie auch in neuen, unbekannten Situationen das Gefühl behalten, selbst die steuernde Instanz zu sein. Darauf steuern sie in ihrem Führungsalltag konsequent zu.

Für dieses sich selbst motivierende Gefühl sind sie bereit, viel Engagement aufzubringen und sich aktiv an den notwendigen Veränderungen zu beteiligen. Je mehr sie aufgehen in dem, was sie tun und was sie täglich neu herausfordert, umso bereitwilliger bringen sie sich und ihre Fähigkeiten ein. – Dieses Empfinden von Motivation ist akut bedroht, wenn sie erleben, dass sie ihr inneres Potenzial nicht ausschöpfen können und kein befriedigendes Feedback auf ihre Anstrengungen bekommen. In Change-Projekten kann das schnell passieren.

Waren diese Coachees es bisher gewohnt, dass ihr Verhalten zu befriedigenden Ergebnissen und der entsprechenden Anerkennung führte, erfahren sie in Veränderungsprozessen, dass sie nicht länger Herr über Ursache und Wirkung sind. Ihr bisheriges Denken und Fühlen wird abrupt auf die Probe gestellt, wenn sie lernen müssen, dass die beteiligten Manager in Change-Prozessen es nicht allein sind, die steuern und lenken.

Viele Faktoren führen in Change-Prozessen zu einer konstruktiven, selbst verantwortlichen Veränderung. Das bisherige Selbstverständnis wird herausgefordert, besonders die gewohnte Sichtweise, nach der die Führung eines Unternehmens Teil eines durch eindeutige Handlungen steuerbaren, rationalen Systems von Ursache und Wirkung war.

Change-Prozesse zeigen, dass Unternehmen nicht länger einen verlässlichen Rahmen bieten, innerhalb dessen die Beteiligten realistische und weitestgehend vorhersehbare Konsequenzen auf ihr Verhalten erwarten können.

Viele Führungskräfte erkennen, dass sie sich auf einer neuen und chancenreichen Lernplattform befinden, die sie konfrontiert mit ihren gewohnten Kompetenzen und den z.T. herben Anforderungen, die ihnen von außen abverlangt werden, ohne dass sie das Maß und die Dringlichkeit dieser Anforderungen selbst beeinflussen oder steuern könnten.

Für viele ist aber die Vorstellung, sich selbst infrage stellen und neu lernen zu müssen, statt auf das zu vertrauen, was sie bisher geleistet haben, sehr schwer anzunehmen. Sie werden erstmalig nach vielen Jahren des Erfolges damit konfrontiert, sich selbst neu einschätzen zu müssen. Bis dahin waren sie sich ihrer Belastbarkeit, ihrer Befähigung zur Change-Steuerung ebenso sicher wie ihrer Kompetenz, mit den neuen Veränderungen flexibel umgehen zu können.

Dass ihre Motivation und ihre Glücksgefühle („Flow") nunmehr im Lernkorridor von Belastungsgrenzen und Flexibilitätsstau liegen sollen, verlangt vielen Managern Veränderung auf nahezu allen Ebenen ihrer Persönlichkeit ab.

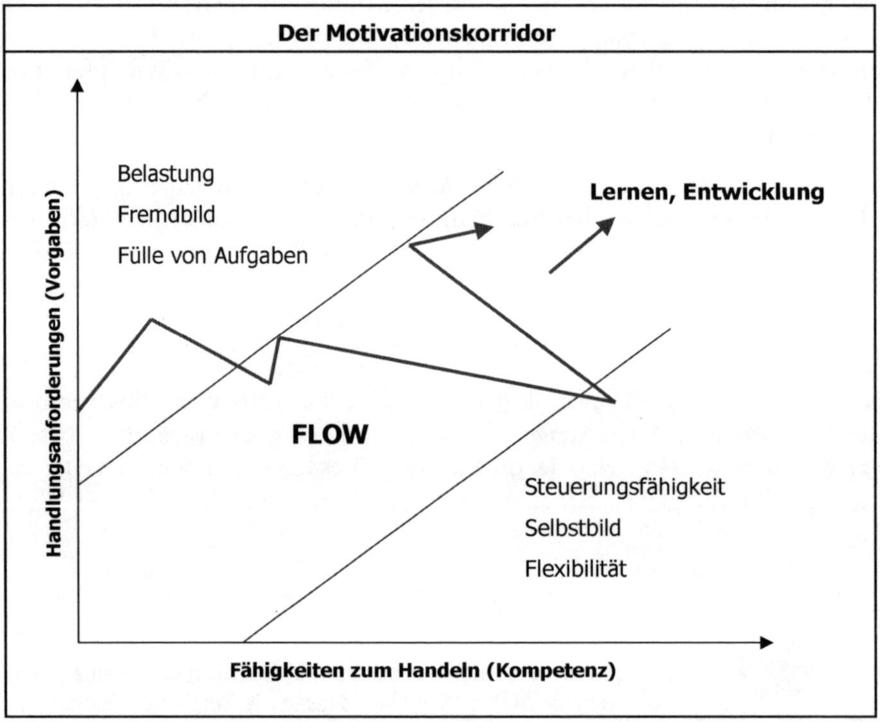

Abb. 3.6: **Motivationskorridor im Change (vgl. Csikszentmihalyi 1992)**

Manager begegnen dem Change-Lernkorridor so, wie sie auch ansonsten Veränderung gegenüberstehen – mit ihrer ganz persönlichen Einstellung und subjektiven Haltung, die es ihnen entweder gestattet oder verbietet, auf Neues zuzugehen und offen dafür zu sein. Viel mehr müssten sie oftmals gar nicht erkennen, um wieder handlungsfähig zu werden. Und doch ist gerade die Sicht auf das Unvermögen, das „alte Leben" nicht mehr weiterführen zu können, ein Bruch mit ganz tief verwurzelten Wünschen, Träumen und Lebenskonzepten. Coaching muss diese Tiefe aufgreifen, die Bedürfnisse anerkennen, die ein Coachee u.U. selbst so nicht in sich ahnt, wenn er in Veränderungsszenarien völlig neue Facetten in sich und gegenüber seinem Umfeld erkennt und neu aufbaut. In solchen Momenten hat Coaching unglaublichen „Tiefgang" und hohe Intensität, die der Coach genauso beantworten muss – mit Tiefe und energetischer Bereitschaft für den Coachee.

Zusammenfassung – Kapitel 3

1. Komplementär-Coaching verbindet die Schnittstelle zwischen personaler und systemischer Beratung. Der Komplementär-Coach bringt externe Perspektiven im Unternehmen zusammen mit praxisnaher, interner Wirklichkeit in den Teams, Abteilungen und Hierarchien und berücksichtigt stark die konkrete Situation „vor Ort". Insbesondere achtet er dabei auf das Spannungsdreieck von Aufgaben und Funktionen des Coachees und dessen persönlicher Positionierung in der Organisation.

2. Mithilfe eines großen „Fundus" an Methoden arbeitet Komplementär-Coaching prozess- und fallbezogen, variabel und lösungsorientiert – und immer eng an der Person des Coachees. Komplementär-Coaching bezieht die horizontalen Kommunikationsebenen im Unternehmen ebenso ein wie die vertikalen Informations- und Hierarchiestrukturen.

3. Als ganzheitlich arbeitende Coaches beachten deshalb Komplementär-Coaches die spezifische Wertschöpfungskette und Marktpositionierung des Unternehmens ihrer Coachees.

4. In diesem Zusammenhang führen Komplementär-Coaches ihre Coachees wieder an ihre besonderen Potenziale und Fähigkeiten heran, an das, was sie wirklich gut können und in ihr Arbeitsumfeld einzubringen haben. Und sie begleiten ihre Coachees professionell in neue Szenarien und „wagemutige" Entdeckungen.

Viertes Kapitel: Die Schönheit des Systems

„Pragmatische Strategien und kluge Taktik – für jedes System neu"

Die Wunderleiter – ***Stufe vier:***

Wie kommen wir bei einer Veränderung von einem Punkt zum anderen? Zwischen einer Idee und ihrer Umsetzung haben Strategie, Taktik und Rhythmus Platz. Strategien führen zu Zielen und ordnen mithilfe taktischer Finesse die Schritte des Coachees – im richtigen Tempo und auf systembezogene Weise. *Strategien* ermöglichen intelligente Lösungswege – und Komplementär-Coaching verhilft dem Coachee dazu, die eigenen Optionen kreativ zu erfinden, sich im System Handlungsfreiräume zu schaffen und auf Unvorhergesehenes vorbereitet zu sein: klug, clever, umsichtig und intuitiv.

Im Weltbild systemischer Berater sind Veränderungen der Strukturen und Abläufe eines Systems bedeutend kraftvoller, als es individuelle Veränderungsmaßnahmen sein können. Darin sind sie sich mit den Organisationsberatern ebenso wie mit den betriebswirtschaftlich orientierten Beratern einig: Werden systemische Veränderungen gezielt vorbereitet und systematisch begleitet, führt dies, so die Idee, in einer „zwangsläufigen“ Eigendynamik zu Veränderungen bei einer großen Zahl von beteiligten Personen, Teams und Abteilungen.

Diese Einstellung, noch verwoben mit dem Chic und Charme des späten 20. Jahrhunderts, wird unter Beratern, Trainern und Coaches, innerhalb und außerhalb der Unternehmen, angesichts neuer Anforderungen in Veränderungsprozessen und der damit einhergehenden Frage nach Erfolgskriterien intensiv diskutiert.

Auf Fragen nach angemessenen Beziehungsmodellen für einen sinnvollen und Veränderungen direkt begleitenden Kontakt zwischen Coach und Coachee geben allerdings weder die systemischen noch die betriebswirtschaftlichen Berater befriedigende Antworten.

Die große Nähe zur Distanz

Je komplexer Veränderungsprojekte sind, umso weniger sprechen systemische und betriebswirtschaftliche Berater darüber, wie sie ihre Kunden zwischenmenschlich „abholen" und davon überzeugen, dass sie all ihre komplizierten Ablaufszenarien und aufwendigen Strukturgebäude für ihr Unternehmen auch tatsächlich benötigen.

Wie schaffen sie das?

Gehört der Part des persönlichen Kontakts, des Gewinnens und der Aufrechterhaltung der laufenden Zusammenarbeit zur berühmten persönlichen „Wellenlänge", die einfach da ist? Die man hat – oder eben nicht hat, die aber scheinbar nicht zum offenen Repertoire systemischer Arbeit gehört? Vielleicht ist „Kundenbeziehung" eines der letzten großen Erfolgsgeheimnisse, die uns insbesondere die systemischen Berater und Coaches vorenthalten möchten?

In der Theorie jedenfalls halten beide Beratergruppen, die betriebswirtschaftlichen wie die systemischen, aus Prinzip eine besondere Distanz und keinesfalls Nähe zu ihren Kunden. Beide Gruppen bevorzugen es, vor Ort mit den beteiligten Personen ausgesprochen fachlich wahrgenommen zu werden und möglichst wenige Rückschlüsse auf persönliche Beziehungen zu geben.

Die *betriebswirtschaftlichen Berater* gehen mehrheitlich in Firmen-Settings, die von vornherein nicht ganz einfach, sondern schlichtweg problemgeladen sind. Am besten, so lautet vermutlich die Erfahrung, die von Senior auf Junior übertragen wird, geht man mit forscher Entschiedenheit im Auftreten und mit dem Wissen um die gute Schule und die eigene Bestleistung an die Sache heran.

Dass sie sich so ein Stück weit unangreifbar machen, erklärt die Einseitigkeit ihrer Kommunikation und macht sie irgendwie menschlich verständlich. Wenn auch für die Menschen vor Ort nicht gerade angenehm, bieten diese Berater standardmäßig und seit vielen Jahren ungebrochen ein effektives und effizientes, wenn auch eher unterkühltes, betont sachliches Auftreten an.

Die *systemischen Berater* legen ihre Akzente anders. Explizit unterscheiden sie drei Beziehungssysteme, bei denen sie, jedes für sich, auf unterschiedliche Strukturen, Abläufe und Muster achten. Sie definieren das System der Klienten, das System der Berater und als drittes das Berater-Klienten-System. Letzteres entsteht immer dann, wenn die beiden anderen Systeme zusammentreffen. Für jedes der drei Systeme gibt es eigene Rituale und Vorgehensweisen im Verhalten, bis hin zur besonderen eigenen Sprache.

Theoretisch wie auch in der Praxis halten, um es sich vermutlich ein bisschen einfacher zu gestalten, systemische Berater in ihrer Methodik grundsätzlich eine starke Distanz zu ihren Kunden. Sie strukturieren die Kommunikation zwischen Kunden und

Beratern streng nach den fachlichen Abläufen. Die Disziplin der systemischen Beraterteams ist legendär und in ihren modellhaften Umsetzungsszenarien folgen sie absolut loyal ihren systemtheoretischen Theorien. Selbst gemeinsame Mittagessen werden methodisch hinterfragt.

Diese Berater- und Klientensysteme waren zur Zeit ihrer Hochblüte in den 90er-Jahren, zumindest aus interessierter Sicht, regelrecht Kult. Die Methodik der getrennten Systeme und Subsysteme wurde – auch von unternehmensinternen Beratern und Coaches – in diversen Settings, hübsch getrennt voneinander, durch unterschiedliche Tische, Räume und Stühle pro System und per Schildchen regelrecht zelebriert. Viele neugierige Blicke gab es auf das Treiben in Hotels und deren Seminarbereichen, viel Geheimniskrämerei der beteiligten Trainer während der Mittagspausen, verdeckte Spielchen. Manchmal wurde es selbst für hartgesottene Hotelangestellte ziemlich kompliziert, die verschiedenen Klein- und Großgruppen, Beraterräume und Pausenzeiten durchzustrukturieren und zeitlich passend zu verschalten.

Kult ist, wenn die Avantgarde weiterzieht – und so wurden neue systemische Interventionen notwendig, es mussten neue Settings etabliert werden. Die internen Ansprechpartner erwarteten von ihren Externen prinzipiell innovatives Verhalten für ihr Geld. Lange Zeit gab es ein buntes intellektuelles Treiben rund um dieselbe Idee – die Trennung zu vervollkommnen und das „künstlich" zu dividieren, was in der Praxis, allen Theorien zuwider, sich ständig ineinander verstrickte – die Menschen und ihre unterschiedlichen Systeme.

Systemische und betriebswirtschaftlich orientierte Berater gestalten für die komplexe Welt der Unternehmen am liebsten *komplizierte Architekturen* und leiten daraus gern komplexe, theorienahe Methoden und aufwendige Settings für ihre Klienten ab.

***Erfolge* ihrer Arbeit bringen beide Beratergruppen konsequent mit ihrer methodischen und konzeptionellen Professionalität in Verbindung.**

Erfolgreiche systemische *Veränderung* misst sich allerdings erst an der praktischen Umsetzung ihrer Konzepte im *Unternehmen.* Aus dieser Situation heraus werden meist nicht sie als Berater, sondern ihre Klienten als erfolgreich wahrgenommen.

Das ist offensichtlich seit vielen Jahren für die Beteiligten in Ordnung so, denn viele systemisch agierende Berater bleiben selbst eher „bescheiden" im Hintergrund und favorisieren fachlichen Austausch auf Kongressen, wissenschaftsnahe Veröffentlichungen und interne Diskussionen.

Darin wiederum unterscheiden sie sich *grundsätzlich* von ihren betriebswirtschaftlichen Kollegen aus den großen Unternehmensberatungen. Sind diese in einem Unternehmen gewesen, weiß das anschließend nicht nur das komplette und beauftragende Management, sondern meistens auch jeder einzelne Mitarbeiter, selbst diejenigen in

Erziehungs- und Teilzeit. Auch deren geringes Stundendeputat sticht den betriebswirtschaftlichen Beratern ins Auge, getreu der Devise, dass auch viele kleine Zahlen in der Addition beträchtliche Summen ausmachen können, wenn man sie anschließend vom großen Ganzen subtrahiert.

Die *betriebswirtschaftlich orientierten Berater* gehen in ihrer Arbeit nach ähnlichen Grundgedanken vor wie ihre systemisch arbeitenden Kollegen. Sie haben zwar z.T. sehr unterschiedliche Begriffsdefinitionen, methodische Konzepte und Modelle, aber auch viele Übereinstimmungen in der Art und Weise ihrer Planungsdesigns und ihrer Rollendefinition. Im Wesentlichen wird diese Beratergruppe von ihren Kunden in Projekte eingebunden, die eine zahlenbasierte, fachspezifische Expertise verlangen.

Praktisch bedeutet dies i.d.R. die Unterstützung des jeweils dominierenden Top-Managements bei politisch motivierten bzw. strategisch notwendigen Umstrukturierungen oder Neuausrichtungen der Unternehmen.

Ihr Erfolg liegt *keineswegs* in der praktischen Umsetzung ihrer Expertise, sondern darin, wie gut ihre Vorlagen sich eignen, um Veränderungsprojekte zu begründen und Entscheidungen damit auf den Weg zu bringen.

Damit sind sie eine interessante Zielgruppe unter Beratern geworden, denn sowohl monetär als auch am guten Namen gemessen zu werden für das, was man *nicht bewirkt,* sondern nur begründet, ist schon fast wie eine Provokation für all die anderen Berater und internen Auftraggeber, wie z.B. Personalentwickler, die sich so sehr um Praxistauglichkeit und überzeugende Konzeptarbeit bemühen.

Der unverwüstliche Charme systemischer Beratung – in Stichworten

Schwerpunkte:

- Veränderung des Systems wirksamer als die Veränderung einzelner Menschen;
- theoretische Konzepte und daraus abgeleitete Methoden zur Umsetzung;
- Strukturen, Abläufe, Funktionen und Rollen des Systems, des Unternehmens bzw. der Organisation im Fokus;
- konstruktivistischer Ansatz: den inneren Repräsentationen über die Welt der Organisation neue Erkenntnisse hinzufügen.

Kommunikation und Beziehungen:

- Beratersystem als eigenes, geschlossenes System gegenüber dem Klientensystem;
- distanzierter Beobachter mit Kriterien für die Arbeitsebene und die Begegnung beider Systemwelten;
- Analyse der Polarisierungen, Schwachstellen und Widersprüche des Systems;
- Ideen über Zusammenhänge und Verbindungen nicht inhaltlich und individuell, sondern strikt auf der Systemebene;
- Perspektive durchgängig von außen auf das System gerichtet;
- kaum Aussagen über emotionale, interpersonelle Beziehungen zu den direkten Auftraggebern.

Zielsetzungen:

- Intern gebundenen Blick auf Probleme und Aufgaben erweitern;
- das subjektive Weltbild des Klienten mit fremden Perspektiven, anderen Wahrnehmungen und neuen Schlussfolgerungen konfrontieren;
- durchgängig auf Distanz zum System, vor allem im Umgang mit dem Klienten bei der Erarbeitung der Lösung.

Strategie und Ausrichtung:

- Die systemischen Berater und Coaches bleiben gegenüber internen Strukturen, Kultur und Handlungsebene von der Idee her außen vor.
- Ihre theoretischen Konzepte und Hypothesen basieren weitestgehend auf humanwissenschaftlichen, insbesondere soziologischen Theorien und ausgewählten Modellen der Naturwissenschaften.
- Sie konzipieren Modelle und Methoden auf der Basis eines ganzheitlichen Weltbildes.

- Als profunde und vorrangig im deutschsprachigen Raum anerkannte Organisationsberater haben sie viele Jahre lang theoretischen Input aus wissenschaftlichen Kontexten der Organisationslehre und Systemtheorie in die Unternehmen hineingetragen.
- Lange Zeit galten sie als die eigentlichen, professionellen Experten für Veränderungsmanagement, u.a. entwickelten sie mit Kunden und Klienten das international diskutierte System der „lernenden Organisation“.
- Systemische Berater sprechen wenig über die direkte Kommunikation und Interaktion mit Coachees und Klienten.

Der besondere Chic der Zahlenwelt betriebswirtschaftlicher Berater – in Stichworten:

Schwerpunkte:

- Die generelle Problemstellung im Bezugsrahmen des Managements;
- Benchmark – orientierte, übertragbare Konzepte;
- ergebnisorientierte Lösungsmodelle;
- Datenanalysen/IST- und SOLL-Abgleich mittels erhobener Daten und Zahlen;
- dem (oft erst neu eingesetzten) Management einen objektiven bzw. neutralen Blick auf die Zahlensituation des Hauses ermöglichen.

Kommunikation und Beziehungen:

- In Habitus und Gestus ähnlich wie ihre Auftraggeber;
- in der fachlichen Ansprache eher kühl, knapp und kompakt;
- zu den Betroffenen in den Unternehmen distanziert;
- betrachtende Perspektive auf die Gruppe der Beschäftigten;
- gegenüber unmittelbaren Ansprechpartnern direkte und persönliche Nähe, insbesondere zu den Vertretern des Top Managements.

Zielsetzungen:

- Kulturübergreifend und international auftreten;
- keine Gestalter sein, sondern einflussreiche Experten;
- seriöse, schwungvoll-souveräne Haltung demonstrieren;
- klar durchstrukturierte Präsentationsunterlagen und komplizierte Designs;
- professionelle, visualisierte Fach-Inszenierung ihrer Expertise;
- Veränderungen in den Unternehmen vorbereiten, andere setzen ihre Ergebnisse um;
- Übereinstimmung von äußerem Auftreten und inhaltlicher Wirkung.

Strategie und Ausrichtung:

- Betriebswirtschaftliche Berater erfüllen teilweise striktere Vorgaben des Auftraggebers und definieren dies auch wesentlich klarer als ihre systemischen Kollegen.
- In der Mehrzahl sollen (meist auf der Grundlage von strukturierten Interviews mit internen, ausgewählten Schlüsselpersonen) die differenzierten Analysen und konkreten Handlungsanweisungen zur Durchsetzung bzw. Vorbereitung von Veränderungsprojekten führen.

- Betriebswirtschaftliche Berater vertreten nicht nur die Interessen ihrer Auftraggeber, sondern auch ihre jeweiligen Beratungshäuser „im Hintergrund“. Mit ihrer „Herkunft“ vermitteln sie ein Stück eigenen Unternehmenszweck und damit die Ausrichtung und die Art und Weise ihres Vorgehens.

Beide Beratergruppen sind jahrelang getrennte Wege gegangen, was besonders daran lag, dass sie unterschiedliche Werte und Zielgruppen vertraten. Daran hat sich zwar im Wesentlichen nichts geändert, aber dennoch ist seit einigen Jahren ein wechselseitiger Annäherungsprozess zwischen einem Teil der systemischen Beraterszene und einigen betriebswirtschaftlich spezialisierten Beratern zu beobachten.

Es gibt andere Coaches und Berater, die sich mit steigender Zahl neben die beiden traditionellen Gruppen stellen und sich mit eben den Bereichen befassen, die von den Organisationsberatern eher ausgeklammert werden: Es geht um die große Gruppe personenbezogen arbeitender Coaches und Berater, die sich mit den Veränderungen befassen, die sich in den persönlichen Themen und den individuellen Interpretationen ihrer Coachees zeigen. Ihr Blick auf die Systeme und Rahmenbedingungen orientiert sich an der Perspektive des Coachees.

Der Fokus dieser **personenbezogenen Berater** richtet sich auf die Menschen und auf die verschiedenen Kontexte, in denen sie beruflich, privat oder auch öffentlich leben und agieren. Ein weiteres und für ihre Arbeit sehr bedeutendes Kriterium ist der Faktor Zeit mit seinen eigenen Dimensionen von Vergangenheit, Gegenwart und Zukunft.

Personenbezogen wird Coaching und Beratung immer dann bezeichnet, wenn die subjektiven Wahrnehmungen und individuellen Aufgaben- oder Problemstellungen des Coachees bzw. des Klienten fokussiert werden. Durch Coaching soll sich etwas verändern auf Seiten des Coachees – in seiner Bewertung wie in seiner Betrachtungsweise, im Handeln wie im Fühlen.

Der Mensch im Zauber des personenbezogenen Beratens – in Stichworten:

Schwerpunkte:

- **„Botschaft"**, die besondere Art und Weise, wie der Coachee oder Klient Inhalte beschreibt, was er darüber auswählt und was er vielleicht ausspart, betont, übersieht;
- individuelle, personenzentrierte Veränderungsarbeit;
- neue Verhaltensfacetten und ökologisch betrachtete Konsequenzen;
- vielfältige Handlungsfreiräume in konkreten Kontexten;
- Erweiterung der Perspektiven auf die Welt;
- konkrete Problemlösungen und Alternativen;
- Konzeptionen und Modelle auf der Basis psychologischer, pädagogischer, soziologischer und kommunikationswissenschaftlicher Theorien;
- spezifische Methoden aus der humanistischen Psychologie, wie NLP, Gesprächstherapie, Familientherapie;
- Interventionen, Methoden, Tools und Techniken auf der Grundlage von Beobachtung, Einfühlen und Informationsanalyse.

Zielsetzungen:

- Interdisziplinär: systemische Ansätze verbinden mit Erfahrungen und Erkenntnissen aus angrenzenden Bereichen, beispielsweise mit Vertretern des Neurolinguistischen Programmierens (NLPler) oder aus den Bereichen Sprachwissenschaften/Soziologie/Gesundheitswissenschaften/ganzheitliche Medizin/Psychologie/Neurologie/Biologie etc.;
- ressourcenorientiert: der Coachee hat ein großes, kreatives Handlungspotenzial und das Wissen für Lösungen in sich;
- lösungsorientiert: der Coach unterstützt und begleitet; es geht darum, die Potenziale zu entdecken, zu entfalten und nutzbar zu machen;
- individuelle Handlungsfreiheit des Coachees nachhaltig unterstützen;
- Ganzheitlichkeit als Wertmaßstab.

Kommunikation und Beziehungen:

- Professionelle, engagierte und empathische Begleiter;
- persönliche Erfahrungen in den spezifischen Fragestellungen, detaillierte Kenntnis und tiefes Expertenwissen;
- transparente und kontext- bzw. inhaltsspezifische Kommunikation;
- direkte und authentische Beziehungsebene;
- Kommunikation von ihrer spezifischen Expertise geleitet;
- persönliche Glaubwürdigkeit in der Beziehung zum Coachee.

Strategie und Ausrichtung:

- Personenbezogene Berater und Coaches arbeiten mehrheitlich mit dem Modell und der Theorie der subjektiven Wahrnehmung und des konstruktivistischen Theorieansatzes.
- Entscheidend ist nicht der faktische Inhalt, sondern wie der Coachee sich äußert und was er emotional, körpersprachlich und verbal zum Ausdruck bringt.
- Personenbezogene Coaches arbeiten auf „Augenhöhe“ mit Coachees. Ihre Sicht der Dinge und ihre Expertise gelten als weitere Möglichkeit der Wahrnehmung.
- Insofern grenzen sich personenbezogene Berater und Coaches deutlich ab von den Fachberatern, die *inhaltliche* Expertise als „Besser-Wissende“ und in diesem Sinne „hierarchisch“ von außen in das Unternehmen hineintragen.

Der Coachee profitiert wesentlich davon, vom Coach oder Berater auf eine ganzheitliche Weise gesehen und gehört zu werden. Die individuelle Perspektive auf seine Person beachtet und berücksichtigt den Spannungsbogen gegenüber seinen verschiedenen Umwelten und Kontexten, wenn es um konkrete Veränderungsschritte geht.

Klug beraten: Komplementär-Coaching

Komplementär-Coaching stellt sich eindeutig „in Position" zum Coachee. Gerade dieser Nähe wegen sollte ein Komplementär-Coach, neben seiner Professionalität als vertraulicher und loyaler Gesprächs- und Konfliktsparringspartner, eine praxistaugliche Vorstellung von internen Prozessen, von Entscheidungsstrukturen und Kostendruck, der Arbeitsweise von Stäben und zentralen Kontexten und ihren dezentralen Gegenparts haben. Ganz sicher schadet es z.B. nicht, wenn ein Coach das Spiel um das beste Kundenwissen zwischen Marketing und Vertrieb persönlich gut einschätzen kann und diesen wechselseitigen, mit Herzblut und professioneller Leidenschaft gelebten Wettbewerb beider Bereiche nicht als systemisches Problem von Change-Management oder, überzogen mitfühlend, als ein dem Coachee abträgliches Konkurrenzgebaren diagnostiziert.

Ein Komplementär-Coach, der Coachees in Change-Prozessen individuell begleitet, sollte die grundlegenden Prinzipien und die verschiedenen Aufgaben, Charaktere und Typen entlang der Wertschöpfungskette des Unternehmens in ihren Ergänzungen zueinander erfassen können. Er sollte in etwa wissen, wer „wie tickt" im Unternehmen und welche Rollen in welchen Aktionsfeldern mit welchen Verhaltensweisen korrespondieren müssen. In jedem Bereich des Unternehmens ergänzen sich Veränderungstreiber und Veränderungsvorsicht. Es lohnt sich, sehr aufmerksam darauf zu achten, dass nicht jeder, der laut „Ja" ruft, ein konstruktiver Veränderungstreiber sein muss, und nicht jeder, der kleine Zahlen wichtig findet, ein zu vorsichtiger oder unwilliger „Erbsenzähler" ist. Solche Plattitüden, Vorannahmen und zu kurz gegriffene Bewertungen gibt es zuhauf in Change-Prozessen, weil sie für mehr oft keine Zeit lassen oder bei Schwierigkeiten schnell zur Hand sind und rasch die „Schuldigen" oder die „Quertreiber" benennen.

Ein Komplementär-Coach geht zunächst einmal davon aus, dass es auf nahezu jede system- oder personenbezogene Frage, Unsicherheit oder Problemstellung seines Coachees eine entsprechende Antwort geben wird – nur nicht immer da, wo dieser sie vermuten würde. Als professioneller Ansprechpartner nimmt er deshalb die vom Coachee „veröffentlichten" Zusammenhänge als eine Variante der aktuellen Situation auf. Ebenso informativ sind für ihn die verborgenen, vergangenen Betrachtungen oder auch die unausgesprochenen, angedeuteten Hinweise auf Beziehungen zu Personen und die gefühlten Bedingungen im System. Beide, Coach wie Coachee, sollten sich bewusst sein und immer wieder neu einschätzen, was im Moment von außen auf sie einwirkt, was sie denken und fühlen und was sie vermutlich in nächster Zeit zu erwarten haben.

In diesem individuellen und informationsgeladenen *„Veränderungsfreiraum auf Zeit"* kann der Komplementär-Coach seinen Coachee gut unterstützen, so viele Facetten und Perspektiven seines Handelns wie möglich mit Gefühlen, Wünschen und Bedürfnissen in Verbindung zu bringen. Er wird sie alle brauchen in den vor ihm liegenden Veränderungsprozessen. – Change erfordert grundlegend neue Perspektiven, schlüssige Konzepte und kreative Ideen – auf Managementseite ebenso wie auf Seiten der Coaches und Berater. Braucht der eine Coachee dissoziierte, visualisierte, komplexe Bilder und technisch aufwendige Szenarien-Konzepte, bietet systemisches Arbeiten mit Architekturen und Designs beste Vorlagen dafür. Geht es dem, der das alles kennt, um neue Sichtweisen, ist er stattdessen vielleicht gut beraten, mehr in sich nach neuen Möglichkeiten zu schauen und seine Innenwelt, seine Emotionen und assoziativen Traumgedanken bewusst zu machen.

Im Großen am Kleinen scheitern – Strategien ohne Übertrag

Viele Manager haben enormes Veränderungswissen und kennen betriebswirtschaftlich aufwendige Konzeptstudien zur strategischen Neuausrichtung ganzer Unternehmenskonglomerate. Sie haben kostspielige Seminare zu „strategischem Management" in exklusivem Kreis besucht und kennen sich aus. Sie unterschätzen, dass sie im Führungsalltag ebenfalls gutes strategisches Wissen brauchen, um genau die Veränderungen zu bewirken, die sie strategisch herbeiführen wollen. So scheitern Manager im Großen oft am Kleinen, weil ihnen die komplementäre Logik der Übertragung systembezogener auf personenorientierte Strukturen und Abläufe nicht klar ist, nach der sie vorgehen müssen, um ihre strategischen Pläne oder ihre Vorgaben vor Ort, an der Projektbasis, zur Umsetzung zu bringen. Sie überspringen unwissentlich, aber ständig wichtige Bestandteile von Prozessen, die sich im Handeln der beteiligten Mitarbeiter logisch zeigen würden, wenn sie ihnen nur die Gelegenheit dazu geben würden. Deshalb übernehmen diese Rolle oft die Coaches an ihrer Seite, die ihnen als Moderatoren oder Feedbackgebende aufzeigen, dass sie in ihrer Führungsaufgabe das Initiieren und erfolgreiche Steuern von Veränderungsprozessen mit der Aneinanderreihung von Anweisungen oder mit dem Vormachen und Nachmachen von konkreten Verhaltensweisen verwechseln. Selbst in speziell so bezeichneten „Strategischen Meetings" oder Workshops bringen die verantwortlichen Manager es nicht immer fertig, den Stift auch nur für einige Minuten an ihre Mitarbeiter abzugeben, sondern schreiben selbst an Flipcharts und formulieren ihre eigenen Worte zu TOPs. Sie wissen nicht, wie hemmend, bevormundend und zugleich demotivierend ihr Verhalten auf die Veränderungsbereitschaft ihrer Mitarbeiter wirkt.

Da sie in ihren Aktionen meist sich selbst zum Vorbild nehmen – oft haben sie keine anderen Modellgeber und auch nicht immer Coaches, die sie darauf aufmerksam machen könnten –, vermitteln sie anderen diejenigen Schritte und Verhaltensweisen, die ihnen selbst sinnvoll und natürlich als besonders leicht umzusetzen erscheinen. Das ist allerdings nicht die repräsentative und volle Welt der Logik und Nachvollziehbarkeit an sich, sondern nur ein sehr, sehr kleiner und ganz und gar subjektiver Ausschnitt. Mitarbeiter wissen dies sehr wohl, zumal sie nicht nur einen Chef kennen, sondern jeder neue Manager seine eigenen Strategien und „Marotten" mit sich herumträgt und danach kommuniziert.

Was für den einen als Weg zum Ziel passt, gilt für jemand anderes, der das gleiche Ziel haben mag, gar nicht mehr – zumindest nicht zwingend, wenn, im übertragenen Sinn, sein Blick auf andere Wege fällt oder das Lauftempo, seine Schrittlänge oder sein Bewegungsablauf etc. anders ist. Wer seine Mitarbeiter, Kunden, Kollegen und Vorgesetzten kennt, weiß, was er tun muss, um mit ihnen oder für sie Veränderungen auf den Weg zu bringen. Typischerweise liegt diese Kenntnis meist bei den „kundennahen" Bereichen im Unternehmen – auch wenn sie längst nicht immer als Erste nach ihrem Wissen gefragt werden.

Marketing, Vertrieb und Kundenmanagement haben genau dies als Hauptaufgabe: Herausfinden, was es ist, das den alten, neuen, unbekannten, zukünftigen Kunden zu dieser und jener Kaufentscheidung bewegen könnte. Zugleich stehen die kundennahen Bereiche im ständigen Rückkoppelungsprozess mit dem Unternehmen nach innen, denn sie müssen parallel wiederum die internen Kräfte im System der Organisation erst überzeugen, informieren und schließlich mobil machen, um die externen Kundenwünsche auch zu befriedigen und die eigenen Versprechen am Markt einzulösen.

Diese im besten Sinne gedachte Wertschöpfungskette ist vital, voller Energie und Tempo – und durch manche zahlenfixierte Ablaufverliebtheiten, durch strukturbedingte Machtbefugnisse, Angst vor Machtverlust, gegenseitige Konkurrenz, einseitigem Wertschöpfen und mangelhafte Information untereinander in vielen Unternehmen massiv beschwert und immer wieder durchbrochen.

In Change-Prozessen gibt es viele einzelne Projekte, noch mehr Projektmanager und der größte Bedarf besteht daher an strategisch ausgerichteten, sinnvoll sich ergänzenden und vor allem fließenden Prozessen untereinander. Die Menschen müssen wissen, wo, wann und wie das System sie braucht.

Schnittstellen-Management ist so eines der größten Schwierigkeiten in Change-Prozessen geworden, denn wo „Schnitte" zu managen sind, da sind auch „geteilte" Bereiche zusammenzubringen.

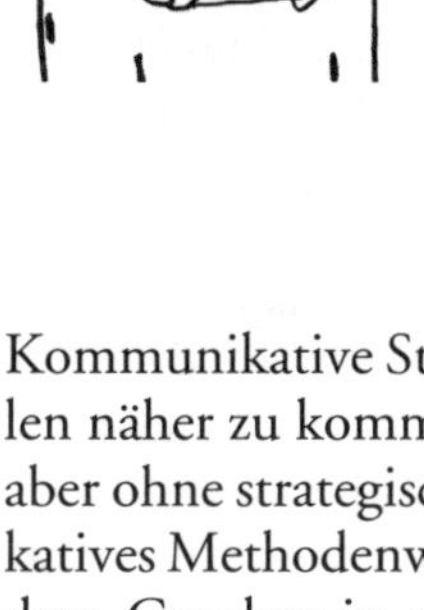

Initiieren von Veränderungsprozessen bedeutet, strategisch vorzugehen, und verlangt von den Verantwortlichen, eine erfolgreiche, strategisch begründete *Vorgehensweise* zu kennen und dafür zu sorgen, dass eine konkrete Abfolge von *Schritten innerhalb eines Prozesses* möglich ist, an dessen Abschluss die gewünschten Ergebnisse stehen können.

Change-Management bedeutet in der Praxis aber leider oft, dass mindestens eines, meist mehrere dieser strategischen Parameter nicht logisch eingehalten oder nicht beachtet werden – auf Managementseite in erster Linie.

Komplementär-Coaching bildet diese Brücke, indem der Coach mit dem Coachee genau erkundet, was der Coachee erreichen möchte. Oft genug sind Ziele nicht deutlich genug oder nicht „anziehend" genug definiert und beschrieben, um überhaupt eine Initialzündung zu ermöglichen.

Kommunikative Strategien müssen dazu führen, konsequent den Vorgaben und Zielen näher zu kommen und dürfen nicht là pour là als Geste des Entgegenkommens, aber ohne strategische Bedeutung daherkommen. Mehrheitlich aber fehlt kommunikatives Methodenwissen über interaktive Prozesse, die ein Komplementär-Coach mit dem Coachee in eine konkrete Handlungsmatrix übertragen kann. Darin stehen manchmal so schlichte, pragmatische Hinweise wie „10-Minuten-Briefing", Mittwochsrunde, Info-Talk, BTS (für Wortschöpfungen wie BusinessTeamSitzung) etc., die aber eine hohe Verbindlichkeit haben und wesentliches Ziel für die Beteiligten sind. Von externer Beraterseite oder von Personalchefs gern empfohlene „Walk-Arounds“ und kurze Brainstops in den Abteilungen unterfordern restlos alle Beteiligten, wenn diese darauf hoffen, strategisch ernst genommen zu werden. Wenn demonstratives Verhalten keine tieferen Ziele hat, kann es auch nichts bewirken.

Komplementär-Coaching dagegen unterstützt Coachees explizit, in ihrem Umgang mit den Menschen und mit sich selbst vom eigenen Verhalten auf die noch weitaus größere Option ihrer Fähigkeiten zu schließen. Erst von dort aus lassen sich in der Regel unterschiedliche Strategien zur Annäherung an die eigenen Zielsetzungen und an die Chancen erfolgreicher Prozesse gestalten. Komplementär-Coaches stellen Fragen, so lange, bis der Coachee alle logischen „Lücken“ entdeckt und mithilfe seiner Mitarbeiter/Kollegen gefüllt hat.

Schließlich weiß jeder Coachee die Antworten in der Regel selbst und wenn nicht, so gibt es das Wissen im System. Dessen ist sich jeder komplementär arbeitende Coach sicher. Komplementär-Coaches folgen einer in der Coaching-Situation innewohnenden Logik und Abfolge unter Berücksichtigung der folgenden bzw. ähnlichen Aspekte:

1. Was sagt der Coachee in den ersten Minuten des Coachings, was sagt er nicht über das Tagesthema? – **Info-Ebene**
2. In welcher Rolle bzw. Funktion spricht und fühlt er (über sich und andere)? – **Funktionale bzw. strukturelle Ebene**
3. Welche Kontext-Bedingungen beschreibt er, welche nicht (über die Zeit bzw. Zeitdauer, den Ort, die räumlichen/atmosphärischen Bedingungen)? – **Kontext-Ebene + Zeit-Ebene**
4. Welche weiteren Personen sind involviert, wurden übersehen, stehen „am Rande“ etc.? Wer könnte in Zukunft wichtig sein? – **Assoziative Ebene**

Die ersten spontanen Antworten sind für Coach wie Coachee gleichermaßen spannend: Mit jedem praktischen Schritt im Umfeld können Coachees sich dann weitere Informationen, direkte Bestätigung oder feine Korrekturen holen und im Prozess erfolgreich weiter voranschreiten. Wie genau sie ihre Schritte ordnen, bleibt in ihrer eigenen Hand – strategisch wie alltagspraktisch. So bleiben sie selbst, bei aller Veränderung und strategischen Vorausschau, ein Stück weit bodenhaftig und wissen, was genau sie ändern müssen, um noch näher an das zu kommen, was sie erreichen möchten – und dies gilt für Einzelne ebenso wie für die wachsende Zahl der Managementteams und ihrer kleineren Ts, der Tandems und Triaden insbesondere.

Komplementäres Know-how für Mensch und System

Komplementär-Coaches stecken selbstredend auch nur in ihrer eigenen Haut. Ebenso wie Coachees haben sie sich im Laufe ihres Berufslebens bestimmte Erkenntnisse und Befähigungen angeeignet, andere nicht. Nicht jeder Coach kann alles, was von ihm erwartet wird – irgendwo hat jeder seine Grenzen. Auch passen Coach und Bedürfnislage des Coachee nicht immer zusammen. Dies wird meist schon in der Auswahl und im Kennenlernprozess deutlich.

Viele Führungskräfte schauen z.B. in Change-Prozessen sehr genau auf den Leistungsstand im eigenen Aufgabenbereich und sind inmitten aller möglichen Veränderungen doch stark auf die direkten Mitarbeiter bzw. Kollegen fixiert. Politisch werden sie genau deshalb aber, wegen dieser Detailfokussierung, im sprichwörtlichen Regen stehen gelassen. Sie „verpassen" ständig die feiner ablaufenden Veränderungsprozesse und politisch relevanten Zwischentöne außerhalb ihres Bereiches. Manchen wird dann wohlmeinend ein Coaching empfohlen, um ein bisschen „wacher" zu werden.

Welchen Coach würde sich eine solche Führungskraft aussuchen – einen Coach, der
a) selbst ein interner „Fuchs" ist/war und oft mit ähnlichen Verhaltensweisen zu tun hatte;
b) aus Erfahrung mit anderen Unternehmen alles Mögliche über Taktik und Macht, über politisch sinnvolles und strategisch kluges Verhalten, über Phasen voller Vakuum und Zeiten für Entscheidungen weiß;
c) ein kreativer Kopf ist und den Coachee animiert, nach ganz neuen Möglichkeiten der strategischen Positionierung zu suchen, und der sich auf die bekannten Strategien gar nicht erst einlässt?

Nicht zuletzt ist es eine Typ-Frage und abhängig vom empfundenen oder realen Schwierigkeitsgrad der momentanen Situation, auf was sich der Coachee einlassen würde, aber wesentlich ist: Ein Coachee muss sicher sein, dass er den Coach auf emotional schwierige Konfliktsituationen genauso ansprechen kann wie auf systemische Betrachtungswinkel und politisch heikle Fragen oder ungewisse Perspektiven. Und da sich Change-Prozesse heute so und morgen so entwickeln können, muss sich ein Komplementär-Coach auf solche kurzfristigen Themenwandel genauso kurzfristig ein- und umstellen können.

Bei aller individuellen Arbeit an seinen persönlichen Fragestellungen soll der Change-Manager darauf bauen können, dass sich sein Coach im Business-Kontext auskennt und ein realistisches Einschätzungsvermögen zur Sache hat. Dieses Know-how ist sozusagen der „Komplementärteil" zur personenbezogenen Professionalität des Coaches und zu den zeitaktuellen Bedingungen für die Arbeit in Change-Prozessen.

Da nicht jeder alles kann, ist es sinnvoll, ein komplementär aufgestelltes Netzwerk oder Team von Beratern zu haben, zu dem idealerweise Kollegen mit Erfahrungen als interne Führungskraft in Unternehmen und Organisationen ebenso gehören wie wissenschaftliche Experten oder ganzheitlich ausgebildete Trainer und Coaches.

Es kann andererseits nicht für jede Besonderheit, die im laufenden Veränderungsprozess möglicherweise auftaucht, ein arbeitsteilig agierender anderer Coach „einfliegen". Solche passgenauen „Scheibchen-Qualifikationen" sind im kurzlebigen Change ökonomisch kaum zu gebrauchen. Berufstätige Coaches müssen vor allem ganzheitliche Affinität aufbringen, den praxisrelevanten Anforderungen genügen und als Expertise über ein

- *hohes Maß an innerer Flexibilität,*
- *großes allgemeines Methodenrepertoire,*
- *breit angelegtes Business-Verständnis und*
- *eine pragmatisch übertragbare, fachliche Spezialisierung*

verfügen bzw. sich bei Bedarf die fehlende Expertise kurzfristig aneignen können.

Insofern ist es der Anspruch an einen Komplementär-Coach, von Situation zu Situation zu unterscheiden, welche besondere Methodik angezeigt ist und zu einer bestimmten Intervention führt und welche Denkmodelle, Rahmenbetrachtungen bzw. Konzeptionen für die weiteren Coaching-Schritte förderlich sind.

Komplementär-Coaching muss sowohl zu weitgreifenden Ideen als auch zu einfachen und pragmatischen Konsequenzen führen können. Möglichst jede Sitzung sollte sogenannte *„Quick Wins"* für den Coachee freisetzen und ihn dazu animieren, direkt umzusetzen, was er für sich mitnehmen wird.

Aus einzelnen Coaching-Themen zu Führung und Konfliktlösungsstrategien sollten sich in der Arbeit mit dem Coachee möglichst zugleich praktische *Tools* ergeben, die sich später z.B. als Visualisierungsmethode in Abteilungsmeetings einsetzen lassen oder im Konfliktgespräch mit einem Mitarbeiter angewandt werden können.

Ebenso gut kann sich im Komplementär-Coaching *aus einem Performance-Coaching mit intensivem Rhetorik-Training* ein auf den Coachee zugeschnittener, *unternehmensinterner Kommunikationsprozess* zum Umgang mit Vorstandskollegen und der zweiten Managementebene entwickeln, der auf eine große Auftaktveranstaltung ausgerichtet sein soll.

Ein solcher Prozess kann sich durchaus über mehrere Wochen erstrecken und dem Coachee *mit vielen einzelnen Schritten* die notwendige Sicherheit in der *Steuerung* geben. Im Ergebnis wissen er und sein Coach jedoch den Erfolg, einen sinnvoll inszenierten Prozess durchgeführt zu haben, erst dann wirklich einzuschätzen, wenn der Coachee seine Rede – trotz all seiner Befürchtungen – sehr gut gehalten hat und am Ende auf der Auftaktveranstaltung den verdienten Applaus entgegennimmt.

Wie viel Komplementarität ein Coach als persönliche Befähigung, fachliche Expertise und als passende Unterstützung einbringen kann, hängt von seiner Ausbildung und, ganz wesentlich, von seinen bisherigen Erfahrungen ab. Neben seiner methodischen Mehrdimensionalität ist aber für Komplementär-Coaches, die sich in Change-Management-Kontexte begeben möchten, unverzichtbar, ein praxistaugliches und wertschöpfungsorientiertes Grundverständnis von Umsatz, Verkauf, betrieblichen Abläufen, Profitorientierung, Controlling und Kosten-Nutzen-Relationen zu haben.

Für interne Manager ohne betriebswirtschaftliche Ausbildung gibt es, wie schon seit unzähligen Jahren, die Standards der Weiterbildung mit „BWL für Nicht-BWLler“. Externe Coaches sollten weder hinter diesen Standards zurückstehen noch übersehen, dass sie eine spezifisch eigene Expertise einzubringen haben, die erfolgreiches Verhalten im System ermöglicht und „gleichwertig“ ist.

Vom Weghören und Hinwenden systemischer Berater

Berater und Coaches müssen, wie alle anderen beteiligten Personen, ihren Anteil am Erfolg in der Steuerung von Change-Prozessen deutlich machen. In der gegenwärtigen öffentlichen Diskussion auf Kongressen und in der Literatur deutet sich gerade an diesem Punkt der Nutzen-Kosten-Relation eine überraschende Verunsicherung langjährig erfahrener und systemisch arbeitender Berater-Professionals an.

Im vor Kurzem erschienenen Sammelband „Komplementärberatung" der Herausgeber Königswieser/Sonuc/Gebhard geht es um die Verbindung systemischer Berater mit ausgewählten betriebswirtschaftlichen Unternehmensberatungen. An Beispielen aus der Praxis wird aufgezeigt, wie ein komplementäres Zusammenspiel beider Richtungen vorstellbar sein könnte.

Irritierend für Praktiker: Offenbar befassten sich die im Sammelband resümierenden systemischen Berater viele Jahre lang in ihren Projekten nicht zwingend mit den betriebswirtschaftlichen Fragestellungen, Controlling-Funktionen, Soll-Ist-Abweichungen, Sozialplänen, betriebsbedingten Kündigungen, Budgetierung und Kosteneinsparungen oder anderen, profitorientierten Grundlagenthemen ihrer Kunden. Diese Inhalte seien anders als die systemischen, so einige der Autoren, wirken neu, fremd und ungewöhnlich. Sie vergleichen m.E. unnötig negativ bewertend ihre eigene „Fremdheit" mit der akademischen Expertise der betriebswirtschaftlichen Fachberaterkollegen.

Wenn sich bekannte systemische Berater wie R. Königswieser den betriebswirtschaftlichen Experten wie gegenüber Fremden aus einer anderen Welt fühlen, sofern sie mit ihnen zusammenarbeiten, dann haben sie früher nicht mit gespitzten Ohren hingehört, wenn sich ihr ureigenes Klientensystem über die eigenen inhaltlichen und sicher oft zahlengetriebenen Fragestellungen ausgetauscht hat: Inhaltliche Themen in Unternehmen gründen generell auf betriebswirtschaftlichen Kennziffern und Überlegungen. Aber sie hatten vielleicht keine internen Ansprechpartner aus diesem betriebswirtschaftlichen Entscheider-Kontext oder aus den entsprechenden Top-Managementebenen, die zum Controlling, Finanzmanagement oder auch dem Vertrieb gehörten. Diese internen Ansprechpartner sind generell und zwingend betriebswirtschaftlich „auf der Höhe" ihrer Zeit und an sich auch mit dem entsprechenden Vokabular unterwegs.

Seit einigen Jahren hat sich allerdings so manche Berater-Wahrnehmung – mit viel Zeit von außen auf das System zu schauen und von dort mit aufwendigen Methoden hinein wirken zu wollen – geändert.

Change bietet heute keine komfortablen Planungsphasen und langfristig ausgerichteten Zeitzonen mehr, wie sie die systemische Beratung lange Jahre gewohnt war und immer mit Qualität verbunden hatte. Erfolgreiche systemische Beratung scheint, *sofern dies bisher ausgespart war,* auf ein stärkeres, effizienteres Ineinandergreifen der beiden Komponenten *Zeit und Effizienz* hinauszulaufen.

Königswieser et al. sehen ihr Komplementärmodell dann besonders effizient im Einsatz, je größer die Vielfalt und Komplexität der vom Kunden zu bewältigenden Problemstellungen sind. Zu Recht fragen sie, was Beratung zu einem ressourcenschonenden, schnelleren und nachhaltigen Ergebnis beitragen kann (vgl. Königswieser et al. 2006, S. 85). Aber zugleich schließen sie aus, ihr Komplementär-Modell *„bei einer existenziellen und höchst akuten Krise, in der es sofort um die richtigen und effizienten »harten« Entscheidungen für die nächsten 10 Tage geht"* (ebd. S. 97), zum Einsatz zu bringen. Dabei sind es in vielen Change-Prozessen genau diese chaotischen Situationen und belastenden Alltagssituationen, in denen Coachees nach greifbaren Möglichkeiten für ihr Krisenmanagement suchen und reale Begleiter brauchen, die sich „Schulter an Schulter" dem „Chaos" professionell zu stellen wissen. Dass es dabei manchmal „hart zur Sache" gehen kann, bedeutet andererseits Echtheit, Präsenz, Mut und auch ein offenes Wort und ein ehrliches Gegenüber. „High-noon" – es ist Change-Zeit. Berater wie Coaches sollten sich die Veränderungen nicht noch länger aus der Distanz ansehen – wem nützen sie wirklich dort draußen, wenn drinnen „die Hütte brennt"? Sie sollten zumindest für situative Begegnungen ein methodisches Repertoire anbieten können, wenn sie ansonsten „außen vor" zu bleiben bevorzugen.

Professionalität mitten im System

Um situativ unterstützen und Cases einschätzen zu können, brauchen Coaches Erfahrung, Sicherheit und daher selbstverständlich auch Kommunikation und Information – am besten früh genug und im Vorfeld. Crash-Situationen müssen „ad hoc“ gemeistert werden können – diese flexible Haltung wird zukünftig zum Standard von „Change-Coaches“ gehören müssen. Um es einmal bissig zu formulieren: Betrachtend daneben stehen und anschließend kluge Ideen einbringen, das können viele Externe und Interne im Change gut genug!

Wie viel Tiefenwissen und welchen Informationsstand professionelle Coaches von den betriebswirtschaftlichen Fakten und den zahlenorientierten Binnenverhältnissen in den Unternehmen haben sollten, ist jedenfalls ohne die konkreten Bedingungen, die Situationen und den Kontext nicht zu beantworten. Auf alles gefasst sein ist auf jeden Fall eine hilfreiche Variante im Notfall-Coach-Verhaltensrepertoire neben dem wohldurchdachten Konzept für Standards.

Interne oder diejenigen, die über Jahre als Interne verantwortlich waren, wissen genau, wie wichtig für sie ein möglichst breiter und tiefer Überblick und ein blitzgescheites politisches Verständnis sind, um sich zu positionieren und im Change handlungsfähig zu bleiben, denn: Wer, was und wo wären sie heute ohne diese ganz besonderen Profi-Erfahrungen und Kenntnisse „am eigenen Leib“?

Lange Zeit wurde jedoch von *externen* Profi-Beratern, insbesondere von den Organisationsentwicklern, ein klares Business-Gebot verkündet und methodisch auf komplexeste Weise ausgebaut: sich um gar keinen Preis in die individuellen Inhalte und die inneren Verhältnisse des Systems der einzelnen Klienten hineinziehen zu lassen! Berater sollten in größtmöglicher methodischer Distanz zu den Personen und den Emotionen bleiben und dem Klienten außerhalb seines Systems als neutraler Beobachter gegenübertreten.

Engagierte Organisationsentwickler wie Karsten Trebesch, Rudolf Wimmer, Fritz Simon und andere Kollegen rund um das Management-Zentrum Witten hatten allerdings bereits um die Jahrtausendwende damit begonnen, ihre eigene Rolle und Expertise angesichts der gesellschaftlichen und wirtschaftlichen Veränderungen infrage zu stellen.

Als eine Konsequenz ihrer öffentlichen Diskussion rund um Change-Management lösten sie damals sogar ihre eigene „Gesellschaft für Organisationsentwicklung" (vgl. Zeitschrift für OrganisationsEntwicklung, 04/2004) auf.

Mit ihren offenen Fragen nach *„Wurzelholz und neuen Trieben"* (ebd., S. 72) wurde diese veränderte Haltung von ihnen sehr klar und präzise in die Diskussion der Beraterwelt geworfen – und bisher eher schwach reflektiert: *„Die Basiskonzepte der Veränderung unterliegen zu geringer Selbstkritik. Machtstrukturen werden nicht intensiv genug hinterfragt und Mikropolitik nicht als funktionales Erfordernis gesehen. (...) Die Beraterkonzepte haben sich nur wenig weiterentwickelt und oft ist ein Mangel an ökonomischem Fachwissen zu beobachten, was die notwendige Integration von Experten- und Prozessberatung verzögert"* (ebd., S. 76).

In dieser Zeit schrieben Ulla Kulmer und Karsten Trebesch einen bemerkenswerten Artikel mit dem Titel *„Der kleine Unterschied mit großen Folgen"* (ebd.). Den beiden Autoren ging es um das noch neue Phänomen des Change-Managements und sie stellten die an sich provokante Frage, ob Organisationsentwicklung (OE) ausgedient, sich überholt habe und stattdessen eine neue Form der Veränderungsberatung notwendig sei.

Sie sprachen von einem Paradigmenwechsel in der systemischen Theorie und Praxis der Organisationsentwicklung und von einem notwendig gewordenen radikalen Umdenkungsprozess als Antwort auf radikale Umweltveränderungen. Beide pointierten besonders die Rolle und ein neues Selbstverständnis von Beratern: *„Die Menschen müssen nach wie vor ins Boot geholt werden, aber nun geht es vor allem um das gemeinsame Rudern. Dabei kommt dem Faktor Kommunikation eine herausragende Bedeutung zu: Über ihn wird Sinn konstruiert und vermittelt. Ohne Sinn kann nicht damit gerechnet werden, dass Mitarbeiter bereit sind, den Wandel mitzutragen (...) es gibt keine Schonfristen mehr, in denen sich langsam an das Neue gewöhnt werden kann"* (ebd. S. 84).

Wenn es dem Management nicht gelingt, in Change-Prozessen mit den ersten Schritten den Sinn und die Notwendigkeit der Veränderung verständlich zu machen, kann sie gar nicht gelingen. Beide dringen daher auf die wichtige und zugleich selbstkritische Erkenntnis: *„Change-Management ist nicht mehr länger eine notfalls verzichtbare Zusatzaktivität, wie es OE-Projekte häufig waren. Veränderungsgestaltung ist zur ständigen und erfolgskritischen Aufgabe von Organisationen geworden"* (ebd. S. 85).

Erfolgskritisch bedeutet, folgt man den Gedanken der beiden Autoren, dass sehr negative Konsequenzen auf das Unternehmen zukommen, wenn es versäumt wird, kontinuierlich auf die Gestaltung von Veränderung zu achten. Die neue Führungsaufgabe im Change fordert dazu auf, im ersten Schritt zu erkennen, dass Konsequenzen sowohl auf der Ebene individuellen Fehlverhaltens wie auf der Ebene struktureller oder systemischer Zusammenhänge drohen und dort aber auch abgefangen werden können.

Kulmer und Trebesch formulierten „Verantwortlichkeit“ als Begriff für systemische Berater neu: *„Gleichzeitig müssen auch die Professionellen, die vor Jahrzehnten angetreten sind, die Unternehmen menschlicher zu gestalten, eine Antwort finden auf diesen weltökonomischen Strudel von Zeit- und Innovationsdruck. Change-Management ist der Versuch einer Antwort“* (ebd. S. 85).

Man sollte vielleicht hinzufügen: Change-Management ist aus dem Stadium des Versuchs mittlerweile herausgekommen, hat recht deutliche Konturen angenommen und längst zu neuen gesellschaftlichen und ökonomischen Verhältnissen geführt. Umso wichtiger, dass neue Antworten gefunden werden.

Im Zentrum und doch neben der Spur?

Change-Management mit all seinen parallel verlaufenden Veränderungsprozessen, dem hohen Tempo und seinen vielen neuen Umwelten verlangt von Coaches und Beratern mittlerweile, dass wenigstens sie verbindlich und „standfest" bleiben, als Menschen ansprechbar sind, sich dem Coachee persönlich zeigen und auch persönlich Stellung beziehen: Professionalität auf Berater- und Coach-Seite muss greifbar sein, nachvollziehbar und transparent.

Wir wissen aus vielen Change-Prozessen: Viele Coachees brauchen heute konkrete, situativ und persönlich passende Veränderungsmaßstäbe für die Gestaltung ihres Umfeldes. Coaches sollen ihnen zunehmend eine verständnisvolle, alltagstaugliche Hilfestellung bei der individuellen Bewältigung des täglichen „Change-Wahnsinns" geben können – ad hoc, zeitnah, professionell.

Menschen in Unternehmen hilft es nicht unbedingt weiter, wenn sich engagierte und kluge Berater mitten in Change-Zeiten ins Innere ihrer distanzierten, beobachtenden System- und Architekturwelt zurückziehen.

Aber es hat sich etwas verändert in der Gedankenwelt der externen Berater, Betrachter und Beobachter – und es war auch an der Zeit.

Was bedeutet es heute für die ehemals „neutral und objektiv" angetretenen Beobachter, wenn sie sich, wie Trebesch und Kulmer es ankündigen, mitten hinein in Change-Prozesse begeben, Teil der Veränderungsprozesse werden wollen? Was bedeutet das vor allem für die Coachees?

Im Komplementär-Coaching, das sich an diesem Punkt durchaus als Alternativmodell zur systemisch-fachlich-betriebswirtschaftlichen Beratung versteht, kommt es statt der Dominanz vieler Zahlen und Programme auf das ganz *besondere „Wer"* der Handelnden an und auf persönlichen Mut. Menschen brauchen loyale Berater, die sich methodisch einmischen und ihre professionellen Rollen persönlich einbringen – sei es als mäßigende Moderatoren, als exklusive Experten, vertrauliche Ansprechpartner, situative Schlichter oder als Übersetzer von Change- in Alltagssprachen.

Von Coaches erwarten die Kunden und Coachees heute ganz sicherlich, dass diese sich in die kommunikativen Prozesse und Problemwelten der Menschen in den Unternehmen persönlich hineintrauen – statt sich mit komplizierten Architekturen und Modellen auf- und zurückzuhalten.

Was geschieht mit der systemischen Dimension? *Wie* wollen sich systemische Berater in offenen Systemen bewegen, wenn Kunden sich in den geschlossenen Komplexitätsbetrachtungen und linearen Architekturplattformen nicht mehr wiederfinden können, weil ihre eigene Welt im Unternehmen ganz anders aussieht? Gibt es dann noch systemisch arbeitende Professionals als Berater und wenn ja, *wofür* und *mit welchem Auftrag?*

Unternehmen sind in sich bereits komplexe Erscheinungen. Anders als sich vielleicht manches Beratersystem selbst darstellen würde, sind Unternehmen zudem eindeutig Teil einer monetär und machtgesteuerten Welt, in der es für die darin Beschäftigten täglich darum geht, eigenen Zielen näher zu kommen und die Vorgaben anderer zu erreichen.

Oh, wie schön ist Panama – und auch so nah!

Immer geht es im Change darum, die kleinen wie die großen Dinge zu beachten, kluge Strategien für den Kampf um außerordentlich wechselnde Marktbedingungen und global wie regional ausgetragene Machtkämpfe zu finden und sich behaupten zu können.

Change-Management hat eine Menge verändert und systemische Beratung ist aufgefordert, sich neu zu positionieren, wenn sie noch mitspielen will: Dass sich systemische Berater also dafür interessieren, fremde Beriteransätze zu verstehen, unbekannte Gedankenwelten kennenzulernen, ist wie ein den Markt erkundender neuer Entwicklungsprozess. Und ein kluger dazu.

Selbstverständlich ist ein solcher Neugier-Prozess nicht. Zwei Grandseigneurs des Konstruktivismus, Heinz von Foerster und Ernst von Glasersfeld, kamen vor etlichen Jahren zusammen, ließen ein Tonband mitlaufen und tauschten ihre Gedanken über Aufmerksamkeit, experimentelle Physik, Modelle bzw. Programme als Anweisung zum Verstehen, über neurophysiologische Studien und perceptual framing und viele weitere Themen miteinander aus. Rückblickend stellten beide fest, dass sie sich selbst und viele andere Wissenschaftler ihrer Zeit auf diese besondere Art des Austauschs nicht oft eingelassen haben: *„Das ist der Jammer – jeder sitzt in seiner Sparte und findet keine Zeit, sich auswärts umzuschauen (...)“*, kommentierte Heinz von Foerster (von Foerster & von Glasersfeld 2004, S. 54). Beide kannten reichlich Beispiele für gegenseitige Abgrenzung und offenes Unverständnis ausgerechnet unter den Menschen, deren Schwerpunkte Sprache und Kommunikation waren: *„Chomsky, Piaget und andere Koryphäen sollten (im Rahmen eines Symposiums in Frankreich – H.S) über Kognition diskutieren – und was herauskam, waren Monologe (...) Dabei waren es alles Leute, die sich mit Kommunikation befassen. Das Thema der Konferenz war Language und Learning, und nichts wurde besprochen, nichts gelernt“* (S. 107f.).

Viele systemische Berater und Theoretiker, das zeigen auch die vom Managementzentrum Witten angestoßenen Diskussionsforen und die Themen der „X-Organisation“-Kongresse beispielhaft, beginnen zögerlich damit, die nächsten Erkenntnisschritte zu wagen. Dabei scheint so manche Geschichte ähnlich der vom Bär und dem Tiger zu sein, die beide glaubten, schon nach wenigen Metern weg von zu Hause entfernt bereits im erträumten Panama zu sein. Beide hatten ihr direktes Umfeld vorher nie verlassen und hielten deshalb alles außerhalb davon staunend für ein ganz anderes Land.

Fokussieren sich systemische Berater bei ihrer Suche nach neuem Wissen ähnlich vorschnell wie der Bär und der Tiger auf das „Panama“ der betriebswirtschaftlich orientierten Fachexperten? In den Unternehmen allerdings gehen diese, mit Fachexpertise ausgestattet, bei ihren Reisen durch bereits offene, längst vertraute Türen. Die Zweiten, mit systemischem Gepäck und auf der Suche nach neuen Antworten, machen an solchen Türen heutzutage durchaus andere Erfahrungen.

Beide Beratergruppen wollen zielgerichtet und explizit mit dem Management der Unternehmen arbeiten. Die einen, die Betriebswirtschaftler, meinen damit allerdings ausschließlich „on Top". Viele systemische Berater wollen das genau irgendwann auch von sich sagen können. Bisher standen beide Beratungsansätze für unterschiedliche Wertesysteme, und eben dieser Unterschied machte lange den entscheidenden Unterschied, wen sich das Management bzw. die Personalentwicklung ins Haus holte und wen bzw. wann nicht. Nun scheint sich diese Differenzierung aufzulösen, zumindest wenn es nach dem Wunsch sich „umorientierender" systemischer Berater geht.

Wohin der Blick auch fällt

Es fällt schwer zu glauben, dass so manchem in der Vergangenheit namhaften Systemberater, Organisationsentwickler und Coach tatsächlich so fundamentale Kenntnisse über die betriebswirtschaftliche Situation profit-getriebener Unternehmen und ihrer inneren systemischen Bedingungen gefehlt haben sollen, wie es z.B. mit dem Sammelband von Königswieser et al. nun im Nachhinein den Anschein erweckt.

Immerhin waren und sind eine ganze Reihe systemischer Berater seit Jahren anerkannte Geschäfts- und Vertragspartner und verdienen recht viel Geld mit ihrer Arbeit. Im Rückblick auf viele Jahre interner Stabs- und Linienverantwortlichkeit in der Personalentwicklung, mit breit gefächerter Erfahrung und ständig sinkenden Budgets, mit der Steuerung mittel- und längerfristiger Konzepte inmitten von Managementfluktuation und turbulenten Geschäftsphasen ist es für mich kaum nachvollziehbar, dass die damit verbundenen sinkenden Zahlen und die negative Entwicklung in den Unternehmen der letzten 10, 15 Jahre von diesen externen Professionals in ihren Projekten emotional, verbal und inhaltlich nicht deutlich wahrgenommen wurden.

Kontinuierlich sinkende Investition in Weiterbildung und das Aufblühen sequenzieller, Campus-orientierter Management-Entwicklung, der allseitige Abbau interner und externer Change-Prozessbegleitung in den großen Unternehmen in den vergangenen Jahren sollten Externen aufgefallen sein.

Zumindest die betriebswirtschaftlichen Fachkollegen könnten an diesem Punkt in der Tat einige Informationslücken auffüllen. Oft genug sind sie beteiligt an Kostenreduzierungsprogrammen und dem Herunterfahren von Bildungsmaßnahmen und anderen wirtschaftlichen Kenngrößen. Hinter ihrem „schroffen" Beraterverständnis liegt eine machtvolle, wesentlich gröbere und härtere Orientierung „weg vom" Einzelnen „hin zu" zahlenwerten Strukturen und globalen Datenmengen.

Ihre an Zahlen orientierten Vertreter stehen zur Konsequenz der Datenerhebungen, die sich hart und unmissverständlich in konkreten Maßnahmen wie Personlabbau und Umstrukturierungen niederschlagen. Ihren Auftraggebern geht es nicht um betrachtende, wertebasierte Hypothesen aus dem systemischen Berater-Off, sondern um konkrete Hinweise, um politische, aber machbare Vorschläge, um ableitbare Begründungen für spätere Managerentscheidungen.

Wenn heute ernsthaft systemische Beratergruppen die Faszination dieser ihnen bisher fremden Welt beschreiben, als seien ihnen die knallharten betriebswirtschaftlichen Konsequenzen hinter den Zahlen ebenso neu wie die Tatsache, dass es dabei z.B. um ganz konkrete Kündigungen von konkreten Menschen geht, um Verlagerung ganzer Betriebe weg von europäischen Standorten, um Arbeitslosigkeit im großen Stil, um Abbau von Infrastruktur im eigenen Land zugunsten verbesserter Lebensbedingungen für andere Menschen auf der anderen Seite der Welt, dann kann einem schon die köllsche Frage durch den Kopf schießen: *„Hat da einer den Schuss nit jehört?"*

Verschieden ist nicht komplementär

Die zentrale Frage, die auf systemisch orientierten Symposien und auf Kongressen immer dringlicher gestellt wird, lautet daher berechtigterweise: Warum verlieren systemische Berater immer mehr Einfluss in Organisationen und Unternehmen? Wie finden sie zurück zu alter Größe und Positionierung, werden sie überhaupt wieder die erste Reihe der Beraterszene besetzen können?

Voneinander lernen, sagten von Glasersfeld und von Foerster, sei etwas, das viel zu wenig passiere. Die Idee einer möglichen Verbindung von Beratungsansätzen, in diesem Fall der Betriebswirtschaft und der systemischen Expertise, könnte eine Idee geben, aber noch kein Schritt in die richtige Richtung sein. In diesem konkreten Ansatz streben die Werte und Identität stiftenden Antriebe in zu verschiedene Richtungen, als zu einer neuen komplementären Beratungsexpertise verschmelzen zu können.

Solche Ansätze geben eher Rätsel auf als Antworten, ähnlich wie das Ende der Panama-Geschichte vom Bär und Tiger: Wieder zurückgekommen im alten Haus, finden beide einen schönen Platz für einen mitgebrachten Schaukelstuhl. Er ist ein Symbol, ein Reiseutensil, das sie immer daran erinnern wird, in der weiten Welt gewesen zu sein. Mehr natürlich auch nicht. Im Grunde sind sie wieder am Anfang angekommen. Aber es könnte eine erste Auflösung bedeuten: Lernen und neue Erfahrungen ins eigene Pflichtenheft zu schreiben und mit Neugier Reisen zu unternehmen – offen, klug, mit Metaebene und einem neuen Blick für das pragmatisch Wesentliche zurückzukommen, um jedes Mal weiter zu gehen als bisher.

Wollen wir hoffen, dass sich systemische Beratung generell nicht in einem solchen Schaukelstuhl ausruhen will wie der Bär und der Tiger, sondern bald weiter auszieht, Neues zu lernen und sich aufzumachen, um eine gewisse Reise anzutreten, die sie mitten hinein in das Abenteuer von Change-Management führen könnte – zu den individuellen Persönlichkeiten dieser Veränderungsprozesse und um Seite an Seite mit ihnen einen „Change-Case“ nach dem anderen zur Seite zu räumen oder an den richtigen Platz zu rollen.

Zusammenfassung – Kapitel 4

1. Bis vor einigen Jahren galten Veränderungen an Strukturen und Abläufen als wichtigster Hebel zur Entwicklung von Organisationen und wurden vor allem von systemischen Beratern mit theoretischen Modellen und Szenarien begleitet. Strikt wurde von dieser Beratergruppe eine Grenze zwischen *personalen* und *systemischen* Problemen gezogen. Dennoch orientierten sich systemische Berater nur geringfügig an *betriebswirtschaftlichen* Kennziffern, Daten zur Wertschöpfungskette oder an Umsatz- und Absatzzahlen.

2. Daneben kümmerten sich betriebswirtschaftliche Berater kaum um kommunikative, personalentwicklungsrelevante oder leitliniengemäße Veränderungskriterien, wenn sie ihre zahlenbasierten, kostenreduzierenden und datenrelevanten Konzepte einführten.

3. Personenbezogen arbeitende Coaches und Berater arbeiten neben diesen o.g. Gruppen quasi „unabhängig" für und mit ihren Coachees, oft stellen sich ihnen die Konflikte als Folge systemischer oder zahlenorientierter Veränderungen dar, die persönlich zu „schultern" sind.

4. Komplementär-Coaching bezieht sich bewusst auf alle drei genannten Problemfelder und achtet auf die jeweils besonders betonte oder berührte Ebene, um dem individuellen Problem des Coachees mit geeigneten Lösungsmethoden oder Wegen zu begegnen. Jede Handlungsebene wird strategisch und taktisch „beleuchtet" und eröffnet eigene Ziele.

Fünftes Kapitel: Dynamische Wendepunkte und komplementäres Coaching

„Die eigenen Früchte ernten"

Die Wunderleiter – *Stufe fünf:*

Wenn es darum geht, sich selbst und seinen eigenen Entscheidungen zu folgen, kommt der Coachee am dichtesten mit seinen inneren Vorannahmen, seinen guten wie schlechten Erfahrungen und seinen Wünschen und Befürchtungen in Kontakt. Im Komplementär-Coaching begleitet der Coach den Coachee sicher und vertrauensvoll durch Zweifel, hemmende Einstellungen, Ängste und Zögern, denn dies sind wichtige komplementäre Emotionen für das Glücksgefühl, das sich mit dem Erreichen der eigenen Ziele freisetzt. Der Coachee hat alle Zeit und alles Recht der Welt, seine Ziele jederzeit zu prüfen und neu zu betrachten oder neu zu wählen.

Dass der Verlauf eines unterirdischen Erdbebens mit dem sanften Flügelschlag eines Schmetterlings in einem Garten auf der anderen Seite der Welt korrespondieren kann, ist eine der bekannten Metaphern, die Coaches und Berater ihren Managern seit Jahren für das Verstehen ungeahnter Konsequenzen und Zusammenhänge in ihrem Handeln anbieten. In Veränderungsprozessen ihrer Unternehmen erleben sie derzeit, was wirklich damit gemeint ist.

Die persönliche Herausforderung, sich konsequent und pro-aktiv in die täglichen beruflichen Veränderungsszenarien von Change-Management hineinzubegeben, will erst einmal von den Coachees individuell erfasst, akzeptiert, verstanden und in eigener Regie gesteuert werden. Aber auch die Anbieterseite der Coaches und Berater hat so ihre Probleme mit der Ausrichtung auf Change.

Im Fokus steht Veränderung

Neue fachliche Ansätze und ungewöhnliche Erfahrungen können, wie viele Coachees aus Coachingsequenzen wissen, die eigene Betrachtungsweise in ein vollständig anderes Licht rücken und die damit verbundenen, bisher für unerschütterlich gehaltenen Überzeugungen zum Kippen bringen. Nicht nur Coachees geschieht eine solche innere Wandlung und Veränderung – auch Coaches müssen sich diesem Prozess ab und an stellen.

Was manchen, strikt an ihren verinnerlichten Methoden und Modellen orientierten Beratern und Coaches schwerfallen wird: Wenn sie change-adäquat und erfolgreich arbeiten wollen, werden sie zukünftig viele Anteile der bisher der jeweils „anderen Seite" vorbehaltenen Expertise komplementär in ihre Berateransätze einbeziehen müssen.

***Systemische Berater* setzen auf eine verändernde Kraft im Raum der Strukturen und Architekturen und arbeiten prozessorientiert mit bestimmten Modellimplikationen der Funktionen, Rollen und Strukturen in Unternehmen und Organisationen.**

***Personenbezogene Berater* beziehen sich in ihrer Arbeit auf die Menschen und ihre subjektiven Wahrnehmungen, die diesen Systemraum „erschaffen" haben und ihn mit unterschiedlichsten Gefühlen und inneren Einstellungen bewohnbar machen.**

***Komplementäres Denken* erforscht aufmerksam und vor jeder Intervention, wie und welche Veränderung das Zusammenwirken der ausgewählten methodischen Ansätze und Modelle im Innen und Außen auslösen kann, welche strategischen und werteorientierten Faktoren zu beachten sind und Mensch wie System entsprechen.**

Komplementär-Coaching will weder auf das eine noch auf das andere Expertise-Verständnis der systemischen wie personalen Beratung verzichten, zumal es noch weitere spannende inhaltliche und methodische Ansätze gibt. Viele unterschiedliche professionelle Modelle leisten mittlerweile ihren wertvollen Beitrag zur „ganzheitlich" betrachteten Welt. Dazu gehört auch die Sicht auf die ökonomischen, sachlich-fachlichen und finanziellen Verhältnisse.

Inwieweit sich all diese Ansätze in Nuancen oder als grundlegendes Wissen für Coaching und für die Arbeit mit den subjektiven Wahrnehmungswelten der Coachees eignen, ist nicht ohne einen Blick auf ihre zukünftigen Hinweise und Konsequenzen in ihrer weiteren professionellen Entwicklung zu sagen.

In einer Trilogie wären Mensch, System und Komplementarität sicher ein Kraftpaket, das vielen Fragen in Veränderungsprozessen kompakte Antworten geben könnte.

- Im personalen **Coaching** stoßen professionelle Coaches mit ihrer individualpsychologisch orientierten Expertise an Grenzen, wo Change-Management als Veränderungsprozess den äußeren Bezugsrahmen ihrer Coachees darstellt. Eine Reihe von Coaches greift bereits seit einigen Jahren das Thema „Change" als individuelle Herausforderung auf und bietet zunehmend ein entsprechend breites Themenspektrum an, das von Lebensberatung bis Unternehmenscoaching reicht. Diese bunte Palette ist äußerst strittig in der Diskussion um Qualität von Coaching im Change.
- ***Die personenbezogenen Coaches*** *müssen sich inhaltlich und methodisch noch wesentlich stärker auf die Kontextbedingungen des Coachees und ihre ständig sich verändernden Bedingungen einstellen. Systemische Modelle und Methoden, auch die Arbeit mit Großgruppen, bieten hilfreiche theoretische wie praktische Tools, um eine erweiterte Sicht auf die Arbeit mit Change und „vielen einzelnen" Personen zu bekommen. Wichtig ist, dass Coaching sich qualitativ in den Methoden und Modellen professionalisiert und fokussiert. Nicht „alles für alle", sondern eine* ***ganzheitliche Expertise für ein Coaching von Menschen in Systemen*** *ist dringend notwendig geworden.*

- **Systemische Beratung** kann sich nicht länger als umfassendes und „alleiniges" Modell für Veränderungsprozesse darstellen, solange die Distanz zum Kunden von ihnen weiter zur Maxime für Professionalität erhoben wird. Diese Vorannahme wird zunehmend unglaubwürdig, denn die problematischen Situationen in Change-Prozessen werden nicht durch externe theoretische Konstrukte und deren Abarbeitung gelöst, sondern verlaufen chaotisch, ungeplant und hängen 1:1 von der ausreichend langen Verbleibdauer und der internen Machtposition der internen Entscheider ab. Geht der Ansprechpartner, geht mit ihm die Beraterexpertise. Bringt dem Entscheider die Berater-Architektur keine persönlichen Change-Vorteile, kann er das Ganze gleich sein lassen.
- ***Die systemischen Coaches*** *müssen viel konsequenter als bisher aktuelles Know-how aus der individualpsychologischen Expertise des Einzelcoachings als Feedback für sich selbst, für ihr eigenes Weltbild und für die Arbeit mit den Kunden nutzen. Die Verbindung innerer und äußerer Veränderungen muss in ihre Hypothesenbildung als Faktor einfließen. Hinzu kommt möglicherweise für viele eine Erweiterung ihrer Expertise, um neue Methoden in der Arbeit mit Einzelnen und auch innerhalb von Gruppen und Teams, vor allem aber mit den Themen „Macht und Ohnmacht", Taktik und Politik im Change, anwenden zu können. Sie können sich wesentlich* ***mutiger auf eine ganzheitliche Betrachtung von Mensch und System einlassen****, als viele es derzeit tun. Der konstruktivistische Grundsatz hinter ihren Methoden müsste es ihnen leicht machen, individuelle und systemische Verbindungen in ihrer persönlichen Arbeit zu nutzen.*

- **Die technologische und ebenso die betriebswirtschaftliche Beratung** haben viele funktional-strategische Aufgaben und zählen zu den systembezogenen Beratungsexpertisen, die systemimmanente und/oder -verändernde Vorgaben umsetzen.
- Diese Form der Beratung hat anderen Beratungsexpertisen eines voraus, und das ist ausgesprochen bedeutsam: Beide Bereiche sind seit Jahren technisch-strukturierend bzw. programmatisch an der virtuellen/monetären/internationalen Gestaltung der neuen Veränderungswelt(en) beteiligt.
- *Die* ***technologische wie auch die betriebswirtschaftlich orientierte Fachberatung*** *sind mehr oder weniger unabhängig vom Verlauf der akuten Change-Prozesse. Ihre Vertreter haben aber deshalb auch keine entsprechende „Konflikt-Expertise". Ihr externes Know-how wird sachlich-fachlich begründet und „so oder so" benötigt, wenn es in den Unternehmen nicht durch Controlling oder technische Abteilungen als interne Expertise vorhanden ist. Dadurch sind sie freier und ungebundener in ihrem Auftreten und können sich relativ leicht aus Erfolgs- oder Misserfolgs-Szenarien von Change heraushalten – auch wenn sie oft einen entscheidenden Teil dazu beitragen.*

Schöne neue Welt für Coach, Berater und System

Ein offener Blick auf die westlich orientierte Businesswelt, in der Beratung und Coaching vor allen Dingen stattfindet, zeigt recht klar, seit wann die bis dahin an Spitzenrankings gewöhnte Organisationsberatung mit ihrer Faszination für alles Systemische ein wenig aus der Modespur geraten ist und sich stattdessen Coaching auf die ersten Plätze arbeitete.

Es begann ziemlich genau mit der revolutionären Idee eines internationalen Informationsnetzes für alle, etwa Ende der achtziger Jahre. Die anfangs nur Wissenschaftlern zugängliche Chance zu weltweit vernetztem Wissen und der Wille zur globalen Durchsetzung der Internet-Idee – diese Faktoren zusammen haben in den letzten Jahren die internationale Welt der Kommunikation, der Sprache und der Information umgekrempelt. Jederzeit an jedem Ort erreichbar – diese Maxime hat Satelliten im All und unzählige Klingeltonvariationen auf der Erde geschaffen.

Im privaten wie im beruflichen Kontext, im alltäglichen Leben und in besonderen Situationen haben sich Menschen innerhalb kürzester Zeit an technisch hochkomplexe Kleingeräte, weltweite Datenbanken und digitale Informationen rund um die Uhr gewöhnt. *„Kein Empfang“* ist heute ein geflügeltes Wort für den Abbruch unliebsamer Telefongespräche geworden. Diese alltägliche Berührung mit virtuellen und technischen Realitäten setzte eine völlig neue Bedürfnis-, Produkt- und Kreativitätswelle frei. – Worin zeigen bzw. verstecken sich moderne Coaching-Inhalte und Problemstellungen?

Für Coachees zeigen sich eine Reihe von Konfliktthemen darin, dass sich Gedanken, innere Bilder, Phantasien und Gefühle kaum noch auf Wesentliches fokussieren können, sondern sich an das andocken, was der Alltag an Reizen, Impulsen und Anforderungen an jeden Einzelnen heranträgt. Viele Tätigkeiten werden als Gegebenheiten hingenommen, weil sie Zugang zu den technischen Möglichkeiten, zu Information, zu Kommunikation bedeuten und nicht wegen der „neuen alten“ Fertigkeiten, die man dafür braucht. Hatte man beispielsweise im Management viele Jahre Tugenden wie die 10-Finger-Schreibweise eng mit ausführenden und an Diktat gebundenen Schreibtätigkeiten gekoppelt, so sitzen heute ganze Managergenerationen in Zügen und auf Flughäfen und tippen, was das Zeug hält, als seien sie in einem einzigen, weltumspannenden großen Schreibbüro. Natürlich nehmen sie sich nicht als ihre eigene Sekretärin wahr, denn auch das hat sich längst verändert, viele haben keine mehr.

Die virtuelle Welt hat mit Pixel und Bites die inneren und äußeren Bilder- und Gefühlswelten ganzer Generationen verändert und schafft eigene Regeln, eigene Zeiten und eine eigene Zeichen- und Symbolsprache. Wer hier nicht teilhat, hat keinen Anteil an moderner Welt. Dies trennt Wissende und Unwissende, Arm und Reich, Nord und Süd, Denken und Fühlen, top oder hop, in oder out in einer Weise wie noch keine Generation in so kurzer Zeit zuvor.

Für Coaches sind die technischen Veränderungen eine ganz persönliche Herausforderung, weil diese neue Themenwelt generell ein Stück weit nach Durchdringung verlangt, um auf einem aktuellen Wissensniveau zu sein. Auf der anderen Seite greift diese Technik nicht nur bei ihnen, sondern bei allen Menschen ähnlich stark in Gedanken- und Gefühlswelten ein, wie es der Buchdruck vor einigen hundert Jahren bewirkte, als die Macht der Information einiger weniger plötzlich auf Papier sichtbar und dadurch anderen Menschen zugänglich gemacht wurde. Bei der elektronischen Datenverarbeitung geht es seit der Erstentwicklung und der Bereitstellung riesiger Rechnerräume darum, wie und wofür dieses neue Medium rund um die Welt und rund um die Uhr genutzt werden könnte.

Die Vorreiter-Generation schafft neue Modelle

Eine anfangs *eher kleine Beratertruppe* hat sich von Beginn an in diese Entwicklung intensiv und bestimmend eingeklinkt. Es waren die technisch versierten Professionals, die gemeinsam mit teils ungebundenen Freelancern und kurz vor Abschluss ihres Studiums stehenden Netzwerkern auf den neuen Markt stürmten und erkannten, wie dort händeringend nach Beratung gesucht und beste Stundensätze für Profis gezahlt wurden.

Mit klarem Alleinstellungsmerkmal, kreativer Fachexpertise und breitem Technikwissen hat diese neue Beratergeneration viele Changethemen in die Hand genommen und auf den Weg gebracht. – Anfangs noch in alternativem Schuhwerk und Pullover unterwegs, tauchen mittlerweile ihre top-instruierten und intrinsisch motivierten Berater routiniert und mit regelmäßigen Besuchen auf der Audit-Terminleiste vieler Unternehmen auf. Durch anerkannte Zertifizierung hat sich diese technik- und ablauforientierte Profi-Beratung als monetärer Selbstläufer eingerichtet und sich unersetzlich gemacht. Nach innen finden in ihren eigenen Unternehmungen spannende Organisations- und Führungsprozesse statt und kreieren neue „Entrepreneure" und Vorreiter für Matrix- bis teilvirtuelle Strukturen.

Als noch viele personenbezogene und systemisch arbeitende Berater bunte Folien auf die mechanischen Overhead-Projektoren ihrer Kunden auflegten, gestalteten diese eingeschworenen Technikfreaks, in einer für Laien kaum zugänglichen Parallelwelt, schon eifrig und innovativ eine völlig neue, virtuelle Realität. Die fachlichen und betriebswirtschaftlich aufgestellten Juniortrainer griffen diese Erfindungswelle schnell auf, investierten in Technik wie in Anzüge und nutzten sofort die gestalterischen Möglichkeiten im Job für sich und ihre Präsentationen. So beeindruckten sie ihre Kunden schon früh mit bildunterstützten Aussagen und einer Vielzahl programmierter Clips, Tricks und technischer Finesse.

An solcherlei Effekten weniger interessierte „traditionell" auftretende Berater bezogen diese entstehende Parallelwelt lange Zeit nicht direkt auf sich oder mochten sich weder in ihrer Sprache noch in ihrer Arbeitsweise anpassen. Zwischen Bewahren bewährter Expertise und dem Verteidigen professioneller Methoden entstand erst nach und nach die Idee, dass es in der Diskussion um Qualität und Professionalität in Coaching und Beratung um ein neues Denken in veränderten subjektiven und systemischen Kategorien gehen könnte.

Was viele von ihnen in der Tat erst spät realisierten und worauf sie noch später reagierten: Um die technischen Möglichkeiten des „Prinzips Internet" voll auszuschöpfen, wurde in den vergangenen zehn Jahren eine den Globus umspannende Kommunikations- und Interaktionswelt voller Satellitenimpulse eingerichtet, Kontinente verbindende Unterseekabel wurden durch Weltmeere verlegt – Entfernungen zwischen den Menschen lösten sich auf diese Weise praktisch auf.

Management kann seither von einem Sessel aus in mehrere Länder gleichzeitig realisiert werden: Die Mitarbeiter und Führungskräfte müssen entweder einfach nur länger aufbleiben oder früher aufstehen, wenn sie Entscheidungen direkt mitbekommen wollen und ihren PC einschalten. Praktische Konsequenzen oder unerwünschte Auswirkungen können heute auf Entscheiderseite per Knopfdruck ausgeblendet oder gezielt abgerufen und virtuell sondiert werden. „Web 2.0“, „Open BC“ und „Second Life“, Blogs bilden heute Welten ab, vernetzen in einer offenen und offensiven Weise Menschen untereinander, die ganzen Gruppen Zugang zu individuellen Informationen bieten, völlig neue Netzwerkstrukturen schaffen und System-Universen bisher ungekannter Dimension und Kreativität entfalten.

Waren bis vor wenigen Jahren noch nationale oder auch regionale Aspekte von Bedeutung für Unternehmensentwicklung, lösten sich solche Grenzen politisch, wirtschaftlich und in den Köpfen und Einstellungen von Menschen überall auf der Welt immer stärker auf, sobald dieser technische Zugang ökonomisch durchgesetzt wurde. Insofern darf nicht vergessen werden, dass all die technischen Möglichkeiten, die hier angedeutet werden, nur für einen Bruchteil der Weltbevölkerung zur Verfügung stehen, auch wenn sich immer mehr Schwellenländer, vor allem in Asien, mit rasendem Tempo an die technischen Entwicklungen andocken.

Veränderungen in den Organisationen des Global-Managements werden heute von überall auf der Welt auf den internationalen Weg gebracht – was den einen schonungslos scheint, wird für die anderen zu einem einfachen Rechenexempel.

Feste Strukturen zu etablieren, ist heute immer unwichtiger geworden, denn Strukturen und Abläufe müssen doch nur wieder den ständigen Veränderungen angeglichen werden. Wichtig ist die innere Flexibilität und „Netzwerk-Affinität“ bzw. -Befähigung der Menschen gegenüber diesen neuen Bedingungen.

Gleichzeitig verlieren systemische Beratung und Organisationsexpertise an Bedeutung, sofern sie auf *„die alte Zeit“* setzen oder Zeit als Bedingung für Qualität einfordern. Wenn hohe zeitliche und persönliche Belastungen das Alltagsleben auf Management- wie Mitarbeiterebene so bestimmen, dass Tagesverläufe und ihre Strukturen generell nicht mehr verlässlich und planbar sind, brauchen Coachees eine neue methodische Befähigung und Perspektive. Qualität wird nämlich trotzdem weiter von ihnen erwartet.

Alte Zeit und neue Zeit

In zunehmendem Maße, in dem globale Zusammenhänge kommunikativ und vernetzt hergestellt und ökonomisch auf den Weg gebracht werden, verändern sich die faktischen Arbeits- und Berufsbeziehungen innerhalb der Unternehmen. Aber noch bedeutsamer für Coaching und Beratung ist geworden, wie sehr sich dazu die individuellen Lebensgewohnheiten, Bedürfnisse und Grundhaltungen der beteiligten Menschen verändern und verändern mussten.

Jede Generation hat ihren eigenen Wandel – die Internet-Generation öffnet Grenzen in den Köpfen, in alle Richtungen und mit allen Konsequenzen in Werten, Einstellungen und Verhaltensweisen. Und sie verliert keine Zeit mit Anpassungen an neue Verhältnisse.

Wenn Coachees inmitten der Veränderungsprozesse das Gefühl der Steuerung verlieren, hat vielleicht ihre bisherige Perspektive für einen angemessenen Überblick nicht mehr ausgereicht und sie brauchen eine bessere Sicht auf *die Prozessschleife,* in der sie sich gerade befinden. Prozesse haben versteckte Tücken – eine davon ist, sich mental in zusammenballenden Emotionen zu verfangen und dadurch den Eindruck zu bekommen, man bleibe stecken oder hänge an etwas fest. Dies passiert besonders gern, wenn man meint, in wenig verbleibender Restzeit noch unendlich viele Dinge erledigen zu müssen. Stecken bleiben – ein typisches Stressphänomen im Festhalten alter Zeit-Gewohnheiten.

Hilfreich sind dann ein innerer und ein äußerer Blick auf die zeitliche Struktur des Prozesses, in dem man sich befindet. Diese wechselnde Perspektive kann der Coach mit dem Coachee leicht und schnell gestalten, indem er ihn unterstützt, sich weg von den vielen kleinen Taktungen und kurzfristigen Aufgaben des Tages gedanklich hin zu den noch verbleibenden, real anstehenden Themen zu fokussieren. Meist findet sich dann die überraschende Erkenntnis ein, dass der Weg zwischen den Vorgaben schon weit beschritten ist und das Ziel bereits kurz bevorsteht. Oder man erkennt zumindest, dass man sich im definierbaren Grenzraum zwischen „Wunsch und Wirklichkeit", nicht irgendwo zwischen „Baum und Borke" befindet und die Frucht schon zum Greifen nah ist.

Um in den Ergebniskorridor zu gelangen, brauchen viele Coaches einen *kühnen Schritt, manche auch einen Sprung,* denn sie hadern oft mit ihren eigenen Ansprüchen und gehen Feedbackschleife um Feedbackschleife zurück, um noch Verbesserungen einzubauen. Viele Themen im Change-Management wie die Schaffung von Schnittstellen, neues Wissen über die zukünftigen Aufgabenstellungen oder auch veränderte Rollenbilder sind nicht wirklich neu. Ungewohnt ist die eigene Nähe dazu und die Unausweichlichkeit der Berührung mit den eigenen Aufgaben, die es Coachees erschwert, ihre Themen zielsicher auf den Weg zu bringen.

Oft ist es gerade die mutige Entscheidung, die fehlt, um zu einem persönlichen Abschluss eines Projektes „Ja“ zu sagen. Meist werden negative Konsequenzen befürchtet, die man vielleicht im Vorfeld durch klare Vorgaben und Rückmeldungen zur Erreichbarkeit hätte ausräumen können.

In Einzel- und Teamcoachings kommen Konfliktthemen oft mit einiger zeitlicher Verzögerung zur Sprache und erschweren so eine konsequente Fehlerbehebung erheblich. Das Tempo und allein der Umgang mit zeitlichen Engpässen haben im Change-Management daher für viele Coachees ein kompaktes Gewicht und wirken bei dem Gedanken an persönlichen Erfolg im Zweifelsfall wie ein Hemmschuh an den eigenen Füßen.

Aufgrund dieser zugeschriebenen zeitlichen Beschaffenheit bewegt sich Change-Management aus der Perspektive von Coachees stur und verlässlich mitten in den **Grenzräumen** zwischen Vorgaben und Ergebnissen: Die **geplante Zeit** erscheint nie als verlässliche Größe, sie ist meistens zu kurz und ohne periphere Puffer angesetzt. Damit sind **Grenzverletzungen** vorhersehbar und ein „Trudeln“ in der Umsetzung von Vorgaben eingeplant.

Komplementär-Coaching will diese Belastungsszenarien pragmatisch, unaufgeregt, sogar in seinen unnützen und schlecht gesteuerten Facetten einschätzen können. Es geht in der Bearbeitung im Coaching nämlich nur sehr selten um Ventile für Jammer und Frust.

Oft geht es darum, professionell mit den Coachees die nahezu „zwangsweise“ getroffenen Grenzräume anzuerkennen, die Zusammenhänge zu neuen Rollen und inneren Blockaden zu erhellen und den eigenen offenen Handlungsspielraum inmitten der vorgegebenen Parameter sehr genau auszuleuchten. Wesentlich ist, dass der Coachee einen guten Überblick und ein grundlegendes Verständnis für die Abläufe und Kommunikationsprozesse seines Unternehmens bekommt.

Mehr oder weniger Information – immer Kommunikation

Richtet man den Blick „mit Zoom“ auf die Veränderungen, die in den letzten Jahren durch das Internet und den damit einhergehenden Change-Prozessen entstanden sind, kann man sehen, wie sich ein völlig neues Kommunikationsverhalten entwickelt hat: Weltweit informieren Mailings Mitarbeiter in derselben Minute über wichtige Entscheidungen und Veränderungen. Mittel- und langfristige Planungen können quer durch alle Bereiche durch brandaktuelle Informationen in Sekunden auf den Kopf gestellt werden. Konferenzen via Satellit und Großbildschirm sind keine virtuelle Spielerei mehr, sondern Alltag von Home-Office zu Home-Office. Protokolle werden wenige Sekunden nach Diskussionsschluss um den Globus geschickt und minimieren früheren Entscheidungsaufwand um Tage und Wochen. Allerdings reduzieren sie auch geschäftspolitische Taktiken und Pokerface in Verhandlungen.

Personen, die sonst eher scheu im direkten Kontakt mit anderen sind, nutzen per Internet und Mail die Möglichkeit zu intensivem und vertrauensvollem Austausch mit anderen Kollegen. Ohne sich je persönlich getroffen zu haben, begrüßen Mitarbeiter in Übersee morgens als Erstes ihre Kollegen in Europa mit der täglichen Mail. Manche kennen den Klang der Stimmen und den mimischen Ausdruck dieser Personen durch Video- und Telefonkonferenzen besser als den ihrer unmittelbaren Kollegen im Nebenzimmer.

Digital gut vernetzt, tauschen sich die Beteiligten direkt, schnell und intensiv über Probleme und Datensätze aus und arbeiten gleichzeitig an Lösungen. Körpersprache, Kleidung – das alles wird unwichtiger und tritt im Netz-Kontakt in den Hintergrund.

Diese virtuellen Möglichkeiten verändern die zwischenmenschliche Kommunikation erheblich und gewöhnen Menschen an neue Formen der Begegnung, ohne dass dies besonders bewusst würde. Wenn man sich in visuellen Welten zudem „Wunsch-Charaktere“ überstreifen kann und im Netz ganz andere Facetten spielend aktiviert, fällt die Grenzziehung zur Wirklichkeit und die Wahrnehmung der eigenen Begrenzungen immer schwerer.

Im Berufsleben vor Ort oder beim Nachhausekommen in die Familie gelingt die Umstellung auf reale Personen ohnehin vielen Menschen gar nicht so leicht.

Nicht selten fühlen sich Mitarbeiter und Führungskräfte heute wohler dabei, auf ihren Bildschirm statt einem Kollegen ins Gesicht blicken zu müssen – wenn es um Problemlösungen zwischenmenschlicher Art geht, erst recht. Das zeigt sich deutlich, wenn es um Projektmanagement oder temporär gemeinschaftliche Führung bei Fusionen, Umstrukturierungen, Zusammenlegungen von Bereichen geht.

Einerseits lassen sich digital viele Bilder und Informationen abstimmen, die dann verlässlich in die Informationskette zu jedem Mitarbeiter gelangen. Andererseits ist dies kein Garant dafür, dass diese Kette auch dazu führt, sich selbst einzubringen und sich als Bestandteil des Informationsflusses wahrzunehmen.

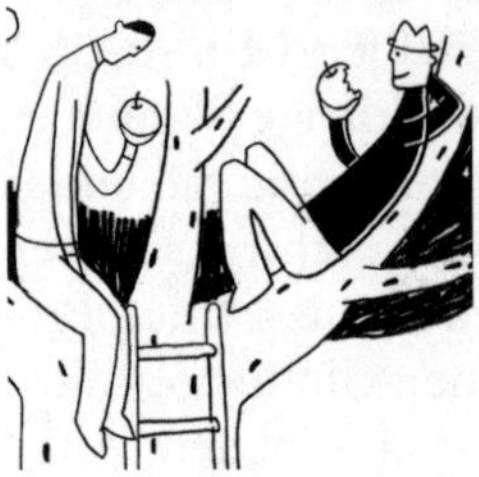

Coaching hat in diesem Kontext ein Aufgabenfeld, das Menschen wieder in echten Begegnungen zusammenbringt, phantasierte Worte in gewünschte Realitäten übersetzt, Gedanken und Ziele wieder mit verdeckten Bedürfnissen verbindet. Coaching wird sich mit neuen Qualitäten befassen müssen, z.B. mit der Qualität, Menschen offen in die Augen zu sehen und den eigenen Worten nachzuspüren, wie sie beim Gegenüber ankommen sollen.

Interaktion und Zusammenarbeit per Mausklick

Auf Abteilungsmeetings, in Teambesprechungen oder Projektsitzungen gelten andere Bedingungen als im Netz. In der persönlichen Begegnung vermitteln sich Informationen per Augenkontakt und Händedruck viel direkter als per Mausklick. Fehlende Übereinstimmung von Sprache, Mimik und Gestus lädt sofort die Emotionen im Raum auf.

Wenn reale Begegnung ausbleibt, muss Phantasie die persönliche Kommunikation ersetzen. Deshalb bedeutet es in Change-Prozessen viel, wenn ein Kollege den kurzen Gang über den Flur nimmt, statt eine Mail zu schicken oder die Bereitschaft hat, auch mal eine Etage tiefer zu den Kollegen zu gehen, um Unterlagen persönlich abzuholen, statt den Postweg abzuwarten. Solche „kleinen" Gesten symbolisieren großes Entgegenkommen – und es bedeutet deshalb manchmal noch mehr, wenn diese Formen des gemeinsamen Umgangs vermieden werden.

Je weniger Zeit im Unternehmen dafür aufgebracht wird, sich über die Qualität der Zusammenarbeit und über die für Verständigung notwendigen Regeln und Vereinbarungen auszutauschen, desto mehr Symbolik liegt in Gesten.

Jeder Tag fordert neu die Überlegung heraus, ob Kommunikation persönlich oder online passt. Rund-Mailings ersetzen aufwendige Mitarbeiterversammlungen und Abteilungstreffen. Andererseits führen gerade die Unmengen an Informationen zu einem hohen Maß an Meetings, spontanen Besprechungen und einem enorm hohen Maß an Abstimmungsnotwendigkeit.

Der ganz normale Alltag: Oft wird ungeduldig und hastig das Nötigste ausgetauscht. Schnell werden neue Termine verabredet, dann sind auch schon wieder alle auseinandergelaufen. Die häufigsten Begegnungen finden zwischen Tür und Angel statt, wenn die einen bereits gehen und die anderen gerade dazukommen. Mitarbeiter und Führungskräfte „verlernen", offen miteinander zu sprechen und dies vor allem direkt, höflich, zugewandt und zeitnah zu tun.

Führungskräfte erleben, dass ihnen schwierige Themen per Mail zugespielt werden. Im Zweifelsfall und um sich selbst abzusichern, werden lieber zehn Dateien mehr angehängt, als eigenverantwortlich eine Vorauswahl zu treffen. Streit und Tratsch wird in Sekunden mit „BCC" und „CC" im Unternehmen weitergetragen.

Andererseits: Die digitalen Arbeitsformen führen zu großen Entlastungen und Erleichterungen, gerade weil man sich nicht in aufwendige Kommunikationsschleifen begeben muss, wenn eine Rundmail an alle ausreichend ist. Aber digitale Welten machen nicht nur funktional Eindruck. Es geht vielen Benutzern auch um eine Welt voller Spontaneität, direktem Witz und viel persönlichem Freiraum. Eine junge Coachee formulierte dies so: *Es ist die Technik, die begeistert! Alles geht so schön schnell – wenn ich weiß, der Kollege sitzt auch den ganzen Tag am Computer so wie ich, wenn auch in Südfrankreich, dann brauche ich ihn nicht zu stören, während er vielleicht in einer Besprechung sitzt. Ich schicke ihm einfach eine Mail über mein Chatprogramm und sehe dann, ob er sofort Zeit hat oder nicht. Es kommt oft sogar die Rückmeldung: „Später!" oder „Jetzt nicht!", wenn es gerade nicht passt. Ich finde diese direkte Art klasse – und es macht großen Spaß!*

Die persönliche Kommunikation wird für manche Coachees zur ungewohnten Herausforderung, wenn Gedanken nicht in Ruhe per Tastatur entworfen und redigiert, sondern im Dialog live und mit der Gefahr von Missverständnissen entwickelt werden müssen, obwohl die Zeit dafür oder auch die Umstände alles andere als unterstützend sind. Spannungen, Lachen, Schweigen, Langeweile, Spaß – das alles ist im Vergleich zur digitalen Arbeitswelt ein völlig anderes Kommunikationsfeld und hat daher auch andere Zeitparameter.

Es lohnt sich durchaus, in Teams oder häufig miteinander per eMail kommunizierenden Abteilungen und Projektgruppen Regeln bis hin zum detaillierten Abstimmen der Kürzel in den „Betreff-Zeilen" zu besprechen. Wenn sich analoge und digitale Welten ohne wechselseitige „Übersetzung" im Alltag kreuzen, ist es manchmal der direkteste Weg, über ganz konkrete Zeichen wieder eine tragfähige Basis für Zusammenarbeit zu ermöglichen. In Change-Workshops treten diese Unstimmigkeiten in der Führung und Interaktion deutlich hervor. Viele persönliche Themen konzentrieren sich auf zwischenmenschliche Probleme und Unsicherheiten im Umgang mit Teams, zeitlich befristeter Projektarbeit und, parallel zur Auflösung gewohnter Strukturen, mit wachsender Rollenunklarheit in der Zusammenarbeit.

Externe Berater und Coaches moderieren zahlreiche Führungs- und Konfliktworkshops nur aus dem einen Grund, damit derartig unterschwellig wirkende, teilweise aufgestaute Probleme bzw. deren Repräsentanten oder Stellvertreter nicht länger im Mittelpunkt stehen.

Im Coaching erhält vor diesem „Problemfeld" der direkten Kommunikation das Thema der Kongruenz, der fehlenden Übereinstimmung zwischen dem, was jemand ausdrücken möchte und dem, wie es offenbar verstanden wird, immer mehr Bedeutung. Die Menschen kommen im Change nicht nur an ihre persönlichen Grenzen. Auch ihre Systeme und Organisationen entwickeln sich immer unvorhersehbarer.

Komplementär-Coaches müssen sich besonders beweglich auf allen Seiten und auch in der Mitte von Paradoxien bewegen, um neben ihren Coachees ihre Arbeit tun zu können, denn dieses Konzept versteht sich nicht als „besserwisserisches Zünglein an der Waage“ in die eine oder andere Richtung, sondern ist in beständiger Abwägung verschiedener Perspektiven. Das bedeutet konkret, sich auf unterschiedliche Ebenen der Betrachtung von Mensch und System einzulassen und zumeist mindestens doppelt so viele Informationen zu sammeln, als wende man sich nur einem der beiden Bereiche zu.

Wie aber treten „Mensch und System“ dem Komplementär-Coach gegenüber? Welche verschiedenen Perspektiven bekommt er mitgeteilt? Wie stellt er sich darauf ein, wenn ihm verschiedene Beteiligte eines Change-Teams ihre jeweils subjektive Darstellung und systemische Zuordnung präsentieren? Das folgende Beispiel gibt darauf teilweise eine Antwort. In erster Linie beschreibt es die Wucht der Eindrücke und Informationen, die aus einer recht kleinen Gruppe auf nur einen Coach einstürmen können und was ihm wiederum entgeht, wenn er nur einen Coachee als Informationsträger hat.

Praxisbeispiel: „Die ersten zehn Tage" – und was davon dem Coach vermittelt wird

Nach derartig viel Kritik in der Presse war zu erwarten: Der alte Vorstandsvorsitzende (VV), über acht Jahre in Funktion, geht zum Jahresende. Am 1. Januar kommt ein neuer VV ins Unternehmen. In vielen Abteilungen werden die Computer hochgefahren, um zu recherchieren, was sich über „den Neuen" in Erfahrung bringen lässt. Die interne Kommunikation läuft auf Hochtouren. Ab und an wird der neue VV in den folgenden Monaten im Haus gesehen. Er soll nett sein, sagen die, die ihm auf einem Flur begegnet sind oder ihn im Fahrstuhl getroffen haben. Andere macht genau das skeptisch: nett? Zehn Tage nach Amtsantritt des „Neuen" sitzen Coach und Vertreter des Managements aus Anlass eines schon länger geplanten Meetings zusammen. Jeder berichtet aus eigener Perspektive, was anders ist als zehn Tage zuvor. Glücklicher sieht allerdings keiner der Beteiligten aus. Eine Pressemitteilung des „Neuen" hat viel Unruhe gebracht – er will mit Hilfe externer Berater die Organisation zu mehr Tempo bewegen, sie notfalls auch dahin „treten".

Die Pressemitteilung – Perspektive 1

Es gibt in jedem Veränderungsprozess Menschen, die sich für Fakten und aufeinander folgende Schritte interessieren. Sie berichten möglichst sachlich. In diesem Fall übernahm diese Rolle jemand, der kurz zuvor aus dem Zentralbereich in diese Linienorganisation gekommen war und noch sehr die Distanz-Brille zum Geschehen vor Ort aufhatte. Damit verschaffte er sich allerdings in der Runde nicht bei allen Ansehen, denn er war schließlich bisher nicht betroffen. Da konnte er klug „versachlichen", wie er wollte.

Herr K. tritt sein Amt, finde ich, sehr ruhig an. Natürlich sind viele gespannt darauf, was er in seiner ersten Rede im Haus zu seinen Mitarbeitern sagen wird. Damit lässt er sich aber Zeit und verschafft sich zunächst einen persönlichen Eindruck. Das finde ich persönlich gut. Er geht überall im Haus in die Abteilungen und hält sich dort ein paar Minuten zum Small Talk auf. Dass nach wenigen Tagen Amtszeit die Zeitungen seine erste Pressemitteilung abdrucken, in der er noch vor der ersten internen Versammlung Auskunft darüber gibt, was er in Zukunft anders machen wird, war zu erwarten: Wir wissen doch sowieso alle, dass wir die Kunden neu ins Visier nehmen müssen, die dezentral aufgestellte Organisation muss auch stärker an einem Strang ziehen. Ich denke auch, dass die internen Abläufe viel Potenzial zur Optimierung haben. Vor allem aber wird Herr K. sich stark dafür machen, mehr Tempo in die Organisation zu bringen – am Markt genauso wie intern.

Dass er dazu so früh schon seine gewohnten externen Berater ins Haus holt, darüber kann man streiten, und dass er findet, dass die Organisation seiner Meinung nach jemanden von außen braucht, der Bewegung und Tempo reinbringen soll, weil das innen nicht von allein anders wird – na, man darf gespannt sein, wie sie im Haus auftreten werden. Sie werden mit Sicherheit einiges finden und ersparen es dem VV, selbst diese Unbequemlichkeiten auszusprechen. Dafür sind sie da, danach wird man weitersehen.

Wirkung und „allgemeine Stimmung" – Perspektive 2

In vielen Change-Prozessen machen Führungskräfte die Erfahrung, dass sie ihre unmittelbaren Vorgesetzten lange Zeit auf Schwierigkeiten hingewiesen haben, die diese aber aus Mangel an starker Führung oder Fluktuation nicht berücksichtigt haben. Erst mit einer starken Veränderung kommt dann Bewegung und gerade die, die vorher emotional stark in konstruktive Bahnen lenkten, erleben sich plötzlich abgeschlagen, überholt und als Widersacher und emotionaler Blockierer wieder:

„Wie kommt Herr K. nach so kurzer Zeit zu seiner Einschätzung? Wer hat ihm vermittelt, dass wir zu langsam waren? Viele Menschen im Unternehmen – ich auch – sind ärgerlich, empören sich über die angekündigten Maßnahmen, wollen sich diese Art nicht gefallen lassen. Die meisten sind überzeugt, dass es nicht Tempo war, was uns gefehlt hat. Schon lange vor ihm waren wir doch der Meinung, dass die Kunden neue und andere Angebote hätten bekommen müssen! Jeder weiß doch, es gab eine andere Machtbesetzung im Unternehmen und ***die*** *gaben uns kein O.K.! Das müsste er doch selbst am besten wissen – warum sonst hat er denn dieses neue Amt bekommen? Monatelang haben wir darauf gewartet, dass der Neue kommt und sein „Go!" für eine neue Richtung und für zahllose Warteschleifen-Projekte gibt. Und jetzt so was?"*

Zwischenzeit und Machtkämpfe – Perspektive 3

Ausgesprochen informativ sind die sog. Super-Insider für Externe – zunächst. Niemand weiß genau, woher sie eigentlich all ihre Informationen haben, kaum jemand kann nachprüfen, ob alles stimmt. Im Change kann diese Position auch sehr kritisch werden. Oft hatten sie vertrauliche Informationen über einen langen Zeitraum der Veränderungen, weil sie zu einem engeren Kreis zählten und Seilschaften bildeten, z.T. privat, z.T. beruflich, und diesen Insiderkreis durch Umstrukturierungen oder neue Machtkonstellationen verloren haben. Seilschaften grenzen stark aus. Die positiven Aspekte der Vertraulichkeit und Zusammengehörigkeit fallen oft komplett der Veränderung zum Opfer und ebenso das Körnchen „Macht" dazu.

An sich ist ihre Energie sehr zielgerichtet und kann ausgesprochen viel Netzwerkcharakter erbringen, im besten Sinne – aber ungesteuert verläuft diese Gabe selten konstruktiv:

„In der Zeit ohne Vorsitz hatten doch vor allem wir Führungskräfte damit zu tun, unsere Positionen zu sichern und unsere Mitarbeiter weder zu sehr von oben noch von außen oder von unten verrückt machen zu lassen. Viele drängende Aufgaben blieben liegen, weil keiner wusste, ob die Projekte das nächste Jahr überleben würden. Zum Beispiel gab es dieses Strategiepapier, das jetzt dem neuen VV vom ersten Tag an vorliegt. Ursprünglich kam das

ja aus unserem Haus, aber das weiß er wohl gar nicht. Der zuständige Bereichsleiter – der M. – ist ja auch schon weg. Er scheint ja nicht viel von dem zu halten, was von intern kommt. Wenn man sich natürlich ansieht, was die Top-Ebene gemacht hat, bis er kam, kann man es ja verstehen – die hatte sich in der Zwischenzeit nun wahrlich nicht auszeichnen können. Der Ton untereinander war doch wohl dort vor allem auf Angriff und Selbstbehauptung geschaltet, was man so hört, Revierverteidigung und Blockade nach vielen Seiten. Der Markt draußen und die Kunden reagieren natürlich sofort darauf – Vakuum macht heiße Luft, aber keinen Ertrag. Das ist das größte Problem, damit wird die Organisation noch lange beschäftigt sein, das sage ich euch.“

Das Wissen in der Organisation – Perspektive 4

Das untere Management fängt enorm viel Stress und Unruhe im Change auf. Die Ebene der Gruppen- und Teamleiter ist in Change-Prozessen durchgängig beschäftigt mit Kommunikation nach allen Seiten, vor allem darum bemüht, Informationen von oben so zu übersetzen, dass sie unten vernünftig ankommen. Oft sind sie in erster Linie persönlich enttäuscht und fühlen sich persönlich gedemütigt, wenn ihre Impulse einfach „oben“ nicht ankommen.

„Viele Mitarbeiter und Manager hätten gern schon längst ihre Anliegen auf den Weg gebracht. Einige Mutige sind damals auf volles Risiko gegangen und haben ja auch die Quittung erhalten – wer von denen ist denn noch im Haus? In der Vergangenheit fehlten nicht Tempo, sondern Macht und Entscheidungswille, den Kurs klar zu wechseln. Unglaublich viele Überstunden und Wochenendarbeitszeit wurden eingebracht. Und was hören oder lesen sie zum Auftakt des neuen Jahres? Hättet Ihr nur mehr Tempo gemacht, Tempo wohin? Es gab nur die alte Richtung. Noch mehr Tempo hätte bedeutet, noch weiter abzudriften. Selbst wenn alle die Zügel hätten schleifen lassen – was die Überstundenkonten widerlegen –, wäre genau das doch logisch gewesen: das Tempo zu drosseln, den Kurswechsel vorbereiten, keine unnötigen Fehler mehr. Alle waren monatelang dem rauen Wind und Wetter von allen Seiten ausgesetzt. Und dafür jetzt diese Art und Weise? Kein Wunder, dass so viele endgültig die Nase voll haben – und die Besten gehen zuerst!“

Wer zieht welches Fazit? – Perspektive 5

Viele Perspektiven, viel Auswahl, viele Meinungen, aber vor allem viele Fragen zur individuellen Vorgehensweise:

Wie genau gehen systemische, betriebswirtschaftliche und personenbezogene Coaches mit solchen unterschiedlichen Veränderungsgeschichten aus Change-Management um und wie beobachten sie das Ganze, das sich ihnen doch immer nur in Teilen zeigt?

- Wie wollen sie sich außerhalb des Systems aufhalten, wenn sie „echte" Informationen doch nur dann bekommen, wenn sie sich dafür in das System hineinbegeben müssen?
- Wie werden systemische, wie NLP-orientierte, wie externe, wie interne Berater oder weibliche und männliche Coaches an die Aussagen herangehen?
- Ziehen sie unterschiedliche Deutungen und vor allem mit welchen Konsequenzen aus den Berichten ihrer Coachees?
- Wie wird ein Coach reagieren, der nur eine der Perspektiven und nur einen Coachee kennt?
- Welche Haltung nimmt der Coach ein, der keinen Zugang zum VV hat, welche aber dessen persönlicher Coach?
- Was macht die Nähe oder die Distanz des Coachees zur Unternehmensmacht mit der Position des Coaches und/oder umgekehrt?

Diese und weitergehende Fragen werden sich immer wieder ergeben, sobald Change konkret wird. Ein *Coachee* sollte diese Fragen ruhig stellen und sich darüber im Klaren sein, dass er mit der Wahl für einen Coach auch eine Entscheidung darüber fällt, wie dieser mit seinem Inhalt, mit seiner Meinung, mit seiner Erlebniswelt und den nächsten Schritten umgeht.

Die Haltung zu Macht, Ethik und Loyalität des Coaches gegenüber dem Coachee sowie seine ausgewählte methodische Spezialisierung entscheiden maßgeblich mit, welche Richtung das Coaching einnehmen wird, und darüber, wie gut es dem Coachee letztlich mit seinem Coach gehen wird.

Kooperationen und Irritationen „auf Zeit"

Auslöser und Anlässe für Coaching können sich täglich neu ergeben oder ebenso schnell wieder verschwinden. Was heute verändert werden soll, kann morgen schon nicht mehr wichtig sein. Coaching muss dieser Sprunghaftigkeit und fehlenden Zukunftsplanung begegnen.

Im Laufe der Zeit haben sich einige der Unklarheiten von Change-Management in den Unternehmen durch *Gewöhnungsprozesse* gemildert, aber viele Irritationen aus dem Themenspektrum „Information und Kommunikation" sind nach wie vor aktuell: Emotionale persönliche und kommunikative Unklarheiten und Rollenkonflikte, Führung und Teammanagement und viel fehlende Information gehören dazu.

Coaching hat in den meisten Change-Situationen, neben der personenbezogenen Aufgabenstellung, deshalb längst neue Funktionen übernommen. Wenn Coachees für sich oder mit Kollegen gemeinsam ihre neuen oder zu verändernden Positionierungen im Change klären müssen, genügt schon lange nicht mehr die Tiefenschärfe einer „individualpsychologischen Brille" auf der Spürnase des Coaches. Dann muss er sich findig mit den emotionalen und funktionalen Kreuzverbindungen und Gegensätzen der Situation befassen, denn:

Change lässt Managern weder die Zeit noch die Wahl, akademisch darüber zu debattieren, ob sie sich nur als Gruppe fühlen oder als Team bezeichnen, ob sie sich Zeit für gemeinsame Erfahrungen beim Rafting nehmen oder sich lieber offensiv streiten mögen.

Change verlangt ihre situative und temporäre, in jedem Fall gemeinschaftsfähige Handlungskompetenz in Projekten und in Prozessen. Das erfordert die Fähigkeit, füreinander einzustehen, wo man sich früher gegeneinander aufgestellt hätte.

Enge und gemeinschaftlich verantwortliche Zusammenarbeit in der Führung von Projekten, in Unternehmensbereichen oder auch in Managementboards verlangt den Beteiligten eine enorm große Aufmerksamkeit für die inhaltlichen und persönlichen Fragestellungen ab.

Change löst an diesem Punkt besonders paradoxe Situationen aus: Einerseits stehen Change-Manager unter dem ganz persönlichen Erfolgsdruck, ihre Themen nach außen besonders gut darzustellen und zu vertreten, damit sie weiterhin Bestand im Prozess haben – was von der Grundidee für die meisten in Ordnung, aber auch ein Belastungsthema vieler Coachees ist. Andererseits können sie wesentlich seltener, als viele Manager dies gern hätten, durch Eigenleistung brillieren, da ihre Aufgabenstellungen so sehr verwoben sind mit dem Erfolg anderer Prozessbeteiligter. Und zu guter Letzt können sie in der Tat die vielen parallel zu steuernden Projekte nicht allein bewältigen. Sie müssen kooperieren, informieren, aktiv agieren und um Hilfe und Unterstützung anfragen lernen.

In diesen Situationen fühlen sich viele Coachees fremdbestimmt und abhängig gemacht von anderen und kommen an persönliche Grenzsituationen im Management ihrer Führungsaufgaben und im Selbstbild ihrer selbst.

Im Unternehmen werden solche Themen viel zu selten als Change- und erfolgsrelevante Erscheinungsformen der Veränderung bearbeitet, sondern lieber im verdeckten Streit um Strukturen und Zuordnungen von Verantwortlichkeiten ausgetragen oder als Machtdemonstration hierarchisch eskaliert. Coaches sind bestens beraten, sich dann ihrer professionellen „Doppelperspektive" auf Mensch und System zu versichern und sich vor allen Dingen nicht von den kompliziert wirkenden, auf mehreren Ebenen verteilten Strukturen solcher Szenarien blenden zu lassen.

In den dynamischen Führungsszenarien und im streitbaren Verhalten von Führungskräften im Rahmen solcher Veränderungsprozesse liegt der Schlüssel zur Auflösung fast immer nah am Herzen der beteiligten Personen – und deutlich weniger in intellektuellen Auseinandersetzungen um Strukturen, Modelle und Konzepte. Mit klaren Fragen, direkten Worten und einfühlsamen Gesten kommen Coaches schnell zum Punkt.

Viele Projekte sind in den Unternehmen nur noch von mehreren Verantwortlichen gemeinsam zu steuern, allein schon die Frage nach den immer dringlicheren Schnittstellen im Hause löst bei vielen Managern akutes Unwohlsein aus: Wie sollen z.B. die unterschiedlichen Beziehungs- und Kommunikationsformen in *neuen* Organisationsstrukturen auf den Weg gebracht werden? Die durch parallele Steuerung von Change-Projektaufgaben notwendig gewordenen Führungs*tandems* und die Zusammenarbeit mit Stellvertretern stellen doch allein schon eine große Herausforderung für die betroffenen Manager dar.

Tandems im Change sind aber schon fast „Routine", die *Triadenkonstellation,* die immer häufiger auftritt, gerät erst recht zum komplizierten Führungsthema. Viele Organisationen kommen nicht drum herum. Die Zusammenführung von Bereichen verläuft nicht digital und braucht mehr Zahlen als 0, 1 und 2. Das folgende Beispiel wirft einen Blick auf die wesentlichen Aspekte dieser besonderen Dreierkonstellation im Management.

Triaden-Management: Wer hat den Hut auf?

Wenn drei Bereiche an ihren Schnittstellen Prozesssicherheit in gemeinsamen Abläufen gewährleisten müssen, dann muss dies durch intensive Zusammenarbeit der drei Manager an der Spitze begleitet werden.

Die drei verantwortlichen Führungskräfte stehen in *Doppelrollen und mit verschiedenen Funktionen* zueinander. Jeder einzelne der in Teilen verantwortlichen Prozessgestalter agiert in Rolle bzw. Funktion als

- einer von drei temporär agierenden Projektmanagern, die sich regelmäßig untereinander austauschen müssen;
- einer von drei Führungskräften eines eigenen Unternehmensbereiches mit der ganz normalen Tagesarbeit;
- Vorgesetzter von Abteilungsleiter/n, Gruppenleiter/n und Mitarbeiter/n;
- als einer von drei Change-Thementreibern und Prozessverantwortlichen, zuständig für die interne Kommunikation im eigenen und übergreifenden Bereich;
- gegenüber einem hierarchisch übergeordneten Management verantwortlich für den eigenen Erfolg und für die Performance des „Triaden-Change-Projektes".

Alle drei Führungskräfte können davon ausgehen, dass

- jede Veränderung in einem ihrer drei Bereiche sofort zu Impulsen und Auswirkungen in den Nachbarbereichen führt;
- Führungsansprüche in bestimmten Themenfeldern und nach unterschiedlicher Interessenlage immer wieder neu angemeldet und geklärt werden müssen;
- die Gleichwertigkeit in ihrer Rolle als nebeneinander stehende Projektmanager in keiner Weise vorauszusetzen oder immer wünschenswert ist (je nach Umsatz und Verantwortlichkeit kann es große Unterschiede geben);
- ein schönes Organigramm oder Strukturbild zwar die Gedanken gut ordnen kann, es aber nicht die Realität der lebendigen Beziehungen und Verhaltensweisen rund um die Strukturen abbildet.

Es wird von entscheidender Bedeutung sein, wie in der Triadenformation die drei Personen untereinander die „Pole Position" besprechen und wie sie zu Entscheidungen kommen wollen.

Beide Aspekte – Hierarchie und Gleichwert – sind von Beginn an zu klären, sollen sie nicht in jeder Diskussion neu geregelt werden müssen.

Begleitende Coaches brauchen in solchen Change-Phasen das methodisch spezifische Know-how für

- entsprechende (triaden-gemäße) interpersonelle Klärungsstrategien,
- die dahinterliegenden unternehmensspezifischen Anforderungen,
- Verständnis von Schnittstellen und Steuerung der Prozessverantwortlichkeit,
- die Leichtigkeit, einem Trio, das einen Manager mit andauerndem Führungsanspruch unter sich hat, im Rotationsverfahren auch einmal die „rote Nase" für die Diskussionsleitung im Meeting anzubieten:

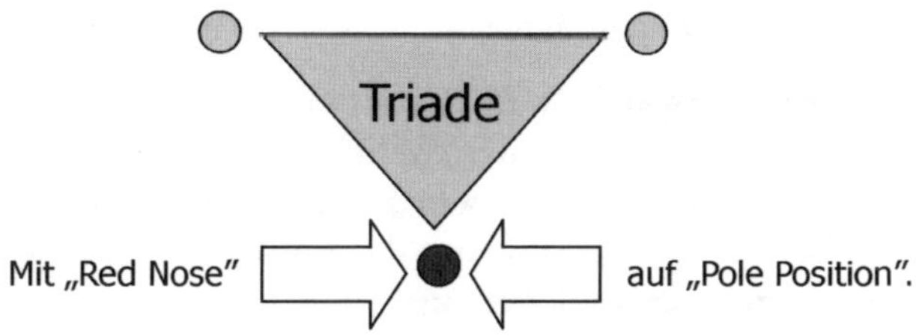

Es gibt viele verschiedene Facetten in der Zusammenarbeit. Eine gute Idee und meist schiere „Überstehens"-Strategie ist Humor, wie uns Frank Farrelly vor vielen Jahren mit seinen provokativen Methoden ans Herz legte. In Triaden *muss* Leichtigkeit hinein – schwer genug ist die Arbeitsgestaltung dort sowieso! Vorneweg gehört deshalb die Fähigkeit des Coaches, sich selbst und die eigenen Methoden nicht zu ernst zu nehmen. Je komplizierter und komplexer die Konstellationen, desto mehr humorvolle Leichtigkeit ist gefragt. Dieser *Grundhaltung* lohnt es für *alle* Beteiligten ab und an nachzukommen, zum Verschnaufen und um sich seiner selbst zu vergewissern.

Komplementär-Coaches müssen im Change, ebenso wie ihre Coachees, ständig die eigenen Rollen, die jeweils sich ändernden äußeren Umstände und Zielsetzungen daraufhin abgleichen, ob sich alle Beteiligten mehr oder weniger im *„pragmatischen Ergebniskorridor"* befinden. Denn, bei aller Liebe zur Prozessarbeit und zur konzeptionellen Reinheit des Coachings an sich: **Coaching muss zeitgleich zum Change zu Ergebnissen führen – im Change gibt es keine Zeit „extra".** Das wissen besonders Manager, die sich zusammenraufen müssen. Also muss der Coach sowohl „Tempo machen" als auch mal ein Meeting „locker laufen lassen" und ein ander Mal Streitigkeiten schlichten, Mehrheitsbildungen aufdecken usw. usw.

Wesentlich für den **Führungserfolg von Triaden** in solchen komplexen Change-Projekten ist die Klarheit über die **sich ergänzenden und sich ausgrenzenden Bestrebungen**, die vom Coachee auch transparent gemacht werden müssen und sich u.a. an einigen ausgewählten Kriterien festmachen lassen,

- an den Äußerungen der beteiligten Personen zum gemeinsamen Erfolg und an ihrem Grad an Ehrlichkeit zueinander,
- am Grad der Transparenz gegenüber ihren jeweiligen Interessen und Interessensgegensätzen,

- an der wahrnehmbaren Qualität der Beziehungen und des „Netzwerkens“ zueinander bzw. nach außen,
- an der humorvollen bis sehr ernsthaften Erarbeitung gemeinsamer Bilder und Ideen zur gleichwertigen Führung,
- an der Bereitschaft zur verbindlichen Abstimmung untereinander.

Was sich in jedem Veränderungsprojekt erst noch unter Beweis stellen muss, wird in Ablaufplänen **immer schon vorher** grafisch theoretisch in Szene gesetzt, dass nämlich die zwischenmenschliche Kommunikation funktionieren würde. Oft fehlen jedoch die wesentlichen Voraussetzungen dafür:

1. **die Fähigkeit zur gleichwertigen Diskussion;**
2. **Atmosphäre des Vertrauens und des ehrlichen = konstruktiven Feedbacks;**
3. **Moderationsbefähigung der verantwortlichen Führungskraft;**
4. **frühzeitige Vorbereitung und Klärung der konkreten Fragestellungen;**
5. **Einhaltung von Terminen und Zeiten;**
6. **Nachhalten von Terminen und Zeiten.**

Coaches müssen oft erst einmal diese Grundlagen überprüfen und „Boden unter den Füßen“ sicherstellen, bevor sie sich mit den beteiligten Führungskräften an die Veränderung bestehender Strukturen und an aufwendige Planvorhaben begeben. Ohne diese Grundvoraussetzungen sind Change-Pläne gute Ideensammlungen, „nice to have“, aber nicht unbedingt von Bedeutung.

Selbst im vertraulichen Austausch mit Kollegen, mit denen man sich über Jahre offen und ehrlich ausgesprochen hat, zeigt sich in akuten bzw. persönlich schwierigen Veränderungsphasen: Von innen lässt sich manches Problem zwar gemeinsam betrachten, doch die internen Verwicklungen und unterschiedlichen Verantwortlichkeiten führen zu sehr subjektiven, letzten Endes eigeninteressensgeleiteten Perspektiven – bei aller Kollegialität. Wenn Karriere ansteht, eine Chance zu mehr Einfluß, mehr Verdienst – dann trennen sich gemeinsame Vorhaben ziemlich abrupt.

Vielen Change-Managern und Mitarbeitern fehlt vor allem die soziale Dimension bzw. Qualität, Probleme zeitnah und professionell zu reflektieren, über mehrere Lösungsalternativen nachzudenken und vertrauensvoll kritische Gespräche zu führen. In diese Lücke trifft Coaching.

Auf den Coach ist Verlass, er ist belastbar, eindeutig loyal, weder verstrickt noch verbandelt, unzweifelhaft personenbezogen und den subjektiven Inhalten des Coachees verpflichtet. Der Coach wird – was immer seine sonstige Professionalität ausmacht – in Change-Prozessen eindeutig zum Vertrauten für individuelle Problembetrachtungen, für die Suche nach persönlicher Orientierung und zum Reflektor für unbewusste Emotionen.

Coaching soll – als großes und tiefes Bedürfnis vieler Coachees – eigene Horizonte öffnen und innere Haltungen bewusst machen. Und außerdem muss ein Coach auch einfach mal da sein und helfen, energetisch wieder auf die Beine zu kommen.

Praxisbeispiel: Das Private ist immer beruflich im Change

Offizieller Sprachgebrauch: *Ein Geschäftsführer eines mittelständischen Möbelunternehmens nahm sich in einer akut komplizierten privaten und beruflichen Situation einen Coach.*

Change-Wording: *Der Coach (weiblich), mitten in einer Besprechung, bekam vormittags gegen 11 Uhr einen Anruf im Büro, der den gesamten Tagesplan über den Haufen warf. Nach einer sehr kurzen Vorstellung ging es sofort ins Thema:*

Coachee: „Ich habe Ihre Telefonnummer von Herrn W. und der hat Sie mir empfohlen. Ich möchte möglichst bald ein Coaching mit Ihnen."

Coach: „Das freut mich zu hören! Ich hätte in der nächsten Woche ein wenig Zeit, dann könnten wir uns gern treffen und kennenlernen."

Coachee: „Hätten Sie auch früher Zeit?"

Coach: „An welchen Termin dachten Sie?"

Coachee: „Hätten Sie vielleicht heute Zeit?"

Sie trafen sich dann inklusive Reisezeit im ICE zweieinhalb Stunden später auf der Südseite eines Bahnhofs mitten im Ruhrgebiet. Es regnete, es war kalt, es war scheußlich – und was würde gleich „auf den Tisch kommen"? Besondere Kennzeichen des Coachees: klassisch mit knittriger Note, etwas unrasiert und sehr sehr unruhig, die zusammengerollte FAZ in der Hand, an eben jenem Südausgang wartend. Der Coach konnte den Coachee recht schnell herausfiltern. Er erlebte den Coachee im ersten Moment so: *„Völlig durch den Wind", auf Schlafentzug, kurz vor einem Nervenkollaps, „du liebe Güte"! Er war allerdings sehr um Freundlichkeit bemüht und höflich: „Am besten, wir schauen gegenüber nach, ob etwas frei ist, wo wir Ruhe haben."*

Im nächstgelegenen Hotel war kein Besprechungsraum zu bekommen und die Empfangsdame wirkte etwas verhalten ob der Hektik, die der Coachee verbreitete. Der (weibliche) Coach konnte zwar mit einem bewusst ruhigen Auftreten und sicherem Blickkontakt für einen guten Ablauf sorgen, aber Coachee und Coach machten offensichtlich den Eindruck eines recht merkwürdigen Gespanns, das irgendwie völlig „heimatlos" wirkte. Schließlich, nachdem eine seiner Geldkarten überzeugt haben musste (er sollte vorab bezahlen), fanden sich Coach und Coachee wieder in einem der Tagungssäle, 100 Stühle gestapelt, ein kleiner Tisch wurde schnell frei geräumt, man brachte heißen Kaffee, Wasser gab es literweise, auf ging`s. Der Coachee begann zu erzählen.

Privater Anlass: Es ging um eine sehr persönliche Sache und der Coach konnte sich durchaus als „Lebensberater" oder „Therapeut" angesprochen fühlen. Der Coachee machte voller Erschöpfung deutlich, dass er, vor allem anderen, die akuten persönlichen Schwierigkeiten dringend in den Griff bekommen müsse. So bewegten sich Coach und Coachee direkt und ohne Anlauf auf den schmalen Grat zwischen sehr persönlichen und sehr grenznahen Themen einer extrem belasteten Führungskraft zu. Er, der sich als sehr zurückhaltend und klar Privat- und Berufsleben trennend sah, hatte sich auf eine Affäre mit einer Top-Kundin

„eingelassen", eine Mitarbeiterin hatte die beiden im Flieger gesehen – beim Aussteigen er sie auch, er hatte abends seiner Frau gebeichtet – und nun drohte seine Frau ihm mit Scheidung, hatte ihn vor zwei Tagen vor die Tür gesetzt, mitten in einem heftigen Streit. Danach hatten sie sich nicht mehr gesprochen, sie war mit den Kindern weggefahren. Sie hatten beide schon länger Probleme in der Ehe, die Affäre war aber eindeutig wie eine „Bombe" in sein Leben eingeschlagen – vor etwa einem Monat begann es.

Beruflich: Durch die private Situation war der Coachee, der „in seinem anderen Leben" sehr pünktlich und verantwortungsbewusst war, in den letzten Wochen oft auf dem Sprung, kam zu spät oder fuhr früher weg, und so fielen etliche geplante Besprechungen aus. Mittlerweile hatten seiner Ansicht nach viele Mitarbeiter im Haus seine angespannte Situation mitbekommen, wenn nicht noch mehr. Körperlich wirkte der Coachee am Ende seiner Kräfte. Zuallererst musste er sich, so stellte es sich nach wenigen Minuten aus Sicht des Coaches dar, endlich einmal offen „die Seele frei" reden – was er auch dankbar tat, ohne Punkt und Komma, etwa zwei Stunden lang. Er fühle sich zwischen allen Seiten hin- und hergerissen (der – weibliche – Coach auch: innerlich standen sich Bewertung, Mitgefühl und Loyalität mal zur Kundin, mal zur Ehefrau, dann wieder ganz für den Coachee plötzlich streitlustig gegenüber ...) und der Coach fragte ruhig und ordnend nach der gegenwärtigen Situation, um den Coachee aus der emotionalen Belastung ein wenig in das „Hier und Jetzt" zu geleiten. Es wurde deutlich, dass die privaten Probleme viel zu stark auf die Arbeit wirkten. So gab es gerade heute früh eine Notiz seines Vertriebsleiters, dass der Coachee vergessen hatte, ihn bei einem Kundengespräch zu begleiten. Im ersten Resümee des Coaches wurde die Schieflage der aktuellen Situation klar – was immer privat geschehen würde, beruflich musste der Coachee dringend gegensteuern, wenn er kein riesiges Fiasko riskieren wollte. Er war eh kurz davor.

Nun: Ein Komplementär-Coach behält auch unaufgefordert den ganzheitlichen Kontext von Beginn an im Auge, selbst wenn, wie in diesem sehr persönlichen Fall, beruflich-systemische Aspekte nicht angesprochen worden wären. Personenbezogenes Coaching könnte sich, je nach Entscheidung des Coaches, durchaus professionell nur auf die emotionalen Aspekte der Situation beschränken, ein komplementär orientierter Coach nicht.

Hierin liegt die besondere Stärke des Komplementär-Coachings: Die Kompetenz einzubringen, die privat-persönlichen Themen aufnehmen zu können und ohne Auf- oder Abwertung mit der Aufmerksamkeit für die beruflichen Verbindungen oder möglichen Auslöser aus anderen Kontexten methodisch konsequent und sicher in den Interventionen zu arbeiten – „komme, was da wolle".

Welchen inneren Zielsetzungen folgt der Komplementär-Coach in solchen „Grenzsituationen", wenn er (sie) sich entschieden hat, den Auftrag anzunehmen, auch wenn sich dieser so „akut persönlich" wie im Beispiel darstellt? Welche methodischen Möglichkeiten stellen sich in einer solchen Situation zur Wahl?

1. Präsent sein, sein Gegenüber ernst nehmen, Augenhöhe einschalten, in Betrachterhaltung gehen, für den Coach als „Modell für den Moment" tief durchatmen;

2. Notwendig im Beispiel und generell, steht mit der Entscheidung für ein Komplementär-Coaching der Verzicht auf hierarchische „Rollen" des Coaches: Keine Mütterlich- oder Väterlichkeit gegenüber dem Coachee, keine Erwachsenen- oder „Eltern-Ich"-Spiele, vor allem keine „Opfer-Täter"-Phantasien, sondern eine grundsätzlich wertschätzende, anerkennende Zuhörer-Haltung mit fokussierter Aufmerksamkeit und gutem Blickkontakt.

3. Der Komplementär-Coach ist verantwortlich für seine eigenen konstruktiven Vorannahmen zugunsten einer authentischen Begegnung mit dem Coachee. So lehnt er insbesondere Opfer-Täter-Szenarien im Coaching ab. In Coachings ist niemand ein Opfer – hier z.B. ist nur ein Manager angekommen, der akut ziemlich bedürftig ist und etwas „fertig" mit der bisherigen Weltanschauung, mit seinen Emotionen und aktuellen Problemen. Er ist aber dennoch Manager und müsste also einiges an Kraft, Strategiewissen und taktischem Verhalten kennen, was er nur im Moment nicht im Gepäck hat. Darauf richtet sich z.B. ein Fokus des Coaches konsequent.

4. Der Coach ist kein „Moralapostel", aber er hat immer wieder zu entscheiden, ob er/sie innerlich noch mitzugehen bereit ist. In diesem Fall half die klare Orientierung auf die berufliche Stabilisierung des Coachees, auch wenn diesen die privaten und persönlichen Probleme bei der Arbeit noch eine ganze Weile beschäftigen sollten. Es gab etliche problematische Szenen und Coachee und Coach trafen sich infolge des ersten Treffens noch etliche Male oder telefonierten. Schließlich beruhigte und ordnete sich das Private und auch das Berufliche.

Es ging im ersten Schritt um die konkrete Handlungsebene: Erste Aufgabe des Coaches war es, den Coachee darin zu unterstützen, innerlich rasch in eine ressourcevollere Haltung zu gelangen. Deshalb lagen „Basis-Interventionen" auf der Hand, die körperorientiert und entspannend angelegt waren:

A. Atmung des Coachees und die Stimmlage sollten sich beruhigen, Haut sollte wieder Farbe bekommen: durchgängig gute Atmung des Coaches regt auch den Coachee dazu an, selbst ruhig zu atmen (fachsprachlich: Atempacing);
B. möglichst früh eine humorvolle Situation platzieren – Lachen lässt die innere Haltung des Coaches auf das Freiwerden eigener Ressourcen einschwingen;
C. körpersprachliche Signale für mehr Ruhe und Entspannung anbieten, zurücklehnen, ruhige Fragen, positive Übereinstimmung herstellen;

D. dem Coachee Geschichten, Beispiele und Metaphern für Ruhe, Klarheit, Überblick anbieten (eingebettet in kurze, angeleitete Entspannungsphasen wie z.B. im Autogenen Training);
E. erster Blick auf die „Ordnung in der Unordnung": Was kann der Coachee als Erstes, was als Nächstes tun? Ganz kleine Schritte planen.

Folge-Setting:

Es gab in Folge noch einige ***intensive*** *Treffen à drei bis vier Stunden mit dem Schwerpunkt auf Klärung persönlicher Themen, aber bereits mit professionellerem Setting, nämlich im Büro des Coachees. Der Coachee setzte in dieser Zeit viele kleine Sequenzen um, bei Weitem nicht nur privat, wo sich die Dinge nicht einfach entwickelten. Er näherte sich seinen Kollegen wieder mehr an, aber er wirkte dennoch „angeschlagen" und beunruhigte damit die gesamte Mannschaft noch eine ganze Weile.*

Berufliche Konsequenzen: Ganz wichtig war ihm ein ausstehendes Gespräch mit dem deutlich verärgerten Vertriebsleiter. In diesem Klärungsgespräch sprachen sie lange über zurückliegende Differenzen und über konkrete Schritte, die es zukünftig ermöglichen würden, als gleichwertige Partner in Fragen der Unternehmensführung zusammenzuarbeiten. Damit war ein wesentlicher und längst überfälliger Führungsgrundstein für eine stabile Doppelspitze zu beider Entlastung und gleichzeitiger Stärkung gelegt. Der Coachee wirkte danach mit jedem Tag etwas entspannter und arbeitete konzentriert. Er begann, strategische Ideen für die Zukunft zu entwerfen und entwickelte mit dem Coach einen Plan, seine zweite Führungsebene stärker als „inneren Kreis" um sich herum zu gruppieren.

Beziehung Coach – Coachee: Durch die grundsätzliche Vermischung von beruflichen und privaten Themen erfuhr der Coach noch viele persönliche Einzelheiten, bekam einen langen Anruf von der Ehefrau auf der eigenen privaten Leitung zu Hause, sah einige weitere, ungeklärte Verquickungen mit anderen Personen im Unternehmen, hörte Intimes über die Familie des Coachees und gleichzeitig, immer wieder damit vermischt, Wünsche und Sorgen über Vorstellungen zur beruflichen Weiterentwicklung des Coachees im Konzern.

Als sich der Spannungsbogen, parallel zum Abschließen der bisherigen persönlichen Fragen, mit den aktuellen Themen zum Ende neigte und sich neuen Themen öffnete, die ausschließlich in den beruflichen Korridor gehörten, vereinbarten beide, dass für diese neue Prozessphase ein Kollege des Coaches hinzugezogen werden sollte. Es war Zeit für das Feiern von Erfolgen, für einen vertrauensvollen Abschied und vor allem für einen unbefangenen, offenen Neubeginn, mit einer neuen Ansprechperson.

Was ist das Besondere solcher von privat-persönlichen Themen getriebenen beruflichen Business-Coachings?

1. Das Coaching ist geprägt von einem ausgesprochen vertraulichen und außergewöhnlich offenen Klima. Dem Coachee geht es nach einer gewissen (kurzen) Zeit

nicht nur innerlich, sondern bald auch äußerlich sichtbar besser und dies wird von außen wahrgenommen, von Mitarbeitern, Kollegen, der Familie. Neugier ist geweckt und damit Erwartung: Was haben die im Coaching gemacht? Was wird Neues passieren? Es geht oft um das Erreichen unmittelbarer, wahrnehmbarer Ergebnisse, um konkrete Schritte, um ein anderes, besseres „neues" Verhalten und um die persönliche Lebenssituation.

2. Nach den akuten Klärungen geht es oft um grundsätzliche Zielsetzungen, um ethische und moralische Fragestellungen und um den Sinn im eigenen Tun. Diese Themen erfordern ganz eindeutig das **Standing** des Coaches, denn hier ist auch er/sie gefragt nach den wirklich wichtigen Dingen im Leben. Daran wird er gemessen werden, sobald es dem Coachee besser geht: Ist der Coach „in sich" glaubwürdig? Ist er geeignet für „mehr" als die eigene momentane Unterstützung? Was kann er darüber hinaus? Trägt er als „Coachee-Vertrauter" dessen Werte, den ethischen Rahmen und die persönlichen Motive mit? Ist er frei darin, das Coaching zu beenden, wenn er sich nicht einverstanden erklären kann mit den Ergebnissen?
3. Schließlich stellt sich die Frage nach der weiteren Dauer und thematischen Ausrichtung des Coachings, wenn der Coachee klare Entscheidungen trifft und zunehmend sicherer in der Wahl seiner Handlungsoptionen und Chancen seiner persönlichen Lebensgestaltung wird: Bedeutet dies dann **Abschied** von den vertraulichen, nahen Themen, weil diese eventuell *zu* eng mit der Person des Coachees *verknüpft bleiben,* **oder Neubeginn** für andere Themen?
4. Gerade im Top-Management wollen Coachees die Coaches oft **„für sich allein"** haben. Wer den Chef coacht, bleibt meist dabei – oder muss sich auf heikle Rollen, sehr komplizierte und komplexe Beziehungen und mit Sicherheit auf Konkurrenzen oder auch Buhlschaften um die Gunst des Chefs einstellen.

Fazit: Das Besondere privat-persönlicher Coachings ist die Klärung der Zukunftsperspektive unter meist akut krisenhaften gegenwärtigen Bedingungen, die dadurch entstehende starke Verbindung zu beruflichen Konsequenzen und die Herausforderung für den Coach, als „Geheimnisträger" unbedingt komplementär, methodenvielfältig und absolut ehrlich arbeiten zu können.

Zusammenfassung – Kapitel 5

1. Komplementär-Coaching „lebt“ von der Vielfalt der Themen seiner Coachees. Überall, wo sich Rollen kreuzen, Funktionen widersprechen, Zeit viel zu knapp erscheint – im Change halt – gibt es komplementär oder gegensätzlich zueinander stehende Notwendigkeiten und Bedürfnisse. Komplementär-Coaches wissen, dass sie immer nur eine eingeschränkte, oft machtorientierte „Wirklichkeitsbeschreibung“ und subjektive Bewertungen ihrer Coachees erhalten.

2. Komplementär-Coaches arbeiten werteorientiert und nach definierten ethischen Prinzipien. Diese müssen sich im Coaching und in der Haltung gegenüber dem Coachee widerspiegeln (können).

3. Komplementär-Coaches „wagen“ sich mitten hinein in Change-Abenteuer, haben keine Berührungsängste, aber klare Verabredungen und Absprachen inmitten von Veränderungen. Sie fördern neue, innovative Strukturen.

4. Komplementär-Coaches tragen aktuellen gesellschaftlichen Veränderungen Rechnung und eröffnen ihr Methoden-Repertoire dafür gezielt in den bekannten Komplementär-Clustern und Themenbereichen.

Sechstes Kapitel: Der Komplementär-Coach, der Kontext und die individuellen Bedürfnisse der Coachees

„Mit sich selbst und der Welt im Reinen – eine Frage der Identität."

Die Wunderleiter – *Stufe sechs:*

Viele Wege führen zum Ziel, wenn dies zur Zielerreichung dazugehört. Menschen haben ein besonderes Gespür für das, was sie persönlich weiterbringt und was ihnen nicht entspricht. Bei aller Bereitschaft zur Veränderung ist es die persönliche Integrität, die das „innere Lot" ausrichtet. Ist ein Mensch auf der Wunderleiter auf dieser Stufe der „Identität" und wird hier aufgefordert, sich zu verändern, dann weiß er: Hier geht es um Unverwechselbarkeit wie um den eigenen Fingerabdruck. Und dann muss es andere Wege und vielleicht auch andere Ziele geben, um weiterhin mit sich „im Reinen" sein zu können: Die Welt ist eine offene.

Im Change haben Manager heute kaum noch Gelegenheit, ihre auftretenden Probleme mit ihren Mitarbeitern oder im Managementkreis zeitnah zu reflektieren, über mehrere Lösungsalternativen nachzudenken und vertrauensvoll kritische Gespräche zu führen. Als *Trouble-Shooting* wird ihre Tagesarbeit oft genug von ihnen selbst kommentiert, wenn sie wieder einmal den ganzen Tag nichts anderes getan haben, als all das aus ihrem Kalender zu streichen, was sie sich eigentlich vorgenommen hatten. In eine solche Zeitphase passt Coaching hervorragend – relativ kurzfristig abrufbar, professionell gehandhabt, vertrauensvoll und stundenweise für die Erarbeitung kompakter und pragmatischer Lösungsansätze zu buchen.

Auf den eigenen, persönlichen Coach ist Verlass, er ist als temporär und außen zur Verfügung stehender Zuhörer belastbar und loyal. *Coaching by Trouble-Shooting* ist eng an den Tagesabläufen der Coachees im Geschäft orientiert und findet oft zu genau solchen Momenten statt, in denen es am heftigsten im Kopf „brummt" oder im Magen „grummelt".

Viele Manager setzen der eigenen Unruhe und Irritation in Veränderungsphasen unermüdlich ihre Tatkraft, Lebenszeit und Energie entgegen. Vielen Führungskräften ist all das Handeln ohne einen genauen Plan immer noch deutlich lieber als in Nichtstun und Lethargie zu verfallen oder in die innere Kündigung zu gehen, auch wenn sie sich schließlich entscheiden, das Unternehmen zu verlassen.

Die Marktlage lädt viele zu dieser letzten Variante ohnehin nicht unbedingt ein. Sich hinzusetzen, selbstreflektierend nach dem Sinn ihres Tuns zu fragen und nach neuen, unvertrauten Möglichkeiten zu suchen, ist daher zwar für viele Manager immer noch eine eher ungewöhnliche Reaktion, findet aber in der zunehmenden Nachfrage von Coachings einen Platz.

Gelebte und gefühlte Komplexität des Coachees

Je stärker persönliche Themen und auch die individuelle Belastung mit beruflichen Aufgaben verwickelt sind, desto dringlicher werden vertrauenswürdige und kompetente, „mehrdimensionale" Coaches gesucht. Zwei Themenbereiche eröffnen sich, ein eher ressourcenvoll erlebtes, sehr aktiv gestaltetes Handlungsfeld und ein „energiefressendes", ressourcenverlierendes Erlebnisfeld.

Die ressourcenvolle ***Change***-*Wahrnehmung:* Längst nicht alle Manager verbinden Stress und negative Emotionen mit Change – *im Gegenteil,* viele erleben die eigenen Chancen zur variablen Gestaltung ihres Alltags als besonders befreiend und fühlen sich *energetisch auf hohem Niveau.* Diese Führungskräfte agieren ausgesprochen vital inmitten der Veränderungen, packen überall mit an, inszenieren Meetings, wann immer es gerade passt – und es passt dann auch, vergleicht man diese Treffen mit vielen anderen, zäh zustande kommenden Meetings, erstaunlicherweise immer allen (!). Manager wie Mitarbeiter sprudeln vor Ideen, organisieren regelmäßig ihre jährlichen *Zukunftsworkshops* und lassen sich nicht beirren, wie der Geschäftsführer eines Pharma-Tochterunternehmens nicht müde wird zu betonen: *„Wir sind gut, das weiß ich! Meine Leute sind auch gut und sie wissen, dass ich das denke. Aber wir dürfen uns nicht auf unserem Können ausruhen! Es gibt so unendlich viele Möglichkeiten, mit unseren Kunden in spannende Projekte einzusteigen – da wollen wir Erster sein und das können wir auch!"* Es macht als Coach einen Riesenspaß, eine solche *Veränderungstruppe* auch noch nach mehreren Jahren in komplementären Rollen und Fragestellungen zu begleiten, in einem Umfeld voller schwerwiegender, grundsätzlicher und komplexer Veränderungen. Ihr Unternehmensbereich hatte durchaus problematische Umstellungsthemen, aber diese Gruppe hat sich überhaupt nicht anstecken lassen und antizyklisches Verhalten „vom Feinsten" an den Tag gelegt. Nur so war vermutlich ihre Grundüberzeugung zu festigen, dass „das Neue für sie als innovative Manager überall in der Luft liegt", sie „die Ideen pflücken wie gerade frisch gereifte Früchte" und in ihrem beruflichen Alltag umsetzen.

Von diesen *Spitzenveränderern* können viele andere Coachees profitieren – denn sie geben in vielen kleinen und größeren Themen *ein modellhaftes Beispiel für Change*, der Spaß machen kann, anspruchsvolle Vorhaben mit hochkarätiger Technik verknüpft und bei denen selbst das Thema „Familie" seinen Raum für Nachwuchsplanung und Kinderwirklichkeit schafft.

Ziel des Komplementär-Coachings ist, spezifische Hinweise für jeden Coachee und jedes Unternehmen

- auf der menschlichen = führungsspezifischen und Identität stiftenden Ebene und
- auf der systemischen = für die jeweilige Organisation bedeutsamen, strukturell-funktionalen Ebene

herauszufiltern:

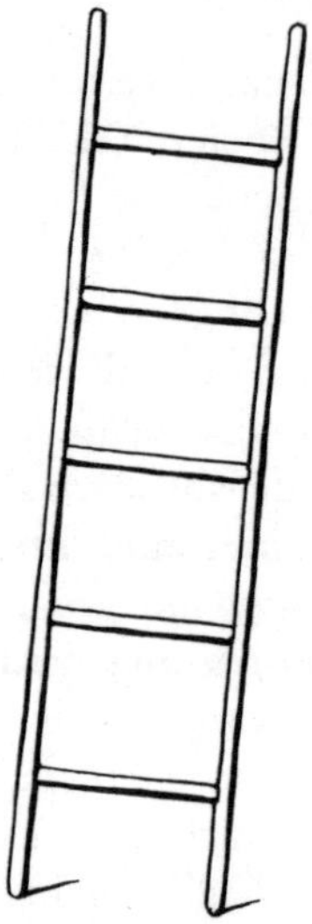

Kriterien für eine ressourcenvolle Change-Wahrnehmung:

- hohe individuelle ***Identität*** mit dem eigenen Unternehmen;
- ***innere Werte*** wie *Freude* an Veränderung, *Spaß* an Neuem, *Beweglichkeit, Verbindlichkeit* und hohe *Kreativität* und *Mut,* auch antizyklisch zu den Bewegungen um sich herum den *eigenen Ideen* zu *vertrauen;*
- besondere ***Strategien*** zur Erfassung der Kundenwünsche durch ein festes, hoch ambitioniertes und dienstleistungsorientiertes Informationsnetzwerk zwischen innen und außen;
- subjektive ***Grundüberzeugungen***, die sich durch intensiven Austausch und differenzierte Zukunftsgestaltung (Zukunftsworkshops, Coaching etc.) mit denen der anderen verbinden und in kontinuierlicher Reflexion überprüft und immer wieder neu gemeinsam getragen werden;
- ***Befähigungen und wahrnehmbares Verhalten*** auf hohem professionellen Niveau bei allen Beteiligten und entlang der unternehmensspezifischen Wertschöpfungskette, abgedeckt durch klare Rollenzuordnungen;
- deutliche und vordringliche ***Orientierung am*** Kunden und dessen ***Kontext***, Erwartungen und Themenspektrum.

Abb. 6.1: **Stress und Change, vgl. dazu: „Das Modell der Wunderleiter", S. 179**

Die *„**Energiefresser**"-**Change**-Wahrnehmung:* Weil viele Coachees weder Kollegen noch Freunden von ihren akuten Sorgen und den äußeren wie inneren Veränderungsprozessen erzählen wollen, solange sie keine Lösung in Aussicht haben, nutzen sie Coaching, um Klarheit in ihre Fragen zu bekommen.

Für sie ist es ein wichtiges Thema, dass sich Vertrautheit in den täglichen Dingen und verlässliche Abläufe oder feste Strukturen am Arbeitsplatz kaum noch herstellen lassen, höchstens durch ein Festhalten an persönlichen Allüren wie Rituale beim täglichen Essen oder Kaffeepausen im Büro. ***Sie erleben die Situation grundsätzlich als Werteverlust, als Mangel an Verlässlichkeit, Termintreue und Orientierung.*** Vor allem die negativen körperlichen Reaktionen auf Change entwickeln sich nach ihrer Beschreibung als schleichende Gewöhnungsprozesse. *„Der innere Druck im Magen gehört irgendwann einfach dazu, ist wie der persönliche Zwilling, wenn der äußere Druck auf das eigene Verhalten täglich da ist",* beschrieb ein Coachee diesen Prozess. Sich unwohl fühlen wird in drängelnden Change-Phasen für viele irgendwann das dominierende, gewohnte Gefühl am Arbeitsplatz.

Die ständige „Hochspannung" und zunehmende Gereiztheit gegenüber sich selbst, den Mitarbeitern und Kollegen, im Umfeld gegenüber der Familie oder Freunden liegt am fehlenden Urlaub oder an fehlender Zeit, an den Überstunden, an der persönlichen Unfähigkeit, besser mit den täglichen Anforderungen umgehen zu können. Letzteres aber gibt nun keiner gern zu. Denn: Die wachsende Anspannung im Körper ist nicht auf einmal da, sie schleicht sich wie ein Schatten heran und wird so unbewusster Teil der beruflichen Persönlichkeit. Da hier persönliches körperliches Erleben eng an die kontextuellen Bedingungen gebunden ist, macht es keinen Sinn, das eine ohne das andere zu verändern. Stressmanagement- oder Zeitmanagement-Trainings helfen ohne Systembezug nur kurzfristig, und personenbezogenes Coaching kann sich nicht auf Körperfitness oder mentale Entspannung zurückziehen, denn: Change ist nichts Übermächtiges, Change wird im Gegenteil zutiefst persönlich aufgenommen, eingeatmet und irgendwie versucht jeder, sein Tagwerk nach seinen Möglichkeiten zu verarbeiten. Change ist für sie nur ein anderes Wort für den alltäglichen, als Belastung erlebten stressigen Dauerzustand.

Kein Wunder, dass zu Change-Themen der Zwillingsbegriff *Work-Life-Balance* aufgetaucht ist, der aber, bei aller Berechtigung dieses Themas, in der Praxis gerade denen nicht auf die Sprünge hilft, die ihn dringend berücksichtigen müssten, genau dies aber aus Zeitmangel etc. explizit abwehren oder es nicht im Rahmen ihrer Führungsverantwortung als besonderes Change-Thema aufgreifen.

Wenn das Unternehmen nicht auf Erfolgsspur ist, sondern sich nach einer Talfahrt erst auf dem Weg dahin befindet oder noch nicht weiß, ob die richtigen Schritte gemacht und die getroffenen Entscheidungen wirken werden, herrscht *Change pur.* Am widersinnigsten, aber trotzdem nicht verzichtbar, sind dann die unverdrossen als „strategisch" bezeichneten Planungs- und Entscheidungsprozesse. Keiner weiß, was sein wird – aber alle planen drauflos. Manager sollen in all der Unsicherheit vor allem realistische Zahlen zur Verfügung stellen. Die auf diesen „Pi-mal-Daumen"-Zahlen beruhenden Schätzungen und Konstrukte kann aber unter Umständen niemand mehr realisieren, weil sie schon am nächsten Tag nicht mehr den aktuellen Erfordernissen entsprechen (können) und immer wieder korrigiert und nachkorrigiert werden (müssen). Oder weil die zuständigen Manager dann schon nicht mehr da sind oder neue Vorgaben erhalten oder weil das ganze Unternehmen trotzdem verkauft wird. Spitzen-Controller bezeichnen dies als „echte Herausforderung". Den trockenen Witz kann aber auch nur verstehen, wer genau wie sie bis zur Schulter mitten drinsteckt.

Für viele Change-Manager und ihre Mitarbeiter ist das Neue, das ihnen täglich als Veränderungsaufgabe abgefordert wird, im Grunde nur eine von vielen temporären Abweichungen vom „gewohnten Alltag". Insofern gibt es das frühere Erleben von Routine als bekannte „Langeweile" und eine vertraute Kenntnis der aufeinanderfolgenden Dinge nicht mehr. An ihre Stelle ist längst – und schleichend – die paradoxe Gewöhnung an Change getreten – was für die einen eine Riesenchance und für die anderen psychisch wie physisch eine große Belastung darstellt. Der Komplementär-Coach kennt beide Variationen und die volle Bandbreite dieser Haltungen, die er mit seinen Coachees zu bearbeiten hat.

In kritischen, erschöpfenden Phasen wollen Coachees klare Führung und Orientierung „nach vorn" bzw. in ein eigen bestimmtes Leben „zurück", wenn sie sich inmitten einer Komplexität erleben, in der ihnen Veränderung *„wie ein einziges Kontinuum von Zeit, Zahlen und wechselnden Zuständen erscheint und sich die eigenen Bedürfnisse, Wünsche, Träume, die Gedanken an Familie, Freunde manchmal wie in einer Schattenwelt auflösen"*, wie dies ein Coachee als seine spezielle Change-Wahrnehmung beschrieb.

Meist verliert sich dann der Blick auf konkrete Lösungsmöglichkeiten und der Coachee schwankt zwischen der Betrachtung von Fakten, dem Nachspüren von Wünschen und der ständigen Bedrängung durch knappe Zeit und fehlende Präsenz seiner eigenen Person inmitten all der Verpflichtungen und Verantwortungen.

„Innen und außen" gehören zusammen und sind trotzdem verschieden. Zu viele Eindrücke lassen die Zwischenräume und Schutzzonen zwischen beiden Erlebnisbereichen „porös" und durchlässig werden. Dann vermischen sich Emotion, Wahrnehmung und äußere Ereignisse wie zu einem einzigen, belastenden Knäuel, „als Kloß im Hals" oder als „Druck im Kopf", als Reizung im Magen und als Reibung gegenüber anderen Personen. Oft genug lösen sich solche „Knäuel" im falschen Moment und gegenüber den falschen Personen.

Deshalb sollten sich alle Coaches, die heute in Veränderungsprozesse von Unternehmen oder in Change-Vorhaben einzelner Manager eingebunden sind, mit den komplementären Seiten von Coaching, mit Mensch und System befassen. Denn: Coachees können die komplexen, sachlich-fachlich anspruchsvollen Themen gar nicht mehr allein verantwortlich und bei all dem Zeitdruck trotzdem weitsichtig genug lösen, ohne ihre eigenen persönlichen Horizonte zu öffnen und sich ihre persönlichen inneren Haltungen zu Konfliktpunkten möglichst klar- und bewusst zu machen. Die Welt „draußen" verändert auch die Welt „drinnen" – und das gilt, zur Überraschung so mancher Coachees, auch umgekehrt.

Ein *Komplementär-Coach* avanciert, was immer seine sonstigen Aufgabenstellungen und Rollen sein mögen, in Change-Prozessen in kürzester Zeit zum engen *Ansprechpartner* für individuelle Problembetrachtungen, zum *Fährtenleser* für die Suche nach persönlicher Orientierung und zum *Reflektor* für bewusste wie unbewusste Gedanken, Emotionen und Zielsetzungen. Oft gelingt es nur auf diese Weise, im Komplementär-Coaching eine innere Orientierungsfähigkeit aufzubauen, mit der sich Coachees dann in den „Landkarten" und veränderten Gebieten um sie herum und in sich selbst zurechtfinden lernen.

Wenn ein personenbezogener Coach sich darauf konzentrieren *will*, nur die rein individuellen Ebenen der Konfliktlösung zu bearbeiten, ist diese „traditionelle" Vorgehensweise für den Moment nach wie vor hilfreich. Allerdings sind in Change-Phasen eine ganze Reihe persönlicher Problemstellungen nur dann aufzulösen, wenn Coaches die beruflichen *und* privaten Veränderungen als gegenseitige Entsprechungen einbeziehen.

Das Gleiche gilt für den systemisch fokussierenden Coach. Er kann zwar Veränderungen auf der strukturellen Ebene nach wie vor *für den Moment* anschieben, aber diese neue Ordnung fliegt ihm sprichwörtlich „um die Ohren", wenn beispielsweise aufbrechende Probleme aus der Vergangenheit mit bestimmten Strukturelementen und damit verknüpften individuellen Schwierigkeiten Einzelner unerwarteten Konfliktstoff in Teams, Schnittstellen und Projektplänen entladen. Denn: Wenn sich das System verändert oder sich ändern soll, gehen längst nicht alle Personen in einem solchen Prozess freiwillig mit – weder physisch noch psychisch noch kontextgemäß.

Konnte dies früher mit professionell entwickelten klassischen Methoden systemorientiert aufgefangen werden, so gibt es unter Change-Bedingungen heute weder die Zeit noch die Bereitschaft zu Klärungssettings o.Ä. auf zwischenmenschlicher Ebene, wie dies die Profiberater gewohnt waren. Heute müssen solche „Störungen" und Ungleichgewichte implizit in Moderationsmethoden oder explizit in Coachings, abseits oder neben dem „Geschäft" bearbeitet werden – meist unter großem Zeitdruck.

Eine umfassende Veränderung im Change-Management betrifft die Emotionen und die innere Ordnung der Beteiligten mit voller Wucht. Deshalb muss der Komplementär-Coach eindeutig erforschen, ob der Coachee in seinem Kontext noch seine Zukunft sieht, ob er diese Zukunft will und welchen Sinn und welches weitere Ziel ansonsten die persönliche Ausrichtung haben soll.

Gesagt, getan – mit Auftrag, Plan und Methode

Das System des Unternehmens zu verstehen, seine Subkulturen und Regeln, die Geschichte und die Mythen über die Gründer, Eigner, Manager u.v.m. – dies erfordert ein komplexes, über die Zeit sich entwickelndes Verständnis und vielfältige phänomenologische Zugangsweisen, die selten in der Literatur, aber erst recht nicht im Management selbst thematisiert werden. *„Insbesondere beim Coaching von Managern aus »Alles-oder-Nichts-Kulturen«, in denen oft stark individualisierende Perspektiven transportiert werden, geht es dann vielfach um Fragen, warum sich zwei Abteilungen laufend bekämpfen, warum eine neu aufgekaufte Firma so schwer in die alte integrierbar ist, warum ein Subsystem mit einem neuen Leiter nicht mehr so gut funktioniert, obwohl der »doch ein sehr fähiger Mann« ist usw. All das sind Fragen, die oft nur dann zu beantworten sind, wenn die jeweiligen Rituale, die Normen und Standards, ja das gesamte Weltverständnis des infrage stehenden Systems oder Subsystems untersucht und intuitiv aufgespürt werden. Da es sich hierbei im Allgemeinen um Auseinandersetzungen mit Systemmustern handelt, in die der betreffende Manager selbst eingebunden ist oder bei deren Entwicklung er vielleicht sogar führend beteiligt war, ist Rollendistanz eine unabdingbare Voraussetzung. Auch das ist eine Qualifikation, an der Manager im Verlauf eines Coachingprozesses oft ernstliches Interesse entwickeln"* (Schreyögg 2003, S. 123).

Oftmals erkennen zwar Manager, dass sie eine klare Führungsverantwortung haben, aber längst nicht alle haben eine gute Idee, was sie mit dieser Verantwortung anstellen sollen, wenn sich Prozesse nicht linear bändigen lassen und Mitarbeiter sich als temporäres Projektmitglied in anderen Bereichen ihrer täglichen Beobachtung und auch ihrem disziplinarischen Zugriff entziehen.

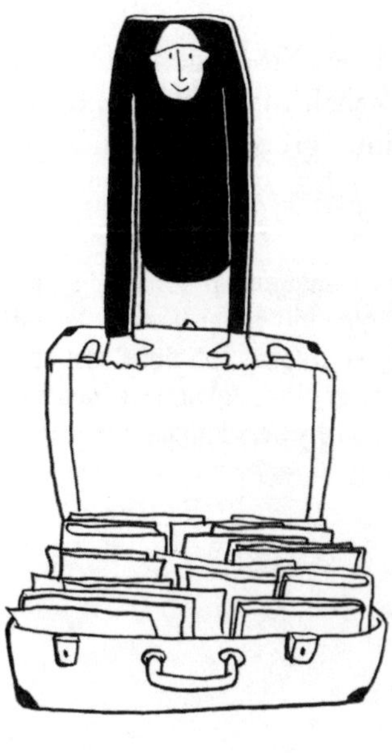

Coaching übernimmt in solchen führungsspezifischen Fragestellungen die Funktion der *„Hilfe zur Selbsthilfe"* und operiert neben den vertrauten dialogischen Möglichkeiten – und je nach Ausbildung und Qualifizierung des Coaches – mit verschiedenen Techniken aus der humanistischen Psychologie, wie mit den, vielen Coachees bereits bekannten, reflektierenden oder situativ vorbereitenden *Rollentrainings/-spielen* oder der Methode der *„Aufstellungsarbeit"*.

In dieser Methodik, aus der Familientherapie und insbesondere von Virginia Satir abgeleitet, werden Probleme möglichst von außen betrachtet und mithilfe verschiedener Materialien *(figürliche oder neutrale Formen, Puppen, Farben etc.)* ebenso bearbeitet wie mit Unterstützung von anderen Personen *(als Stellvertreter für Kollegen, Mitarbeiter, Vorgesetzte)*, um sich der Breite einer Aufgabenstellung bewusst zu werden und die verschiedenen Wirkungsfaktoren angemessen zu berücksichtigen, bevor man an konkrete Änderungen im Verhalten ansetzt. In den vergangenen Jahren hat das Interesse an diesen Methoden im Coaching deutlich zugenommen – in erster Linie aufseiten der Anbieter (vgl. Literaturliste).

Vor allem diese beiden Methoden, die Arbeit mit Rollen und Aufstellungen, variieren sehr stark mit der Person des Coaches, denn dahinter stehen Professionalität und Ausbildungskonzepte mit sehr verschieden hohen Standards und besonderen Voerannahmen über die zielgerichtete und vor allem „richtige" Entwicklung von Menschen. *(Hier ist es methodisch für die einen von besonderer Bedeutung, wenn eine bestimmte Position in der konkreten Aufstellung rechts vom Coachee durch einen männlichen Stellvertreter eingenommen wird, andere halten dies für veraltet und für Geschlechterrollen immanenten Unfug. Wieder andere stellen alles, was sich nur ansatzweise als Problem andeuten könnte, mit ernstem und missionarischem Eifer in jeder nur möglichen Situation als Aufstellung in den Raum etc.)* Das alles sollte den Coachee nicht unbedingt interessieren müssen, solange er weiß, dass er einen methodisch sicheren und erfahrenen Coach neben sich hat. Aber unter Coaches kann hier schon mal die eine oder andere bittere Auseinandersetzung über Deutung und Wahrheit geführt werden, was sich insbesondere in Workshops auf Kongressen zeigt, in denen sich dann die einen oder anderen „Rollenvertreter" spreizen und gern miteinander um die bessere/weitere/neuere Methodik streiten.

Ein oft unausgesprochener Teil des Managerinteresses richtet sich im persönlichen Coaching auf die eigenen Muster und Verhaltensweisen und tritt erst auf Umwegen zutage. So verbindet sich manches Mal mit einer interessierten Anfrage eines Chefs nach *Coaching für seine Mitarbeiter* ein eigenes, verstecktes oder auch *unerledigtes Führungsanliegen.* Für den Coach kann, hat er die Gelegenheit, darauf einzugehen, eine solche Nachfrage zu einem eindeutigen Auftrag werden, an dessen Ende ein sich mit dem Mitarbeiter-Coaching exzellent ergänzendes Ergebnis stehen kann.

In einem solchen *Auftragscoaching* muss der externe Coach unterschiedliche Informationen sortieren, verbinden und nach Mensch und System sorgsam trennen, was von ihm einerseits vom Auftraggeber, aber vor allem vom Coachee erwartet wird.

Viele Informationen sind, ausgesprochen oder nicht, sofort „im Raum". Die besondere Art und Weise der ersten Kommunikation und des Austausches zwischen allen drei Beteiligten für oder gegen ein Coaching entspricht meistens sehr passend und dechiffrierend den Bedingungen und spiegelt die Strukturen des Systems sehr gut wider. Im Auftrags-Coaching gilt vom ersten Moment an: Nur wenn der Coachee dem Coaching generell zustimmt, kann es einen nächsten Schritt geben, egal, wie gut sich beispielsweise Coach und Auftraggeber verstehen!

Manchmal bringt allerdings ein offenes Klärungsgespräch mit der den Auftrag vergebenden Führungskraft wesentlich mehr als ein vorschnelles Gespräch mit dem potenziellen Coachee. Steht hinter einem Auftragscoaching z.B. Sorge vor Konfrontation oder ein Abwälzen eines gemeinsamen Problems auf den Coachee, kann z.B. ein moderiertes Dreiergespräch oder ein vertrauliches Gespräch mit dem Vorgesetzten über seine Führungsmöglichkeiten oftmals viel effizienter weiterhelfen.

Führungsverantwortung kann nicht – auch wenn manche Auftraggeber dies am liebsten tun würden – nach außen verlagert werden. Als Verantwortlicher muss sich der Vorgesetzte schon selbst zeigen. Aber falls es Coach, Coachee und Vorgesetzten in einem Gespräch gelingt, die jeweiligen Anliegen und unterschiedlichen Erwartungen klar zu benennen, kann ein Auftragscoaching in kritischen Führungssituationen eine sehr gute, ausgleichende und ergänzende Unterstützung im Veränderungsprozess bedeuten.

In jedem Fall bedeutet ein solches Angebot eine klare und dem Coachee gegenüber eindeutige Positionierung des Coaches. Auftragscoaching fordert Loyalität in zwei Richtungen, zum Unternehmen und zum Coachee und ist deshalb nichts für unbestimmte Zwischenräume (vgl. Klein/Strikker 2004).

Grenzräume für Coaches in akuten Change-Phasen

Der Coach muss genau untersuchen, was der Auftrag bewirken kann bzw. soll,
- ob es Verwicklungen der Beteiligten gibt, die eine Verbesserung der Ausgangssituation u.U. gar nicht ermöglichen;
- ob Klarheit in den Rollen und Verantwortlichkeiten von Coach, Coachee und Vorgesetzen vorhanden ist;
- ob zu konkrete Zielerwartungen in den Auftrag einfließen, die unerfüllbar sind.

Coaching kann unter Umständen von den Beteiligten gut gemeint sein, aber systemimmanenten Zwängen oder Regeln entspringen, die der erfolgreichen Arbeit des Coaches zuwider laufen *müssen.*

Erfolgreiches Komplementär-Coaching setzt voraus, dass der Coachee zunehmend die Selbststeuerung seiner Veränderung übernimmt – auch wenn sich die systemischen Bedingungen für ihn negativ entwickeln. Tut er dies nicht, wird er vielleicht oberflächliche Anpassungen an die neuen Anforderungen vornehmen, aber im Ergebnis keine „echte" Veränderung vollziehen. Für den Coach könnte das bitter ausgehen, denn er kann ziemlich unangenehm in die Verantwortung *für einen ineffizienten Verlauf* oder für *unprofessionelle Haltung* des Coachees in die Pflicht genommen und „schuldig = nicht fähig" gesprochen werden.

Auftraggeber und Coachee profitieren, oberflächlich betrachtet, von lauten „Schuldzuweisungen" an den Coach, denn damit wird erst einmal Veränderungsdruck vom System und damit vom Coachee genommen – schließlich hat er sich bemüht und das Unternehmen auch.

Bereits bei ersten Anzeichen einer solchen Entwicklung sollte der Coach dies sofort mit Auftraggeber und Coachee ansprechen, auf sein eigenes Gefühl innerer Freiheit achten und an einen Abbruch der Bemühungen denken. Für die eigene Reputation wäre es ungünstig, in solchen unklaren Situationen an einer wie auch immer gearteten Weiterführung des Auftrags festzuhalten und sich als Coach „durchzulavieren".

Sobald sich Coachee oder Unternehmensvertreter in den Kopf gesetzt haben, es müsse, wenn etwas *nicht* im Prozess der Veränderung klappt, wie in der Kriminologie Opfer und Täter geben, hat ein externer Coach kaum andere Chancen, als zu gehen. Ein „Schuld-Muster" ist ein echter Doublebind und hat in einem auf Augenhöhe gesetzten Coach-Coachee-Verhältnis nichts zu suchen. Diese Klarheit findet sich auch im Methodenkoffer der Komplementär-Coaches wieder, denn alle Methoden, die den Coachee in „Opfer-Täter"-Konstellationen sehen könnten, werden allenfalls als Metaphern erwähnt oder als Negativ-Beispiele für ein tradiertes Umgehen mit Eigenverantwortung und Wahlfreiheit. Dies betrifft methodisch auch manche Ausprägungen der Aufstellungsarbeit wie auch der Gruppendynamik und in Teilaspekten, z.B. im Umgang mit Hierarchie und Gleichwert, die Transaktionsanalyse.

Ohnehin ist es nicht leicht, aus einem unangenehmen persönlichen Muster eines Veränderungsverlaufs mit Würde schnell und souverän auszusteigen. Da muss eine tradierte Theorie nicht noch unnötig Ballast „hineinwerfen". Unangenehm für die Beteiligten ist es in Prozessen, in die Gruppen oder Teams eingebunden werden, bei denen ihre Chefs mit externen oder internen Coaches einen Veränderungsprozess gestalten wollen und die Abwehrmuster somit noch wesentlich verdeckter laufen können. Manchmal zögern auch aufwendigere Analyseschritte einen Ausstieg hinaus, da beispielsweise Interviewreihen oder terminierte Coaching-Gespräche eventuell doch noch zu anderen Einschätzungen führen könnten, obwohl sich die negativen Entwicklungen und der entsprechend kritische Umgang mit dem Coach bereits abzeichnen.

Natürlich ist ein externer Coach ebenso wie ein interner gut beraten, diese möglichen Szenarien in seine ersten Fragen an Coachee und Auftraggeber einzubeziehen. Wenn diese Fragen allerdings beim ersten Kontakt noch nicht zu klären sind oder sich erst im Verlauf des Coachings selbst zeigen, muss der Coach dafür sorgen, auf mögliche Fehlentwicklungen umgehend zu reagieren, und sofort mit den Beteiligten in einen offenen Dialog darüber treten, bevor an eine Fortführung auch nur zu denken ist.

Hier zeigt sich, dass Auftragscoaching unter anderen Gesichtspunkten zu betrachten ist als ein freiwillig gewähltes Coaching. Beide Formen können erfolgreich sein und positive Veränderungen auch auf lange Sicht bewirken. Aber ein Auftrag aus dem System heraus wirkt eben auch über die entsprechenden Systembedingungen auf die Einzelnen.

Ein Coach ist gut beraten, wenn er sich der Komplexität und der verschiedenen Hintergründe seines Coachees und dessen System bewusst ist und dazu Wissen und Erfahrung einholen kann.

Coaching leistet sehr unterschiedliche, situationsabhängige Unterstützung in verschiedenen Phasen von Veränderung: Coaching wird sowohl in Zeiten von Gründungen, bei Zusammenlegung oder Verkleinerung bis zur Auflösung von Unternehmen als besondere Form persönlicher Standortbestimmung, für Potenzialgespräche, zur Klärung von Problemstellungen oder bei Konflikten auf der zwischenmenschlichen Ebene gesucht.

Alle Szenarien der Veränderung sind möglich, positive wie negative. Auf der persönlichen Ebene drücken sich in solchen Phasen der systemischen Veränderungen die Coaching-Inhalte oft in einer sehr kritischen Betrachtung der nächsten Karrieremöglichkeiten aus. Viele beteiligte Manager suchen dann nach konkreten Hinweisen für ihre eigenen Chancen und Positionen in den anstehenden strategischen, unternehmenspolitischen oder ökonomischen Veränderungsthemen.

Komplementär-Coaching verhilft inmitten solcher systemischen Veränderungen und Prozesse zur persönlichen Klärung. Deshalb variieren die Aufgabenstellungen des Coaches in Abhängigkeit zur Position oder Funktion des Coachees und erfordern eine entsprechende Methodenvielfalt und Kenntnis der systemischen bzw. konzeptionellen Rahmenbedingungen.

Existenzielle Themen, wie unternehmenspolitisch oder ökonomisch motivierte Entlassungen und Freisetzungen, betriebsbedingte Kündigungen oder Sozialpläne sind umfassende Problemstellungen, die in Unternehmen mehrheitlich von den Personalprofis übernommen und gesteuert werden. Sie sind es, die in solchen Phasen zumeist externe Unterstützung von Beratern und Coaches an ihre Seite holen. In solchen Szenarien hat Coaching eine differenziert *andere* Orientierung und Zielsetzung als in Change-Prozessen, die mit den Beteiligten eine Veränderung *innerhalb* des Unternehmens anschieben wollen. Das Management führt in solchen Phasen Überlebensdiskussionen mit Geldgebern, Konzernspitzen und Justitiaren, hält sich oft schon allein aus Überlastung so weit wie möglich aus personalpolitisch en detail zu klärenden Problemen heraus und folgt stattdessen der Linie ihrer damit betrauten und erfahrenen Personalchefs.

Individuelle Problemlösungen können direkt von Coaches flankiert und begleitet werden. Im Zusammenspiel mit fachmännischer Beratung in finanziellen und karriereorientierten Aspekten macht Coaching für Einzelpersonen in diesen *Umbruchphasen* sehr viel Sinn und kann zielgerichtet auf eine Zeit „danach" hinarbeiten.

Schwierig und heikel zu steuern sind Grenz- und Veränderungszeiträume, solange nicht geklärt ist, wer im Unternehmen bleibt und wer geht. Diese politische Frage bewegt, wie selten eine andere, top down und bottom up, das ganze Unternehmen und betrifft in seltener Übereinstimmung alle im Haus gleichermaßen, wenn auch nicht immer zu gleichen Zeiten und gleich stark.

Ist diese Vakuum erzeugende Frage endlich einmal entschieden, kippt allerdings die gesamte Atmosphäre von einem anhaltenden Abwarten in eine von zwei Gruppen dominierte und latent kritische Grundstimmung, in eine „Surviver und Looser"-Mentalität. Im Schulterschluss mit Outplacement- und Personalberatern und Vertretern der internen Personalentwicklung haben es Coaches dann mit den unterschiedlichsten persönlichen Szenarien zu tun, die meist keinen Aufschub dulden und zeitkritisch zu klären sind.

Darüber hinaus treffen dieselben oder andere ausgewählte Coaches im Unternehmen zugleich mit all den Menschen zusammen, die, als dritte Gruppe, unbedingt als zu haltende, zukunftsgestaltende Schlüsselpersonen für das Unternehmen zu gewinnen sind.

Komplementär-Coaching hat sich als Haltung aus dieser fordernden Veränderungspraxis vornehmlich durch Situationen herauskristallisiert, in denen neue Verhaltensweisen und andere Reaktionen des Coaches gefordert waren, als er oder sie dies bisher erkannt hatte. Dies gilt für interne genauso wie für externe Coaches.

Komplementär-Coaching **setzt von vornherein an den systemischen *und* den individuellen Perspektiven des Coachees oder der Teams an und bezieht sich in Analyse und Interventionsdesign auf beide Ebenen gleichermaßen.**

Komplementär zu coachen ist eine Entscheidung für eine integrative, prozessorientierte Arbeit, die auf einem ausgewählten Methodenmix beruht und einem pragmatischen Umgang mit der konstruktivistischen Idee des subjektiven Weltbildes und individueller Repräsentationen zugeneigt ist.

Subjektive Welten und ihre offenen Antworten

Intensive Beschäftigung mit den individuellen Deutungen und den widersprüchlichen oder verborgenen Anliegen anderer Menschen erfordert vom Coach dialektisches Know-how und ist ein hoher Anspruch an kommunikative Kompetenz – und nicht kurzfristig antrainierbar, wie manche Trainingsinstitute dies suggerieren mögen. Die Verhaltensforschung hat dazu im Laufe der Jahre genügend Beweise geliefert und Grenzen der Trainier- und Erlernbarkeit von komplexen Zusammenhängen aufgezeigt.

Kurzfristige Verbesserungen irritieren vielleicht kurz, bleiben aber meist an der Peripherie der Person hängen und werden schnell wieder abgestoßen, *wenn sie nicht zur Gesamtpersönlichkeit passen.* Der Rest bleibt, was und wer sie ist.

Aber was macht dann die Veränderbarkeit aus? Woran erkennen wir, dass Veränderungen stattfinden, dass sie dauerhaft sind, nachhaltig wirken oder nur kurzfristig einsetzen?

Systeme, in denen Menschen arbeiten und leben, folgen nicht allein strukturellen Kräften. Es sind ausgesprochen lebendige Netzwerke und eben diese verbinden wiederum die Menschen und sich selbst zugleich. Diese Lebendigkeit hat ihre natürliche, organische Entsprechung in den neuronalen Strukturen und gedanklichen und körperlichen Prozessen der Menschen und der ihnen innewohnenden besonderen Ordnung.

In einer unendlich vielfältigen Verbindung von Prozess und Form drückt sich die Besonderheit der komplementären Beziehung von Mensch und System zueinander aus, zumal wir heute davon ausgehen können, dass unser neuronales Netzwerk die komplexeste Struktur im ganzen uns bekannten Universum hat. Diese Feststellung fällt in das faszinierende Forschungsfeld der Neurowissenschaftler, Chaostheoretiker und Quantenphysiker. Ihre Annahmen über die Welt und das Universum spiegeln die großartigen Gedankenwelten und grenzenlosen Phantasien von uns Menschen wider. Ihr Wissen über kleinste Informationsteilchen und größte Wirksamkeiten von Vernetzungen erweitert unsere Vorstellung von komplexen Systemen und den tiefen Verbindungen, die in allen Netzwerken bestehen.

Die Suche nach diesen Zusammenhängen hat zu immer neuen und überraschenden Erkenntnissen geführt und die Interessen und Beobachtungswelten von Geistes- und Naturwissenschaftlern so nah wie nie zuvor zusammengerückt. Heute forschen Physiker, Psychologen, Biologen, Mediziner Schulter an Schulter daran, was es bedeutet, wenn Realität zutiefst subjektiv ist.

Die moderne Gehirnforschung erhält ständig neue Hinweise darauf, wie sich unser Gehirn in Myriaden von Möglichkeiten verschaltet, mit jeder neuen Erfahrung, die wir machen und mit jedem Impuls, den wir aufnehmen und verarbeiten. Mit jeder

Frage, die wir uns als Berater und Coaches in diesem Kontext stellen, begegnen wir unseren eigenen Gedanken und Beurteilungen über das, was uns wichtig ist, wie wir Neues aufnehmen, woran wir glauben und was wir ablehnen.

Genau hier liegen unsere Beschränkungen und die Verpflichtung als Coach und Berater, uns *und* anderen irritierende Fragen zu stellen. Mit jeder Frage zu unserem Denken, Handeln und Fühlen, die wir noch nicht verstehen, erweitern wir unser derzeitiges gewohntes Verständnis. Mit jeder Neugier, die wir unterdrücken und bezwingen, blockieren wir eine kluge Idee. Mit jeder Irritation über etwas Ungewohntes, die wir zulassen und vielleicht sogar bewusst suchen, erobern wir uns ein Stückchen mehr Wissen und Erleben davon, was wir noch nicht kennengelernt oder erfahren haben und was unseren Veränderungen Sinn gibt.

In der Wissenschaft sind Ethik, Werte, Spiritualität und Religion längst zu Forschungsgebieten geworden, die sich der Sinnfrage des Lebens und der inneren Struktur menschlichen Handelns widmen. Vertreter und Experten der verschiedenen wissenschaftlichen Disziplinen verbindet ihr großes Interesse an den inneren Prozessen des Menschen, seinen Verhaltensmustern, den veränderbaren und vererbten, genetisch vorgegebenen und frei wählbaren Persönlichkeitsfacetten.

Hier treffen und begegnen sich die interdisziplinären Forscher und stellen sich selbst ihre Fragen: Was wissen wir alles nicht? Was alles ist denkbar? Und: Ist noch viel mehr als das möglich? Wohin führt uns das Neue? Ein Teil des Neuen führt geradewegs in die Entwicklung und Entfaltung des neurologisch-linguistisch geprägten Lernens und Denkens.

Damals, in den Achtzigern, begegneten sich in Kalifornien einige dieser neugierigen, grenzgängerischen und interdisziplinären Systemtheoretiker, Linguisten, Therapeuten verschiedenster Schulen und erforschten disziplinübergreifend die Parameter erfolgreicher Kommunikation und interaktiver Bestleistungen exzellenter Professionals. In dieser Zeit trafen sich weltweit viele Menschen und brachten ihre Ideen zusammen. Ich möchte auf die Professionals fokussieren, die das Neurolinguistische Programmieren entwickelten und Kurzzeit-Modelle für Training, Beratung und Theorie auf den Weg brachten. Insbesondere Richard Bandler, Leslie Cameron, John Grinder und Robert Dilts in den USA sowie Gundl Kutschera und Thies Stahl im deutschsprachigen Raum entwickelten die neue Idee und das Konzept des *Neurolinguistischen Programmierens* (NLP) als Wissensgebiet, Ausbildungskonzept und Metamodell für Lernen und Lehren in der Berater- und Trainerwelt.

Komplementäre Konzepte in parallelen Welten

Von Beginn an suchte NLP nach Strukturen der menschlichen Subjektivität und nach Komponenten der Wahrnehmung und des Verhaltens, die es Menschen ermöglichen, neue Erfahrungen zu machen und hinderliche Einschränkungen aufzulösen. Bandler und Grinder insistierten, *„dass Wissenschaft dann wirksam ist, wenn sie, statt theoretisch zu bleiben, methodisch zu Strategien führt, die es uns ermöglichen, spontan und bewusst neu, anders und wünschenswert zu handeln. Sie wiesen bereits 1980 darauf hin, dass NLP für sie ein Modell ist – im Gegensatz zum Begriff der Theorie – und dass sie sich als anwenderorientierte Modellbauer verstehen. Sie beschreiben mit einem spezifischen Vokabular, wie menschliches Verhalten und menschliche Kommunikation funktionieren, aber nicht, warum dies – theoretisch – so ist“* (Strikker/Strikker 1994, S. 37).

Hier, aus dieser Suche nach unbekannten Formen, neuen Strukturen und systemischen Faktoren von Veränderungen, entsprangen die Ideen des Modellierens und Neu-Programmierens, der Strategien und Netzwerke für neue Richtungen. Hier entstand die tragende Idee nach einer besonderen Methodik und Vorgehensweise, um aus einer, wie und wodurch auch immer, eingeschränkten Gegenwartswelt in eine neue, selbstbestimmte, ökologisch in Inhalt und Kontext ausbalancierte und bessere Zukunftswelt eintreten zu können.

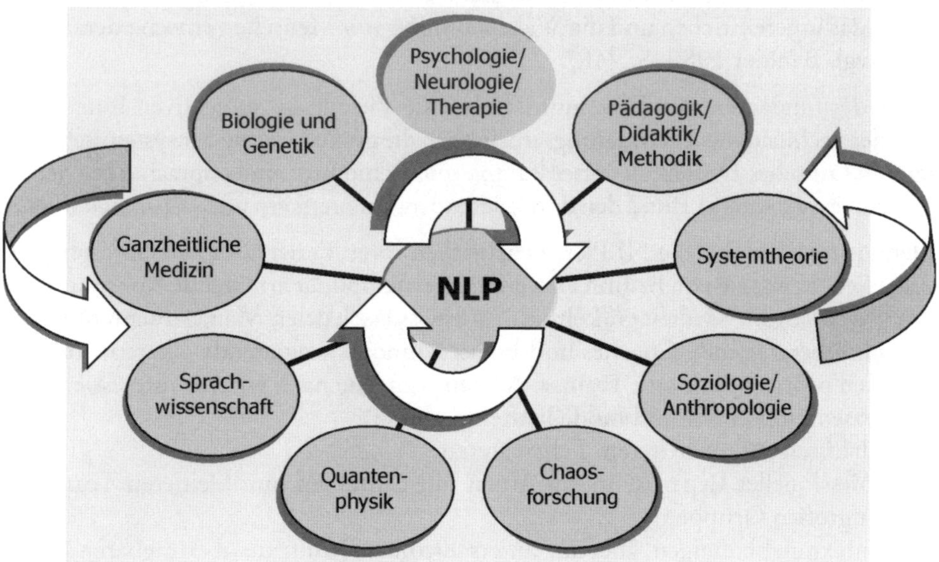

Abb. 6.2: **Ausgewählte Einflussfaktoren auf das Neurolinguistische Programmieren**

Der fokussierte Blick auf das subjektive Erleben und das Interesse an den inneren statt äußeren Prozessen und Strukturen allerdings trennte, statt zu verbinden – in diejenigen, die

- sich den systemischen Organisationsveränderungen zuwandten und neutrale Beobachter mit objektivem Außenblick bleiben wollten und die, die
- sich den intrapersonellen Veränderungen verschrieben und sich auf die Suche nach den inneren Regeln und Strukturen für Veränderung machten.

Diese frühe Trennung führte im Ergebnis dazu, dass sich, statt gemeinsame Visionen zu entwickeln, jede Gruppe ihren eigenen Wegen, Strategien und Themenstellungen widmete und sich ein großer Teil der traditionellen Beraterszene kaum mit den Erkenntnissen der anderen befasste – zu verschieden ihre Interessen, zu unterschiedlich die jeweilige Sprache, zu intensiv berührt von den eigenen Fragestellungen.

Die Welt der Schwingungen und Energien, der kleinsten verbindenden Teilchen und elementaren Beziehungen innerhalb des neuronal vernetzten Gehirns und der sich räumlich/materiell darstellenden Energiewelt der Quantenphysiker wirkte enorm auf die Weiterentwicklung von Modellen, Techniken und Methoden des neurolinguistischen Arbeitens in Coaching, Therapie und Beratung.

NLP fand parallele Entsprechungen in den Submodalitäten, den kleinsten Einheiten der sinnesspezifischen Wahrnehmung und der inneren Repräsentationen. Explizit Richard Bandler eröffnete die Arbeit mit diesen kleinsten Veränderungsteilchen und ihren neuronal vernetzten Energiewelten und beschäftigte sich mit den besonderen systemischen Eigenschaften dieser Submodalitäten, die sich gegenseitig beeinflussen und damit das innere Erleben und die Wahrnehmung von Menschen entscheidend verändern (vgl. Bandler 1989, S. 44f.).

Trotz der fundamentalen Erkenntnisse über die Vielfalt der subjektiven Innenwelten und der nachhaltigen Veränderungsarbeit blieb die große Gruppe der systemischen Berater in kritischer Distanz zu dieser komplexen, fremd und anderssprachig erscheinenden Praxiswelt von NLP und den dort agierenden Theoretikern und Wissenschaftlern.

Dennoch waren sich die NLPler mehrheitlich ihrer Verwandtschaftslinien bewusst und blieben, was sie von Beginn an waren: interdisziplinär arbeitende Kommunikatoren, Psychologen, Mediziner, Lehrer, Naturwissenschaftler, Managemententwickler, disziplinübergreifende Coaches und Berater, innovativ agierende Therapeuten, methodisch prozessorientierte Trainer. Allesamt sind sie nach wie vor interessiert an

- effizientem Lernen und modellhaftem Lehren;
- didaktisch aufgearbeitetem Lehrmaterial;
- professioneller Expertise in der Arbeit mit Einzelnen, mit kleineren Teams und mit großen Gruppen;
- kontextunabhängigen, aber auf unterschiedliche Kontexte übertragbaren Modellen und Methoden.

Im Dialog mit ihren Coachees wollen sie Veränderung begleiten und offene Räume schaffen für neues Lernen. Mit diesem neuen Lernen sind Expertise und Wissen von einigen Jahrzehnten verbunden.

Vom dialogischen Ursprung zum Patchwork

Die ursprüngliche Therapiemethode von Siegmund Freud – die Idee der klarsichtigen und professionellen Konzentration auf den Klienten – zählt auch heute mit zu den höchsten Qualifikationsstufen des Coaches. Die einstigen Kernaussagen und Modelle sind längst Klassiker geworden, auf deren Basis viele andere Konzepte aufgebaut haben. In ihrer Ursprungsform, der Jahre andauernden Psychoanalyse, wie sie von Freud in den beginnenden zwanziger Jahren, vor ihrer Verfolgung durch die Nationalsozialisten, entwickelt wurde, lebt sie in leichten Aktualisierungen und mit neuem Wissen verbunden nach wie vor. Dennoch hat die Psychotherapie, Mutter aller Einzelberatungskonzepte, nicht nur durch Angriffe von außen eine wechselvolle Geschichte.

Auch im Inneren haben Differenzierungen und Weiterentwicklungen bis heute neue Erkenntnisse, Abgrenzungen und Anleihen ausgelöst. Immer wieder haben sich junge Nachfolger und Erben gegen ihre jeweiligen „Väter und Mütter" gestellt und sich mal mehr, mal weniger streitwillig „selbstständig" gemacht. Die teils kreativen, ungestümen und vielfältigen Abgrenzungen haben naturgemäß zu immer neuen und weiteren, bahnbrechenden Erkenntnissen beigetragen.

Aus dieser Zeit fügt sich heute ein so unterschiedliches Element wie das Konzept der liebevoll-provokativen Gesprächsführung von Frank Farrelly nahtlos in eine Methodologie ein, die in gleichwertiger Weise Wert legt auf Virginia Satirs Konzept der Kongruenz, auf Milton Ericksons wunderbare Metaphernwelt und die Transformationsgrammatik von Chomsky, eng angelehnt an die Lernstufen von Bateson und fortgeführt mit den Logischen Ebenen von Robert Dilts.

Deutlich lässt sich an dieser Methodologie des Neurolinguistischen Programmierens, des NLP, aufzeigen, wie aus einer interdisziplinären, integrativen Aufbruchstimmung heraus etwas Neues entstanden ist und sich dann zu einer dieser heiß geliebten, mit missionarischem Eifer verteidigten und heftig umstrittenen Methoden und Modelle der vergangenen Jahre entwickelt hat.

NLP-Wissen hat sich in einem zeitlichen und inhaltlichen Kontinuum beständig weiterentwickelt und sich sehr früh eingerichtet inmitten einer vielköpfigen „Familie" und einer spannenden, selbst gewählten Verwandtschaft. Mittlerweile können NLPler mit Stolz auf ihre Generationenreihe schauen, denn: Konzeptionell richtete sich NLP von Beginn an am Konstruktivismus, an der Psychologie und Psychotherapie, der modernen Kommunikations- und Sprachwissenschaft, Soziologie und den neuesten Erkenntnissen der Naturwissenschaften aus. Auf der Basis der Gedankenwelten von Vorreitern wie Gregory Bateson, Rupert Sheldrake, Virginia Satir, Fritz Perls, Milton Erickson, Noam Chomsky konnte NLP immer neue Ideen und konzeptionelle Modelle wie die fünf Disziplinen von Peter Senge oder Aspekte des radikalen Konstruktivismus aufgreifen und diese im Laufe der Jahre bis heute der interdisziplinären Landkarte und „Toolsammlung" des NLP hinzufügen.

Durch die unterschiedlichen wissenschaftlichen und therapeutischen Erkenntnisse entwickelte NLP ein disziplinübergreifendes, komplexes Lehr- und Lernsystem für unterschiedlichste Kontexte, Anwender, Generalisten und Spezialisten. Die Perspektive des Umfeldes, oft auch mit einer systemischen Konnotation versehen, war von Beginn an in dieses Modell integriert. Kaum ein Feld im Kontext von Therapie, Kommunikation, Sprache und der Beschäftigung mit zwischenmenschlichen Konflikten ist heute ohne NLP-Methoden oder ausgewählte Inhalte zu denken.

Die naturwissenschaftlichen Entdeckungen der Physik, Biologie, Medizin und insbesondere der Neurologie waren dabei immer Bestandteil des Interesses von NLP. Sie wirken nach wie vor tief hinein in alle Bereiche, die sich mit Lernen und Lehren, Veränderung und Entwicklung, Sprechen und Zuhören, Träumen und Wahrmachen befassen.

Die folgende methodologische Übersicht macht deutlich, wie viele Strömungen und wechselseitige Beziehungen es gibt, die sich zu einer bestimmten Zeitphase einen eigenen Namen machten und sich stetig fortentwickelten. NLP hat eine lange Geschichte, eine tiefe Verwurzelung und eine hohe Professionalität zur Seite stehen. Die NLP-„Erfinder“ haben sich unterschiedlich entwickelt, sodass NLP zu einer „Patchwork“-Generation gehört, die Neues und Altes verbindet und kreative Lösungen für ungewohnte Probleme sucht. NLP ist ein Kind seiner Zeit, das mittlerweile erwachsen geworden ist.

Vor dem Hintergrund der vielschichtigen, aufeinander aufbauenden Professionalität in den verschiedenen Disziplinen wird vielleicht deutlich, welche Expertise in NLP zusammentrifft und sich allein oder im engen Schulterschluss mit anderen bis heute, mittlerweile seit gut zwanzig Jahren, immer weiterentwickelt hat.

So hat sich NLP aus Wurzeln entwickelt, die zu ebenso individuellem Wachstum anregen wie eine gesamthafte, altruistische Wesensart mit Eigenkreationen und neuen Ideen ins Leben ruft.

Das Ganzheitliche des NLP-Konzeptes, ein zentrales Wesensmerkmal, zeigt sich darin, dass mit allen Persönlichkeitssignalen (Sprachmuster, Körpersignale, Blickmuster usw.) gleichzeitig gearbeitet wird. Zudem hatte NLP von Beginn an die Dimensionen „Kontext“, „Inhalt“ und „Ökologie“ als Besonderheiten und Wesensmerkmale bei Veränderungen erkannt und methodisch explizit entfaltet. NLP ermöglicht, den gewohnten Bezugsrahmen von Interpretation und Kritik zu verlassen, um Dinge in einem anderen Licht betrachten zu können. Für viele Interessenten war NLP allerdings zunächst eine neue Tool- und Wissensbox, aus der sie sich bedienen wollten, kein neues Gedanken- oder Ethikmodell für Veränderungen.

Dass NLP sie auffordern würde, die eigenen Fähigkeiten, Vorannahmen und Haltungen einer eindringlichen Überprüfung und Veränderung zu unterziehen, war nicht in ihrem Fokus. Nicht jedem gestandenen Profi fiel dieser neue Lernstatus leicht – und die Bereitschaft zum Wandel im persönlichen Verhalten oder im eigenen Kontext ebenso wenig.

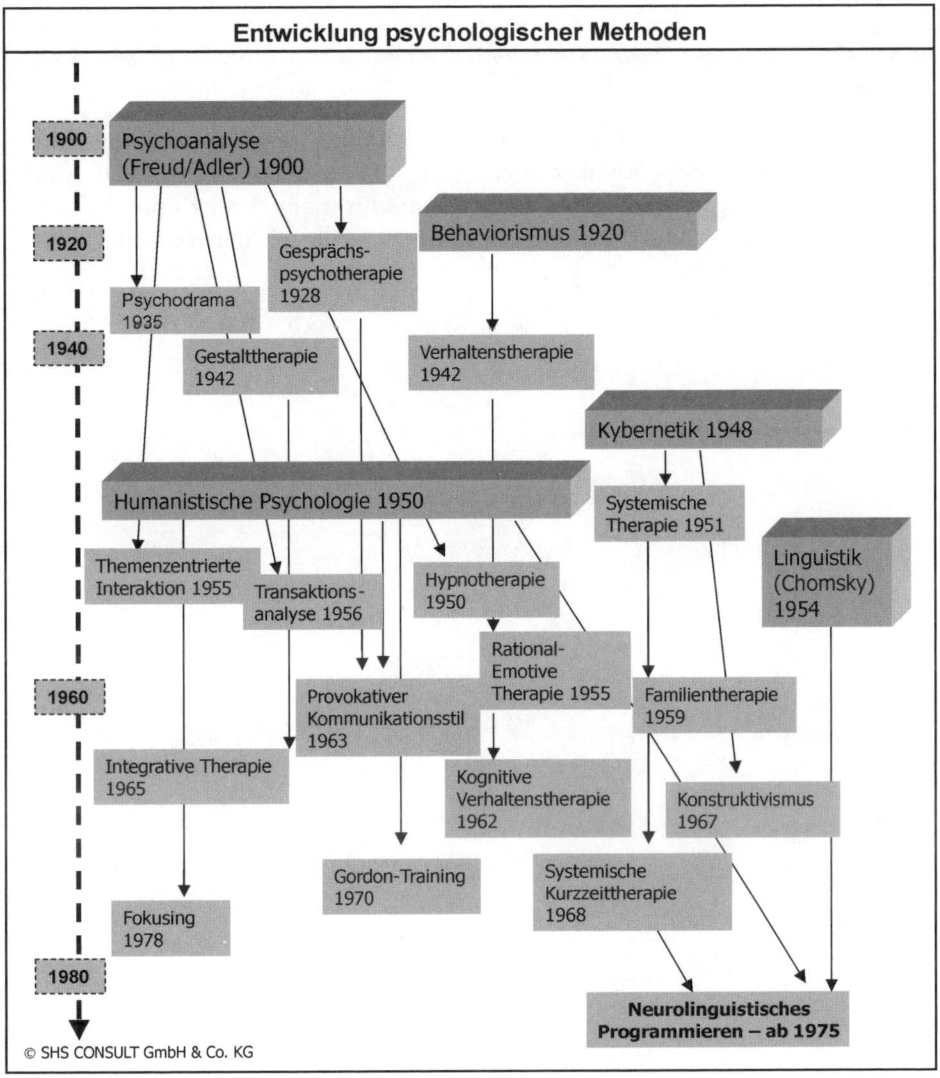

***Abb. 6.3:* Übersichtslandkarte „Modellwelten und Methoden“**

Richard Bandler stellte schon früh klar: *„Die Herausforderung im NLP besteht darin, Menschen dabei zu helfen, die Kontrolle über ihre kognitive Evolution zu übernehmen und zu erkennen, dass ihre inneren Bilder, Stimmen und Gefühle ihre eigenen sind und dass sie diese innerlich in der gleichen Weise manipulieren können, wie sie ihre Hand öffnen können, um einen Türknauf zu drehen. – Die Herausforderung besteht darin, ihnen dabei zu helfen, dass das, was sie für Wirklichkeiten hielten, nur ihr eigenes Modell der Wirklichkeit ist. (...) Doch um es so einfach machen zu können, braucht man komplexe*

Fertigkeiten. Jeder, der daran interessiert ist, NLP zu lernen, soll wissen, dass es viel ernsthafte Arbeit voraussetzt (auch wenn man sich dabei nicht ernsthaft aufführen muss). Es gibt sehr viel zu lernen" (Bandler 1991, S. 14).

NLP war von Beginn an definitiv keine auf Techniken ausgerichtete, laborähnliche Werkstatt, wie es manche Kritiker oder Nutzer auch heute noch darstellen, sondern ein höchst lebendiger, wissenschaftsnaher Konzentrations- und Kommunikationspunkt von Praktikern und Theoretikern mit verschiedenen Interessen und differenzierter Professionalität.

NLP – eine Welt für sich oder Universum für alle(s)?

Das Neurolinguistische Programmieren fokussierte die Interdisziplinarität der beteiligten Personen darauf, sich mittels aller vorhandenen Erkenntnisse und neuen zugänglichen Informationen aus Wissenschaft und Forschung mit der *Ganzheitlichkeit des Menschen und seiner subjektiven Welt* des Erlebens, Verstehens und Bewirkens zu befassen.

Die implizierte Offenheit für Unterschiede und die intensive Suche nach *Verbindendem, das allen nutzen würde,* war vielleicht der Hauptgrund dafür, dass sich so viele unterschiedliche Profis in die frühen Diskussionen mit Bandler und Grinder einzubringen bereit waren und mit ihnen ihre unterschiedlichen Erfahrungen *mit der Veränderbarkeit menschlichen Verhaltens und des zielgerichteten Handelns* diskutierten.

Mit diesem Fokus auf die *ganzheitliche Nutzung des vorhandenen und möglicherweise neu zu entdeckenden Wissens* ausgestattet, befassten sich NLPler mit allem, was dieses Erkenntnisinteresse förderte, und bezogen ein, wo es bereits exzellente Vorbilder gab oder sich erste Verbindungen zu neuen, noch unverknüpften Wissensgebieten herstellen ließen. Daher eignet sich das NLP-spezifische und stets auf Erweiterung des Wissens bedachte Herangehen an Veränderung besonders für Ideen und Konzepte wie Komplementär-Coaching, denn:

Die großen Interessensgebiete von NLP sind

- **Sprache** und
  - ihre grammatikalische Struktur,
  - ihr regelgeleitetes System der inneren Ordnung,
  - ihre inhaltlichen Bedeutungen und feinsten Unterscheidungen,
  - ihre sinnesspezifischen Reiz- und Schlüsselwörter,
  - ihre unendlichen inhaltlichen wie formalen Variablen und schöpferischen Möglichkeiten,
  - Modulation und alle damit verbundenen Facetten sprachlichen/rhetorischen Auftretens.

➜ **Gedanken** und ihre kommunizierten/nicht-kommunizierten **Bedeutungen**, insbesondere
- die innewohnende, regelgeleitete funktionale Struktur,
- die inhaltliche Systematik und Zeit-/Raum-Gestaltung,
- werte- und zielgeleitete Strategien bzw. nach Logik operierende Gedankenketten,
- die Kriterien für die sachlich differenzierte und emotional-assoziativ verkoppelte Zuordnung,
- ihre programmatische und situative Vernetzung,
- dialektische und diskursive Zusammenhänge.

➜ **Phänomene der Veränderbarkeit** von Denken, Fühlen und Handeln:
- neuronale Vernetzungen,
- neurolinguistische Verknüpfungen,
- Eigenschaften der Veränderungsoptionen und -kriterien,
- Muster und Regeln, Denkprogramme,
- unbewusste und bewusste Strukturen und Wahrnehmung der Welt,
- interne subjektive Erfahrungswelten,
- mentale Positionen
  - Subjekt, andere, Umfeld
  - analog – digital
    - assoziiert – emotional
    - dissoziiert – betrachtend,
- systemgebundene und unabhängige Veränderungsvariablen,
- äußerliche und innerliche Beeinflussung.

➜ **Körper**
- Wahrnehmung innerer Prozesse,
- Ausdruck in Haltung, Gestik und Mimik,
- Informationssystem in Entsprechung zu geistigen Abläufen,
- Erfahrungsraum für Emotionen,
- unbewusste Systemabläufe.

➜ **Kongruenz innerer und äußerer Haltung**
- Kongruenz von Körper, Seele, Geist,
- Gesundheit,
- neuronale Vernetzung,
- Gefühlswahrnehmung „im Raum“,
- Energiefelder und energetische Zustände.

➜ **und viele anverwandte weitere Themenfenster!**

Dieses allumfassende Interesse und die dahinter steckende Neugier kennzeichnen NLP und unterscheiden darüber hinaus die „guten von den schlechten" Anwendern, wie dies besonders Bandler tut, der auf der einen Seite angriffslustig die Technikorientierung vieler NLP-Interessenten als überflüssig und oberflächlich ansieht und deutlich formuliert, was er darüber denkt: *„Die Techniken, die in den Klienten-Sitzungen und den Demonstrationen verwendet werden, wie der ‚Swish' oder die ‚Phobie-Technik' u.a. können mittlerweile vorausgesetzt werden. Ihr Wert ist archäologisch, sie sind nicht das, was NLP ausmacht. Es gibt in jeder Situation eine Myriade von Lösungen, und wenn man darauf angewiesen ist, etwas nach einem formatierten Verfahren zu machen, ist man kein Neurolinguistischer Programmierer, sondern ein Therapeut mit ein paar NLP-Techniken. Die Einstellung ist entscheidend. Ohne die richtige Einstellung und das richtige Glaubenssystem macht man kein NLP, sondern man plappert lediglich Worte nach. Die Einstellung ist schnell beschrieben: Alles ist zu erreichen (...) Sobald man davon ausgeht, dass etwas möglich ist, wird man sich immer dafür einsetzen, die Mittel und Wege zu finden, um es zu verwirklichen"* (Bandler 1991, S. 13).

Wie kaum ein anderer hat Bandler aber andererseits höchstpersönlich die Welt der NLP-Techniken methodisch bereichert, um sie zugleich sofort wieder zu verlassen, wenn es darum geht, über Standards und Qualität von NLP in der Qualifizierung zu sprechen. Bandler selbst gehört eher zur „Kategorie Ausnahme-NLPler und Entdecker" als viele andere NLP-Anbieter, die sich in den vergangenen Jahren für standardisierbare Kriterien zum messbaren Ausbildungserfolg anhand festgelegter NLP-Lernstufen einsetzten.

Er ist in diesen Punkten, allein im Tempo seiner Erkenntnisse über Zusammenhänge neuronaler und mentaler Strukturen und ständig neuer Ideen dazu, vielen anderen NLP-Entwicklern weit voraus oder befindet sich auf einer etwas anderen „Werte- und Entdeckerspur" als beispielsweise die mit einem besonderen Schwerpunkt didaktisch und methodisch interessierten NLP-Professionals wie Robert Dilts oder De Lozier im englischsprachigen und Gundl Kutschera, Thies Stahl u.v.a. im deutschsprachigen Raum.

Kraftvolle Ideen

Im frühen Austausch zwischen Bandler, Grinder und Bateson zeichnete sich, gleich zu Beginn, die Größe des Themas der Metabotschaften und unterschiedlichen Verhaltens- und Interaktionsebenen und das gemeinsame Forschungsinteresse daran ab.

Mit der Erkenntnis der nach logischen Prinzipien „gebauten" Metakommunikation verbindet sich die direkte Koppelung zu den inhaltlichen Diskussionen in anverwandten geisteswissenschaftlichen Feldern, insbesondere Kybernetik, Systemtheorie, Konstruktivismus und verschiedener Aspekte der Kommunikationstheorie. Hier entspringt die Wurzel und erste „logische Verbindungskette" von NLP und die implizite Offenheit für verschiedene Disziplinen. Hier liegen auch die ersten Verwandtschaften zur systemischen Beratung und systemtheoretischen Orientierung professioneller Management- und Personalentwicklung ihrer meist geistes- bzw. humanwissenschaftlich geprägten Verantwortlichen.

Bateson zeigte sich sehr interessiert an der differenzierten linguistischen Arbeit von Grinder und Bandler und schrieb nicht nur das Vorwort zu ihrem ersten Buch über Metasprache und Kommunikation in „Struktur der Magie I", sondern brachte sie auch mit Milton Erickson zusammen. Mit Erickson gab er beiden die Gelegenheit, ein ähnliches Modell komplexer Kommunikationsmuster zu schaffen, wie Erickson sie in seiner hypnotischen und therapeutischen Arbeit benutzte.

Eine erste logische Kette von NLP-Basisthemen, der ersten von vielen weiteren interdisziplinären Verknüpfungen, wurde durch den persönlichen Kontakt dieser vier Personen hergestellt, mit Bateson für die Systemtheorie, mit Erickson für die unbewussten Sprachprozesse, mit Grinder für die Linguistik und formalen Sprachstrukturen und mit Bandler für die strikt Muster verfolgende Kreativität des programmierenden Mathematikers. Mit Virginia Satir als weitere wichtige NLP-Modellgeberin und exzellente Kommunikatorin mit ihrer besonderen Gabe der Beziehungsgestaltung und des Umgangs mit der Arbeit in Systemen erhielt NLP seine bis heute stabilen inhaltlichen fünf Grundfesten:

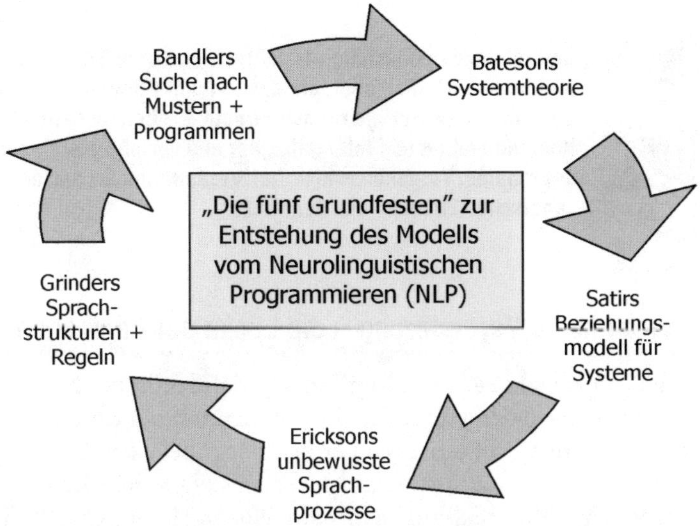

***Abb. 6.4:* „Die 5 Grundfesten" des NLP**

Seine Idee, die „Logischen Ebenen" aus der Kybernetik und Mathematik auf Kommunikation und Interaktion zu übertragen, entwickelte Bateson im Kontext von Paradoxien, Verwirrung und Schizophrenie gemeinsam mit Don Jackson, Jay Haley und John Weakland weiter zum Umgang mit Double Binds (sog. Zwick-Mühlen, d.h. Zuständen, in denen ein Mensch wenig vorankommt, unabhängig davon, ob er etwas tut oder es unterlässt).

Robert Dilts wiederum griff diese Idee der logischen Stufen und eines in sich hierarchisch geordneten Modells der Veränderung auf und ordnete NLP-Modelle, Fragen und Techniken erstmals konkreten, spezifischen Veränderungsebenen zu.

Neben Robert Dilts, um den Blick auf die Entwicklung heutigen Wissens zu erweitern, befasste sich im Bereich der Sprachforschung Noam Chomsky mit seinen Forschungen zur Tiefenbedeutung sprachlichen Ausdrucks und mit *Performanz* (vgl. Kutschera & Strikker 2005). In der Kommunikationstheorie erarbeitete sich Paul Watzlawick mit seiner Geschichte vom *Hammer und Nagel* die Welt der Kommunikation, der subjektiven Wirklichkeit und der *Axiome* in der Interaktion usw.

Die Zeit zwischen 1975 und 1990 war voller gedanklicher Kettenreaktionen und personeller Netzwerkgestaltung, in denen einzelne Ideen in der Luft lagen und in einem speziellen Kontext eine große Anziehungskraft auf andere Gebiete ausübten. Viele neue Erkenntnisse und praktische Anregungen bewirkten große gemeinschaftliche Wissenssprünge und es entstanden viele bedeutende Veröffentlichungen zum NLP (vgl. Dilts 2005, S. 252ff).

Komplementär-Coaching versteht sich in dieser Tradition und greift als interdisziplinäre Methodologie explizit das Stufenlernen von Bateson auf, stellt deutliche Bezüge zur neurolinguistischen Modellwelt im Kontext von Kommunikation und Interaktion her und verfolgt die Idee einer spezifisch geordneten Vorgehensweise bei Veränderungen auf der Grundlage der „Logischen Ebenen" aus dem NLP.

Ohne Strategien keine Veränderung – die Lücke der Logischen Ebenen

Robert Dilts hat, trotz viel geachteter Methodik und didaktischer NLP-Konzepte und Veröffentlichungen, in all den Jahren sein in sich hierarchisch wirkendes Bild der „Logischen Ebenen" in einem „dissoziierten Lernkorridor" belassen. Die „Logischen Ebenen" haben eine schlüssige, rationale Struktur, aber sicher nicht zufällig verlässt Dilts in seinen jüngeren Veröffentlichungen die jahrelangen „Hierarchieabbildungen" seines Modells. Veränderung findet nicht hierarchisch oder „streng nach Ordnung" statt, sodass Dilts heute die neurologischen „Entsprechungen" zu seinen einzelnen Stufen beschreibt, ohne dies in eine Metapher wie die frühe „Pyramide" zu bringen (vgl. Dilts 2006). Dennoch bleibt auch diese Zuordnung das „Wie" der Veränderung „schuldig", denn auch diese Beschreibung führt nicht zur Erkenntnis, was jemand genau tun muss, um Veränderung erfolgreich auszulösen und dabei assoziativ alle Ebenen einzubeziehen. Dilts benennt auch hier nicht den auslösenden, emotional *bewirkenden,* realisierenden und faktisch verändernden *Verbindungsteil,* mit dem man von Vorannahmen und einschränkenden Glaubenssätzen tatsächlich zu neuen Verhaltensweisen kommt und *umgekehrt.* Es fehlt der bisherigen Form der „Logischen Ebenen" die Umsetzungsschnittstelle der „Strategie", das Wissen um das „Wie".

In diese Lücke fügt Komplementär-Coaching die Ebene der Strategien ein: Ohne die strategische und taktische Abfolge von Schritten in die eine oder andere Richtung, mit dem einen oder anderen Tempo und konkreten weiteren Parametern zu planen, zu benennen bzw. zu berücksichtigen, mit denen Fähigkeiten und Verhaltensweisen in Richtung auf Werte und Überzeugungen gelenkt werden können (und umgekehrt), kann das Modell allein kein „Go!" des Menschen auslösen und ebenso wenig im System erfolgen.

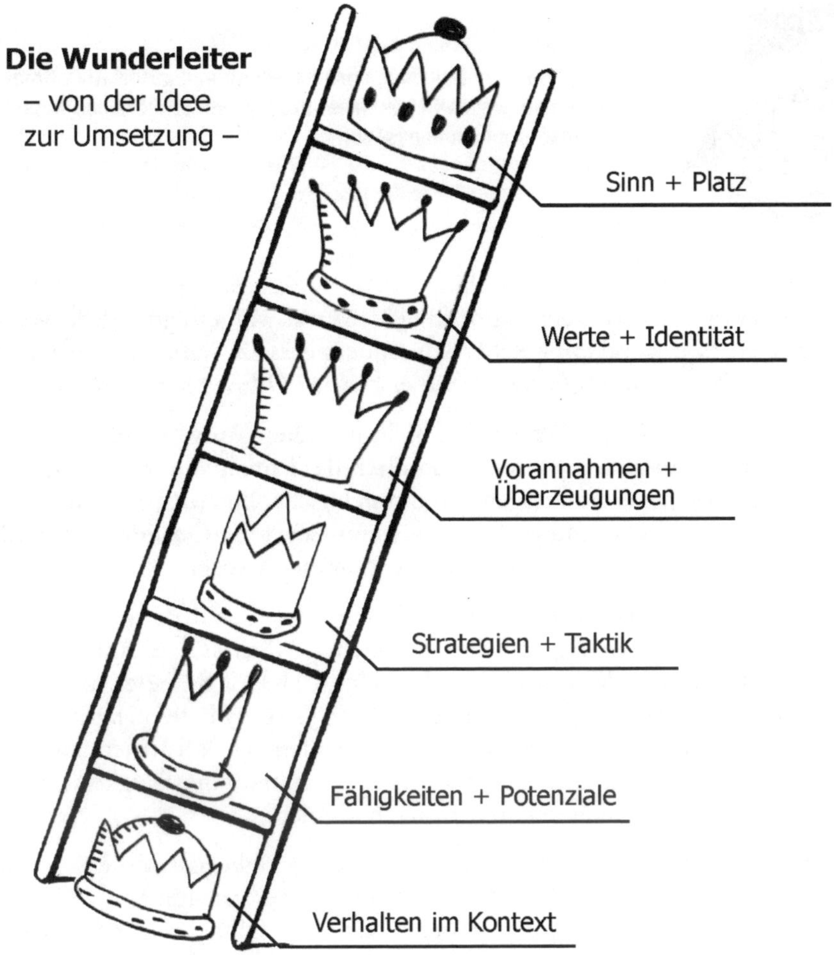

NLP hat in den vergangenen Jahren immer wieder Probleme gehabt, im Business verstanden zu werden. Vielleicht liegt ein wesentlicher Grund genau in dieser schwachen Performance von Strategien zur Veränderung. Im Business wäre ein solches Modell vergleichbar der generellen Vergabe von Budgets oder Krediten an Unternehmensbereiche bzw. an einen Kunden, ohne sich Gedanken (und die nehmenden Gegenüber ohne Verpflichtung dazu) über einen Businessplan oder Rückzahlungsmodalitäten zu machen und sich damit auch keiner klaren Orientierung zu versichern.

In Change-Prozessen geschieht mittlerweile die Unterlassung strategischer Planung und klugen taktischen Vorgehens zwar häufig genug. Aber dieses Fehlen von Strategien führt ebenso offensichtlich zu fehlenden Werten und mangelndem Fähigkeitsportfolio und zeigt nur, wie sehr Strategien nutzen könnten, wenn nicht nur ihr kurzfristiger, sondern ihr veränderungsfähiger Wert deutlich geschätzt und erkannt wird.

Im Komplementär-Coaching wird der kluge und assoziative Umgang mit Strategien als wesentliches Kriterium für eine erfolgreiche Arbeit in Veränderungsprozessen angesehen.

Aus Sicht von Komplementär-Coaching ist das Wissen dessen, was ein Coach tut, wenn er interveniert – wie genau er beispielsweise was wann fragt, welche Methoden er zu welchem Zweck und mit welcher Konsequenz einsetzt –, *die entscheidende Kunst, die professionelles Coaching absetzt von vielen anderen Offerten am Markt.*

Komplementär-Coaching ist daher eine nicht nur kluge Antwort auf die Lücke von Strategien bei Veränderungsprozessen, sondern das Prinzip komplementärer Arbeit ist im Kontext von personenbezogener und systemischer Beratung eine mehr als überfällige und dringend notwendige Antwort, wenn Coaching-Qualität auch zukünftig am Markt und in den Unternehmen ernst genommen werden soll.

In der interdisziplinären NLP-Ausbildung wie in der Qualifizierung zum systemischen Berater ist es notwendig, dass die einen mehr darüber in Erfahrung bringen und lernen, was strategisches Management in Praxis und Theorie bedeutet, und für die anderen, die sich nach wie vor auf die Lernstufen von Gregory Bateson beziehen, darauf zu schauen, wie sie ihr Wissen von den unteren Stufen des Basislernens aufwärts mit wichtigen neuen Informationen zur strategischen Veränderungsfähigkeit ihrer Klienten, der Coachees, auffüllen und aktualisieren können.

Wer sich in Coaching und Beratung mit Veränderungen befasst und wissen will, wie Menschen ihr subjektives Erleben bewusst und prozessorientiert verändern, sollte über NLP – und es steht trotz der Strategie-Lücke bei Dilts genügend Expertise zur Verfügung – nicht (nur) lesen, sondern sich mit der eigenen Persönlichkeit in einen NLP-begleiteten Veränderungs- und Entwicklungsprozess begeben. Ob sich daraus eine NLP-Expertise oder „nur" die Kenntnis einiger NLP-Techniken oder „das kleine Einmaleins des NLP" als Handwerkszeug entwickelt, hängt von der Person des Lernenden ebenso ab wie von der Person des Lehrenden und sicherlich auch von der Lerngruppe und der Lernumgebung.

In die Qualifizierung zum Komplementär-Coach sind ausgewählte NLP-Modelle, Techniken und Methoden nach vorgegebenen Gütestandards integriert, denn: Für Coaching und Beratung bietet NLP im Rahmen der *subjektiven Veränderungsarbeit* ein ausgesprochen geeignetes Spektrum an professionellen Methoden, curricular ausdifferenzierten Ausbildungsbausteinen und theoretischen Grundlagen.

Was gut ist, setzt sich schließlich durch

Eines der größten *Missverständnisse* gegenüber NLP aufseiten vieler Kritiker und oberflächlich Interessierter war und ist, NLP sei leicht zu erlernen, weil seine Techniken und Methoden so leicht und spielerisch *aussehen* und der praktische Nutzen *so offensichtlich* ist. Eine große Täuschung: Seine innere, aufeinander abgestimmte feingliedrige Struktur und die komplexen Methoden und Modelle sind weder „für jeden Gebrauch" standardisierbar oder folgen gar leicht zu kopierenden Musterabläufen noch sind sie in wenigen „Wochenendworkshops für erfolgreiche Verkaufsprofis" erlernbar.

Auch wenn die meisten NLP-Methoden durchaus zum Kontext der „Kurzzeit-Therapie" zählen können, bedeutet das nicht, dass sie ebenso schnell erlernbar sind, wie sie auf den ersten Blick wirken. Wer immer diesen Eindruck von NLP hat, hat sich nicht mit Lernen und Lehren befasst oder hat einen Originalworkshop mit Richard Bandler erlebt und den Eindruck, dessen vermeintlich spielerische Leichtigkeit ließe sich vielleicht nachmachen, weil NLP auf Modelling basiere. Es gab eine ganze Reihe von NLP-Jüngern und Jüngerinnen, die insbesondere in den ersten Jahren Richard Bandler nachgereist sind, um von dessen Genialität zu profitieren, indem sie sich darauf spezialisierten, den „Typ" Bandler zu kopieren und sich seiner kreativ-provokanten Sprechweise und Haltung zu bedienen. Das war dann, als ob man einer ernst gemeinten Kopie von Elvis begegnen würde, die meint, eine Tolle über der Stirn mache einen genialen Musiker aus ihm.

Bandler formulierte allerdings die Ernsthaftigkeit *seines* Verständnisses von NLP von Beginn an, aber nicht alle NLP-Interessierten haben es offenbar aufgenommen: *„NLP ist keine Kollektion von Techniken; es ist eine Methodologie. Reframing ist z.B. nicht NLP; Reframing ist ein Nebenprodukt von NLP. NLP schafft Modelle und Reframing ist nur eines der Modelle. Die Methodik von NLP erfordert, dass Sie langsam vorgehen und Vergleiche anstellen. Konzentrieren Sie sich auf die Methodik in den Übungen. Spezielle Techniken werden später kommen; zuerst jedoch die Methodik, die den Prozess der Entdeckung darstellt, aus dem die speziellen Techniken entwickelt wurden"* (Bandler 1990, S. 22).

Vielleicht benutzen einige systemisch ausgebildete Coaches für ihre Arbeit mit veränderten Kontextbedingungen den Begriff des *„Reframing"* deshalb gern, weil er schon so früh von einem NLPler als „Nicht-NLP" oder Nebenprodukt beschrieben wurde – ohne auf die damit verbundene, umfassende Expertise eines Robert Dilts und anderer zurückgreifen zu müssen? So brauchte denn auch beispielsweise ein Berater der Kienbaum-Gruppe nur wenige Zeilen zur Erklärung eines NLP-Phänomens, das man seiner Meinung nach „in der Psychologie" als Reframing bezeichnet, wenn *„Ereignisse, Gedanken und Gefühle in einen anderen Rahmen gestellt werden, also in einen neuen, anderen Zusammenhang gebracht und umgedeutet werden. Wer sich regelmäßig in dem Umdeuten von Erfahrungen übt, lernt damit, seine Stimmung und seine Gefühle bewusst zu verändern. Für Coaches ist diese Erfahrung von enormer Bedeutung. Denn nur wer Enttäuschungen und Niederlagen schnell überwinden kann, ist in der Lage, sich immer wieder selbst zu motivieren und andere für ein begeistertes Engagement zu gewinnen"* (Niermeyer 2003, S. 77).

Zum einen erwartet sicher kein Coach in diesen kurzen Hinweisen Aussagen darüber, wie denn diese Zauberei vonstatten gehen soll. Aber zum anderen ist Reframing nicht unbedingt als Motivationstechnik zu verstehen und erst recht nicht daran gekoppelt, andere für ein begeistertes Engagement zu gewinnen, wenngleich dies nicht das schlechteste aller Ergebnisse ist.

Auch ohne diese Zielsetzung wird der ergebnisbetonte (sicher gut gemeinte) Charakter der Aussage deutlich genug, um erneut Bandler mit einer Richtigstellung von Vorannahmen über NLP-Methoden zu zitieren, die ebenso gut vor den Beginn eines Coachings gestellt sein könnten. Vor dem Ergebnis steht die Tat, auch die des Coaches. Und so fügt Bandler hinzu, was aus seiner Sicht für Anwender (und das können Coaches zweifellos sein) unabdingbar ist, wenn sie tatsächlich Veränderungen bewirken wollen: *„Der erste Schritt der NLP-Methodik besteht darin, herauszufinden, ob die Person, mit der Sie arbeiten, das gemacht hat, um was Sie sie baten. Wie oft sind Menschen, die Sie gebeten haben, nach innen gegangen und haben etwas Falsches gemacht, weil sie entweder voreilig Schlüsse zogen oder weil Ihre Instruktionen nicht exakt waren?"* (Bandler 1990, S. 22f.).

Diese herausfordernde Expertise – zu erfassen, was eigentlich eine Person tut, wenn sie äußere Impulse verinnerlicht – beschäftigt NLPler als eine der zentralen Fragestellungen.

NLP schaut erst auf die Veränderungspotenziale und Ausgangssituationen der *Person* und dann auf Techniken, die nutzbringend *und* sinnstiftend sind. Der Coach achtet bei widerstreitenden Perspektiven in der Person und im System des Coachees generell zunächst auf die wechselseitigen Ergänzungen und die *Verständigung* und weniger auf den Inhalt. Auch wenn sich, wie überall in Wissenschaft und ihrer Praxis, auch die NLP-Gründer, ihre Anwender und „Erben" heute nicht immer mit Wertschätzung begegnen, sich nicht immer füreinander stark machen und „auch nur Menschen sind": Für Komplementär-Coaching gehören individuell zugeschnittene wie systembezogene NLP-Methoden und Techniken zur Verbesserung von Kommunikation und Interaktion zu den wesentlichen Lernvoraussetzungen, um den komplexen Anforderungen in der Begegnung mit dem Coachee gerecht zu werden.

Der Unterschied, der den Unterschied macht

Menschen verhalten sich auf eine sehr spezifische Weise so, dass sie sich *in erster Linie* regelgeleitet in ihrer *Innenwelt* zurechtfinden – was zumindest logisch ist, wenn wir uns einmal der Bedeutung klar werden, was es heißt, dass wir uns immerhin Zeit unseres Lebens in unserer Haut wohlfühlen sollten, weil wir nun mal nicht aus ihr herauskönnen. Folglich halten wir uns ohne Unterbrechung und im ständigen Dialog mit uns selbst in diesem inneren System auf, während wir den *äußeren Kontext* durchaus wechseln können. Aber immer dann, wenn wir diesen Kontext eines speziellen Systems betreten, begleitet uns in erster Linie unsere innere Erlebniswelt und unser innerer Dialog. Wir nehmen alle möglichen Ereignisse und potenziellen Geschehnisse gedanklich voraus, versetzen uns mental in eine von uns ausgedachte, eventuell stattfindende Geschichte und bereiten uns darauf vor, was passieren wird, eh wir auch nur *einen realen Schritt* in dieses äußere System hinein- oder hinausgemacht haben. So gestalten wir Gegenwart und Zukunft, so deuten wir Zwangsläufigkeiten zu unserer Geschichte, so verbinden wir unser Handeln mit den äußeren Ereignissen und den um uns herum stattfindenden Veränderungen.

Unsere Innenstruktur muss sich also sehr flexibel einstellen, mitschwingen und sich anpassen können, wenn wir uns in der äußeren Welt einerseits mithilfe unserer eigenen Regeln und andererseits gegenüber denen um uns herum verorten und behaupten wollen. Dieser Prozess des Wechsels unserer Aufmerksamkeit von innen nach außen geschieht meist unbewusst wie unser Lidschlag. Ebenso oft verläuft er einvernehmlich in Form einer Art „Einschätzung" der äußeren Welt nach nur uns selbst bekannten Vorerfahrungen und deren Grundmustern. Irritationen entstehen immer dann, wenn Neues sich nicht zuordnen lässt und „neue Ordner" angelegt und gefüllt werden. Dann geschieht Lernen – oder das Gegenteil davon, nämlich Ignorieren, Ausblenden, Abwehr, Widerstand gegen Neues. Lernprozesse sind komplex und kompliziert. Für Coaching und seine Veränderungswelt ist Lernen Voraussetzung. Veränderung kann nur gelingen unter Beachtung der von enorm diffizilen Variablen abhängigen und individuellen Persönlichkeitsstruktur. Diese Abhängigkeit vom individuellen Lernerfolg kann Coaches durchaus ein wenig demütig werden lassen, wenn sie erfassen, was alles *ohne ihr Zutun* geschieht – in den inneren und äußeren Systemen und Kontexten ihrer Coachees.

Auch wenn sich ein regelgeleitetes, alltagsübliches Verhalten unserer Coachees an der Oberfläche ähneln mag, so hat selbst in den kleinsten Gesten kein Mensch dieselben Beweggründe und Emotionen wie ein anderer. Unzählige Möglichkeiten und Variationen in der individuellen Wahrnehmung und kleinste Unterschiede in Worten, Gefühlen und Gedanken weisen den Weg in eine Welt voller Subjektivität und Deutungen.

Submodalitäten, die winzig kleinen Untereigenschaften unserer Wahrnehmung, die das Rot von Rot unterscheiden und den Unterschied im Klang zum Klang machen, zeigen uns, wie voreilig viele unserer Bewertungen sind, wenn wir nicht genau hinschauen und hinhören: *„Als das Neurolinguistische Programmieren (NLP) damit anfing, subjektives Erleben zu untersuchen, wurde entdeckt, dass die Bedeutungsstruktur in der spezifischen Sequenz von Repräsentationssystemen zu finden ist, die eine Person benutzt, um Informationen zu verarbeiten. Diese Sequenzen von Repräsentationssystemen wurden Strategien genannt. (...) Später wurde entdeckt, dass die Intensität von Bedeutungen in direktem Zusammenhang mit den Submodalitäten oder den Bestandteilen eines bestimmten Repräsentationssystems stand“* (Bandler 1989, S. 22).

Diese Untereigenschaften der inneren Ordnungs- und Repräsentationssysteme können, so weit zumindest der heutige Kenntnisstand, aus einem Wort durch eine winzige Lautverschiebung eine Kränkung oder eine Liebesbekundung, durch eine zu hochgezogene Augenbraue einen Angriff oder ein Friedensangebot machen. Das zeigt, wie sehr die Befähigung zur Bewertung und Beobachtung gleichermaßen davon abhängt, ob jemand aufmerksam genug dafür ist, einzuschätzen, was von außen kommt und längst von innen geantwortet hat. Denn wir wissen auch: Das innere Netzwerk aus Gefühlen, Gedanken und Reaktionen ist umso vieles schneller, als unser Gegenüber sprechen und handeln kann.

Deshalb sind wir eigentlich ständig geneigt, in all diese Tempoverzögerungen und „Lücken“, die außerhalb von uns stattfinden, allein schon aus Langeweile, aber meist unbemerkt, eigene kreative Gedanken, erfundene Worte oder erinnerte Gesten einzufügen. Bedenken Sie: Nie schaltet unser inneres neuronales Netzwerk solche vergleichenden und auffüllenden Prozesse ab. Umso wichtiger ist es für den Coach zu wissen, was er sprachlich, gestisch und mimisch dem Coachee anbietet bzw. abverlangt und wie wesentlich die Kenntnis aktuellen Wissens über unsere neuronalen Fähigkeiten ist. Jeder Coach muss sich zukünftig dieser Themenfelder bedienen und sein eigenes Verhalten darauf abstimmen lernen.

Die permanente Beschäftigung mit unzähligen Dingen, bewusst wie unbewusst, lässt uns Schlüssel verlieren, aber eine komplizierte Lösung für eine technische Konstruktion finden oder sie verleitet uns dazu, unbewusst Auto zu fahren, ohne anschließend zu wissen, wie wir das nun wieder gemacht haben, weil wir uns beim Autofahren im Geiste mit unserem Chef gestritten haben.

Wenn also ein Coach seinen Coachee *unpräzise* fragt – und das kann in einer Situation bedeuten, dass der Coach zu allgemein, in einer anderen Situation viel zu konkret wird –, fällt dem Coachee irgendetwas ein. Und schon, bevor der Coach die Richtung noch einmal korrigieren könnte, ist der Coachee, wie der Igel vor dem Hasen, längst bei einem solch zufälligen, aber vom Inhalt des Coachings vielleicht komplett wegführenden Gedanken. Und der Coachee hat natürlich im Inneren gefunden, wonach er gar nicht hätte suchen sollen.

Schlechte Gesprächsführung durch den Coach, könnte man sagen. Vielleicht auch einfach nicht aufgepasst? Oder fehlendes Verständnis davon, wie so etwas geschieht.

NLP-Expertise bedeutet für den Coach, selbst zu wissen, wie differenziert, wie unterschiedlich Worte verstanden und Impulse wahrgenommen werden können. Und das wiederum bedeutet, vor der Anwendung von Techniken und Methoden eine professionell angeleitete, aufmerksame Ausbildung zu erhalten, wie auch gleichsam viel Feedback auf die eigene Vorgehensweise durch Üben mit anderen Personen – die besser nicht die eigenen Coachees sein sollten.

Bandler, bei all seiner heutigen Einschätzung gegenüber den „nur noch archäologisch relevanten" Techniken und Methoden des NLP, hat selbst natürlich viele unzählige Male „geübt" und weiß daher sehr genau, dass es nicht das Lesen und Zuschauen ist, was die Expertise bringt, sondern vor allem Neugier und das unerschütterliche Interesse daran, etwas Neues herauszufinden und dafür aufmerksam zu sein: *„Der erste Schritt bei der Erfahrung, wie Submodalitäten funktionieren, ist die Erfahrung, dass sie tatsächlich existieren. Am besten geht das in kleinen Schritten, langsam und systematisch. Üben Sie zuerst mit jemand anderem; dann können Sie lernen, es mit sich selbst zu machen; und es ist wichtig, es mit sich selbst tun zu können. Das Üben mit einer anderen Person stellt eine Art Dissoziation dar, die das Lernen leichter macht"* (Bandler 1989, S. 22).

Diese kleinsten, aber offenbar sehr wirkungsvollen Interventionsteilchen lassen es heikel erscheinen, wenn sich Coaches und Berater heute als ausschließlich „betrachtende" Beobachter von Systemen definieren, die meinen, sie könnten sich gegenüber den Subsystemen und Energie-Bestandteilen „im gleichen Raum" entziehen, als läge es bei ihnen zu definieren, bis wohin genau sich ihre Wirkung erstreckt und wo sie aufhört. Heute, in Zeiten mentalen Trainings und rasanter Abfahrtsläufe im Geiste, wissen wir, dass allein schon die *Vorstellung* einer Person ähnlich starke Emotionen auslöst, als wäre sie haptisch und physisch anwesend.

Wenn ein Coach sich also auf vermeintlich distanzierter Beobachterposition wähnt, weiß er

- nicht, wie sich das System und wie sich die Einzelnen im System *um ihn herum/neben/hinter/vor ihm/wo genau* im Raum aufstellen und wo sie ihn am liebsten platzieren würden;
- nicht, ob der Coachee oder andere Bezugspersonen ihn gedanklich dennoch so einbeziehen, *als ob* er im Raum wäre;
- dass er von potenziell 360 Grad nur eine eingeschränkte Perspektive von *maximal* 180 Grad einnehmen kann;
- dass eine Beobachterperspektive eine mentale Idee ist und kein realer Zustand und dass sich diese Idee bei jedem Beobachter körperlich anders „manifestiert", also nie „objektiv an sich", sondern individuell unterschiedlich ist.

Zumindest sollte heutzutage ein Coach diese Vorannahmen kennen und die eigenen kritisch überprüfen, bevor er sich als „betrachtender Beobachter" bezeichnet. Selbst Naturwissenschaftler, die diese Bezeichnung lange Zeit als Privileg des objektiven Experten und Besitzstand wahren wollten, müssen sich mit ihrer subjektiven Sicht und Einbezogenheit in ihren Forschungsgegenstand befassen.

Heute gehört es in vielen Bereichen des personenbezogenen Coachings zum Qualitätsstandard, sich dieser Mikro- und Makroebene in der eigenen Wahrnehmung und eines methodisch gescheiten Umgangs zu vergewissern – immer eingedenk der Tatsache, dass täglich *neue* Informationen aus Wissenschaft und Forschung unser Wissensbild erweitern und unsere derzeitigen Ansichten auf die Probe oder auf den Kopf stellen können.

Heftig umstritten, ungestüm geliebt

Die Modelle und Methoden des NLP haben von Beginn an unterschiedliche humanwissenschaftliche Ansätze integriert und diese therapienah, methodologisch orientiert oder systemisch weiterentwickelt. Heute kann sich NLP als eine umfassende, personenbezogene und systemisch fokussierende Modellwelt gleichwertig dem Konzept der systemischen Beratung an die Seite stellen. Ein theoretisches Modell war daran maßgeblich beteiligt – das bereits angesprochene Modell der Logischen Ebenen von Robert Dilts, und es soll hier etwas ausführlicher Raum bekommen.

Ursprünglich als Mechanismus der Verhaltenswissenschaften formuliert, basiert es im Wesentlichen auf den vier Lernstufen von Gregory Bateson. Dessen zentrale Idee: Jede der Lernebenen umfasst und organisiert die jeweils darunter liegende und hat eine stärkere Wirkung auf das Individuum, den Organismus oder das System. Diese Ebenenhierarchie von Prozessen verläuft sozusagen „top down", weshalb dieses Modell auch in Geschäftsführungen und Vorstandsetagen angewandt wird. Wird nämlich auf einer höheren Ebene etwas verändert, strahlt, so die Kernidee, dies nach unten ab und führt zu Veränderungen auf niedrigeren Ebenen. Umgekehrt kann, muss dies aber nicht erfolgen, so die damalige Theorie.

Dilts differenzierte im Laufe der Jahre dieses Grundmodell und entwickelte aus seiner NLP-Arbeit heraus weitere Lernstufen. Seine sechs sich ergänzenden und wechselseitig bewirkenden Ebenen umfassen das Umfeld (6), das Verhalten (5), die Fähigkeiten (4), die Überzeugungen und Werte (3) und die Identität (2). Die sechste Ebene bezeichnet Dilts als spirituelles, relationales Feld (1), das vielfältige Identitäten umfasst und zu dem das Empfinden gehört, Teil eines größeren Ganzen zu sein. Diesen Ebenen ordnet er bestimmte Arten von Unterstützung und Führungsstilen zu. Die des Coaches gehört für ihn auf die Ebene des Verhaltens. Weitere Rollen wie Lehrer, Mentor, Sponsor und Awakener sowie Guide-Caretaker identifiziert er für die anderen Ebenen, die er dennoch alle unter dem Begriff des Professionellen Coachings subsumiert (vgl. Dilts 2005, S. 239).

Gundl Kutschera beschreibt in ihrem weiterentwickelten dynamischen Spiralmodell diese sechste Ebene als *Spiritualität,* die den Menschen Sinn in ihrem Handeln gibt und ihnen, in enger Verbindung und quasi im Rückschluss auf ihr Handeln, in konkreten Umfeldern die Verbindung vom einzelnen Menschen zu der ihn umgebenden größeren Sinnhaftigkeit vermittelt. Das kann in diesem besonderen *„Tanz zwischen Bewusst-sein und Unbewusst-sein"* die Natur für die einen, Schöpfung und Glaube für die anderen, für Dritte Glück und Lebenssinn bedeuten (vgl. Kutschera 1994).

Gundl Kutschera hält die Dilts`sche Ebene der Identität für ein großes Missverständnis. Denn nicht die unverwechselbare Identität eines Menschen soll sich verändern, sondern allenfalls sein gelebtes und verinnerlichtes Verständnis von unterschiedlichen Rollenebenen, mit denen jeder Mensch seine Identität individuell prägt. Kutschera beschreibt anstelle der Identitätsebene klare Rollenmuster der Persönlichkeit und ordnet ihnen die Ebenen von Individuum, Mann/Frau, Hierarchie/Gleichwert bzw. Spielen und Umfeld zu.

Im Kontext von NLP zeigt sich nun, dass auf allen Ebenen die Submodalitäten eine entscheidende Rolle darstellen. Wieder war es Richard Bandler, der, als einer der Ersten, die Bedeutung des *Unterschiedes vom Unterschied* der Submodalitäten, dieser feinen Untereigenschaften in den Gedanken, Gefühlen und Verhaltensweisen herausarbeitete und sie in Beziehung zur Wahrnehmung von Zeit und zu allen bis dahin im NLP entwickelten Veränderungsmustern zu setzen wusste.

Gundl Kutschera bezog sich, neben Richard Bandler, auch auf die Forschungen des ungarischen Soziologen Mihaly Csikszentmihalyi (1992) über *„Flow – das Geheimnis des Glücks"* und stellte heraus, dass die Beschreibung des Flow-Zustandes einhergeht mit Erkenntnissen zu den Submodalitäten: *„Kutschera siedelt die Bedeutung der Submodalitäten für das ganzheitliche Erleben einer Persönlichkeit auf der obersten, der sechsten Ebene an. Von hier aus, von der Quelle der Kreativität (in ihrem Sprachgebrauch: Spiritualität) setzen die Submodalitäten ein. Je nachdem, welche Submodalitäten ein ‚Quellen'- oder Flow-Erlebnis hervorrufen, werden sie von ‚hier oben' durch alle weiteren Ebenen hindurchwirken. Überall, wo auch nur Spurenelemente dieser Quellen-Submodalitäten auftauchen, werden wir auf ihren Reiz hin eine entsprechende Response erhalten. (...) Die Submodalitäten-Reize vernetzen sich mit einer Empfindung, die Sie in positive Verbindung mit Ihren Werten und Glaubenssätzen, mit Ihren Fähigkeiten und Fertigkeiten, mit Ihrem Verhalten und mit Ihrer Umwelt führen wird"* (Strikker/Strikker 1994, S. 59).

Die weniger angenehme Wirkung der Logischen Ebenen erfahren Coachees, wenn sich dieses *verbindende* Gefühl der positiven Wirkung *nicht* einstellt, weil sie auf einer der Ebenen „festhängen" und in ihrem Verhalten blockiert werden, von unerledigten Aspekten der darüber liegenden Ebenen. Coaches machen diese Erfahrung übrigens selbst – zwar ungern, aber spätestens dann, wenn der Coachee nichts von all dem annehmen mag, was der Coach ihm anbietet, und dies geschieht vielleicht mitten in einem „Showdown", mit Auftraggebern oder weiteren potenziellen Kunden und Klienten, in Workshops oder ähnlichen Szenarien.

Diese Erfahrung des „Steckenbleibens" ist eine der in Change-Coachings auf die eine oder andere Weise am *häufigsten* vermittelten Erfahrungen von Coachees und sie teilen sie mit den meisten Menschen, die auch bereits in der Veränderung begriffen sind, sich auf den Weg machen, und irgendetwas blockiert plötzlich die anstehende Erkenntnis. Etwas macht den nächsten Schritt schwer und verhindert die neue Einsicht, macht ein verändertes Verhalten nahezu unmöglich.

Dieser *„Stuck State"* ist, je nach subjektivem Auslöser und mithilfe unterschiedlicher Strategien wieder zu lösen, aber für den Coach ist *zuvor* die Information wesentlich, dass der Fluß wieder einsetzt und *wie* es dazu kam, *mit welchen inneren oder äußeren Impulsen* er zusammenhängen könnte und *wofür er (in der ursprünglichen Absicht)* gut sein könnte oder symbolischer „Platzhalter" ist. Allein durch ernsthaftes, gezieltes Fragen kann oft der „methodische Notfallkoffer" geschlossen bleiben.

Coaches können „Stuck States" natürlich auch als *Widerstand gegen Change* einordnen und sich nach struktureller Verstärkung im System und immanenten Rollen, Funktionen, Gewohnheitsmanagement oder anderen Schuldzuweisungen umschauen. Dem Coachee wird das vermutlich egal sein, solange er nicht damit behelligt wird, denn es ist für ihn *für den Moment* eine rein akademische Beschäftigung des Coaches mit scheinbar irrelevanten Gedanken.

Der Frosch wurde nicht geküsst

Die Herausforderung begann mit den ersten Praxiskursen. Seitdem und bis heute wissen NLPler: Eine Technik kann noch so genau befolgt werden, nie wird es den Punkt geben, an dem der Coach alles gesehen, beachtet, erfasst oder gar verstanden hat. Bandler spricht nicht umsonst von Myriaden von Umdeutungsmöglichkeiten angesichts der neuronalen Netzwerke in uns. Gestartet sind wir mit einem sechs Schritte langen Reframing – allein das war schon komplex genug zu lernen.

Dass die veröffentlichten Erkenntnisse des NLP in aller Regel eingängig beschrieben und noch besser anzuhören waren, beschleunigte den Bekanntheitsgrad von NLP vor allem in den ersten Jahren enorm. Viele Teilnehmer an NLP-Seminaren wollten daher gar keine qualitative Diskussion über die Techniken oder die Ethik und Moral der Veränderung selbst führen, sondern nahmen wörtlich, dass NLP als Kurzzeit-Therapie eingeführt wurde. Sie wollten neues Wissen in *kurzer* Zeit und *schnell* wieder gehen können. Warum sollten sie davon ausgehen, dass NLP-Wissen mit persönlicher Veränderung einhergeht?

Die auf hohem intellektuellem Niveau weiterentwickelten NLP-Methoden, wie „Slight of mouth" und auch das komplexe Konzept der „Logischen Ebenen" und Rollenmuster, waren für viele NLP-Interessierte nicht Voraussetzung dafür, einzelne Tools auszuprobieren. Das Hauptinteresse an NLP galt pragmatischen Lösungen für kommunikative Situationen, Verkaufstipps, pfiffige Managementtechniken. Die konstruktivistischen Hintergründe der subjektiven Repräsentationen, die komplexe Welt der sinnesspezifischen Sprachmuster konnten und wollten viele „normale NLP-Anwender" kaum noch nachvollziehen.

Schon in den ersten Jahren von NLP kam es daher zu großen Reibungen über die Ausbildungsstandards und zu inhaltlichen bzw. interessensbezogenen Abgrenzungen: Erfahrene Kommunikationsexperten, langjährig tätige Therapeuten, Mediziner, Psychologen wollen nicht in „NLP-Kinderschuhe" gesteckt werden und laufen lernen müssen. Sie wollen neben der zugänglichen Literatur in Kurzzeit-Geschwindigkeit (und NLP stand ja für Kurzzeit-Therapie) möglichst rasch eine praktische Expertise vermittelt bekommen. Dass das mit den neuen, hochkomplexen Werkzeugen des NLP nicht einfach so ging, brachte den Ausbildern in den ersten Jahren und auch heute noch durchaus Widerstand und Ärger entgegen. Es gab viele „NLP-User", die nur an der pragmatischen Seite dieser Kunst, dem „Malen nach Zahlen" interessiert waren und nicht an der Kunst, auf der Palette die Erfahrung von reinen und gemischten, von warmen und kühlen Tönen und den komplementären Zusammenstellungen zu machen.

Schwierig daran war für NLPler, dass das, was diese User machten, schlechte „Ware" und kein NLP war. Ehe nämlich die wirkungsvollen neurolinguistischen Erkenntnisse und Methoden *nachhaltig* in der Praxis überprüft werden konnten, waren Verkaufsprofis bereits unterwegs und erzählten, dass jeder, der im Gespräch nach links oder rechts oben schaut, ein „visueller Typ" sei. Diese „Spezialisten" merkten gar nicht, dass sie über hochkomplexe innere Systeme und entsprechend wirksame Techniken sprachen; und immer noch gibt es viel zu viele „Workshop-NLPler", die in Training und Beratung oder im Coaching mit einigen wenigen NLP-Tools unterwegs sind.

Im Vergleich dazu weiß jedes Kind mehr darüber, was es bedeutet, sich erstmals damit zu befassen, auf einen hohen Baum klettern zu wollen und dort eine Frucht zu pflücken, als ein Erwachsener, der sich – wie diese NLP-User – gedanklich schon mit dem Herstellen von Marmelade befasst, aber nichts darüber weiß, ob die Früchte am Baum der Erkenntnis überhaupt für eine solche Verarbeitung geeignet sind – geschweige denn, wie er an sie herankommen könnte.

Die NLP-Ausbildungsgänge waren vor allem anfangs eine dynamische Mixtour aus offenen, prozessorientierten und logisch-abstrakten Lernschritten, viel Spaß bei den Übungen und einem wechselnden Maß an „Besserwisserei" und Loslassen der Teilnehmer in den Workshops und Seminaren. Nach und nach setzten sich einige Ausbildungsinstitute, vor allem die der ersten Stunde, mit ihren professionellen Standards und Curricula souverän am Markt durch.

NLP war von Beginn an dem internen Streit ausgesetzt, wem es wie nützt und wer welche Standards und welche Grenzen setzen könnte. Wenn Erwachsene lernen, wird über das Lernen diskutiert, bevor gelernt oder verstanden wird, um was es geht. Daher wurde für das *neue Lernen* von NLP die Arbeit mit Irritation eine der Grundvoraussetzungen.

Es ist nicht zu verhindern: In Qualitätsfragen wird es solchen ungestümen, umsetzungswilligen Umgang mit Wissen immer wieder geben, manchmal vor lauter Begeisterung, manchmal vor lauter Unwissenheit.

Heute benutzen viele Berater und Trainer NLP-Übungen, z.T. ohne dass sie wissen, dass sie eben dies tun, weil die Methoden und Modelle Teil des Allgemeinwissens in Beratung, Training und Coaching geworden sind. Immer noch benennen aber eine ganze Reihe Professionals ihre Arbeitsquelle NLP nicht, weil sie, was natürlich kontraproduktiv ist, gar nicht erst in den Sog der negativen Debatte hineingezogen werden wollen. Ebenso erging es den Gestalttherapeuten mit dem „Heißen Stuhl" oder den Transaktionsanalytikern mit ihren „3-Ichs" und auch Freud persönlich wurde auf wenige Begriffe, vor allem auf die Couch, gern und spöttisch reduziert.

Christopher Rauen machte im Rahmen einer Coaching-Ringvorlesung der Universität Bielefeld im Sommer 2006 sein Unbehagen gegenüber dieser Haltung deutlich, indem er ankündigte, dass er alles dafür tun werde, dass Coaching nicht dasselbe widerfährt wie NLP. Wenn professionelle Coaches nicht gegensteuern, wird es seiner Meinung nach auch im Coaching bald ein vergleichbar unprofessionelles und unübersichtliches Angebot am Markt geben, ohne ausgewiesene Standards zu Qualität, Professionalität und zukünftiger Entwicklung – und jeder nennt sich Coach, der irgendwo einen Wochenendworkshop gemacht hat.

Nicht NLP oder eine der vergleichbaren Modelle und Theorien selbst steht heute zur Diskussion, auch nicht Coaching als solches, sondern die unprofessionelle Nutzung von wirksamen Methoden und Techniken aus der Veränderungsarbeit mit Klienten und Coachees. Es geht Rauen und vielen anderen, die derzeit aktiv Verband um Verband gründen, um das öffentliche Bild eines Tätigkeitsbereiches und seine garantierten Standards am Markt bzw. deren Einhaltung und Kontrolle. Ob dies gelingt, wo doch der Markt allein schon durch das Internet weltweit offen und allgegenwärtig ist, mag angesichts der Verbandsstreitigkeiten und Konkurrenz der „Exklusivität" versus „Zugang für alle" durchaus schwierig erscheinen.

Wer professionell coacht, muss sich ohnehin diesen Marktbedingungen stellen. Seit vielen Jahren lehrt NLP Selbstverantwortung und schult die Menschen im Umgang mit ihren subjektiven Wahrnehmungen. Im Komplementär-Coaching werden viele nützliche Erkenntnisse der Neurolinguistik akzentuiert eingesetzt. Wenn es darum geht, sich am Markt zu behaupten, kann NLP ebenso eine exzellente Empfehlung sein wie auf Vorbehalte treffen, so wie jedes andere ambitionierte und wirkungsvolle Vorhaben.

Komplementär-Coaching nutzt die farbreiche Palette der Antworten des NLP im Kontakt und in der Interaktion mit seinen Coachees und den Unternehmen: *„Ziele und die Aussicht auf gute Ergebnisse können nicht jeden motivieren. (...) Wenn wir andere jedoch in ihrer Welt abholen und erreichen wollen, ist es wichtig, ganz in ihre Welt einzutauchen. Sie verstehen uns nur, wenn wir unser Erleben ganz beiseite schieben. (...) Wenn wir uns nur auf Positives ‚zubewegen', kann es passieren, dass wir um uns herum nicht sehen, was dringend verbessert werden sollte. Sehen wir nur, was verbessert werden sollte (‚wegbewegen'), können wir leicht die positive Richtung verlieren und werden richtungslos"* (Kutschera 1994, S. 432).

Gerade im Change ist es notwendig, andere nicht voreilig und munter drauflos zu bewegen, sie mit dem unwirklichen *„positiven Denken"* zu langweilen oder mit ungezielten Maßnahmen an den Beteiligten vorbei zu agieren. Wissen muss Richtung geben können und Bewegung soll nutzen: Beides ist notwendig – die Einhaltung und Achtung respektvoller Distanz „weg von etwas" und das Wissen um Nähe und Empathie in der Welt des Coachees „auf etwas zu".

Erst aus beiden Perspektiven ergeben sich neue Dimensionen, unerwartete Zwischenräume und unendlich viele Möglichkeiten „von ganz weit weg bis ganz nah dran", von langsamen Bewegungen bis hin zu hohem Tempo, von starken und vollen Farben bis hin zu leisen Pinselstrichen und ganz sanften, weichen Abtönungen – die feinen Unterschiede machen die große subjektive Welt.

Ich möchte deshalb der Idee des tiefen Eintauchens in die Welt der Coachees das komplementäre Bild der Kaiserpinguine hinzufügen, die in *ihre* Welt der stürmischen See nicht nur tief und brillant eintauchen können, sondern sich ebenso pfeilschnell zurück an die Wasseroberfläche katapultieren können, um sich mit den brandenden Wellen zugleich an ihre Zielorte hoch oben in die Felsen heben zu lassen, von wo aus sie mitten in Sonne und vulkanischer Wärme einen exzellenten Überblick auf Freund und Feind – und „Ruhe für den Moment" ganz für sich selbst – haben. Alles inmitten einer unglaublich turbulenten Umwelt voller anderer Tiere, voller Rufe und Töne und mit jedem Gang zum Wasser auf dem Weg in ein neues Abenteuer voller Gefahr und Vorsicht, voller Kunst und mit unbändiger Beweglichkeit.

Veränderungen haben für uns Menschen viele und besondere Unbekannte. Wir als Coaches insbesondere wissen in sehr vielen Fällen nicht, was genau eigentlich ein Coachee schließlich wirklich in sich und mit sich gemacht hat, dass ihn dies plötzlich zu neuen Möglichkeiten führt und neue Fähigkeiten frei setzt. Wir wissen aber, dass viele Ebenen und manch ein aufmerksamer Schutzengel gleichzeitig Unterstützung dabei geben.

Zusammenfassung – Kapitel 6

In den vergangenen 30 Jahren haben im Kontext von systemischer und personenbezogener Coaching-Arbeit viele Entwicklungen zu neuen Erkenntnissen und sich überlappenden Methoden geführt. Insbesondere zeigt sich heute:

1. Coachees erleben in Change-Prozessen zunehmend individuelle Grenzsituationen, die sie auf der personalen Ebene jedoch allein nicht lösen können.

2. Business-Coaching öffnet sich zunehmend beiden Bereichen eines Phänomens, dem systemischen wie personalen Coaching von Einzelpersonen (und Teams etc.).

3. NLP und systemische Beratung arbeiten gleichermaßen mit Sprache, Kontext, Veränderungsebenen und verschiedenen Perspektiven. Im Komplementär-Coaching werden beide Expertisen zusammengeführt und finden in den „Logischen Ebenen“ ein gemeinsames Grundlagenmodell, das im Komplementär-Coaching um „Strategien“ erweitert wird.

4. Die kleinsten Interventionsteilchen im Coaching sind die Submodalitäten, die Untereigenschaften der Wahrnehmung und internalen Prozessverarbeitung von Informationen. NLP bietet ein exklusives Methodenrepertoire an, das sich seit mehr als 20 Jahren im professionellen Einsatz in der Ausbildung, Qualifizierung und Anwendung bewährt hat.

Siebtes Kapitel: Schlussbetrachtung: Zeit für komplementäre Zukunft – Zeit für einen Change

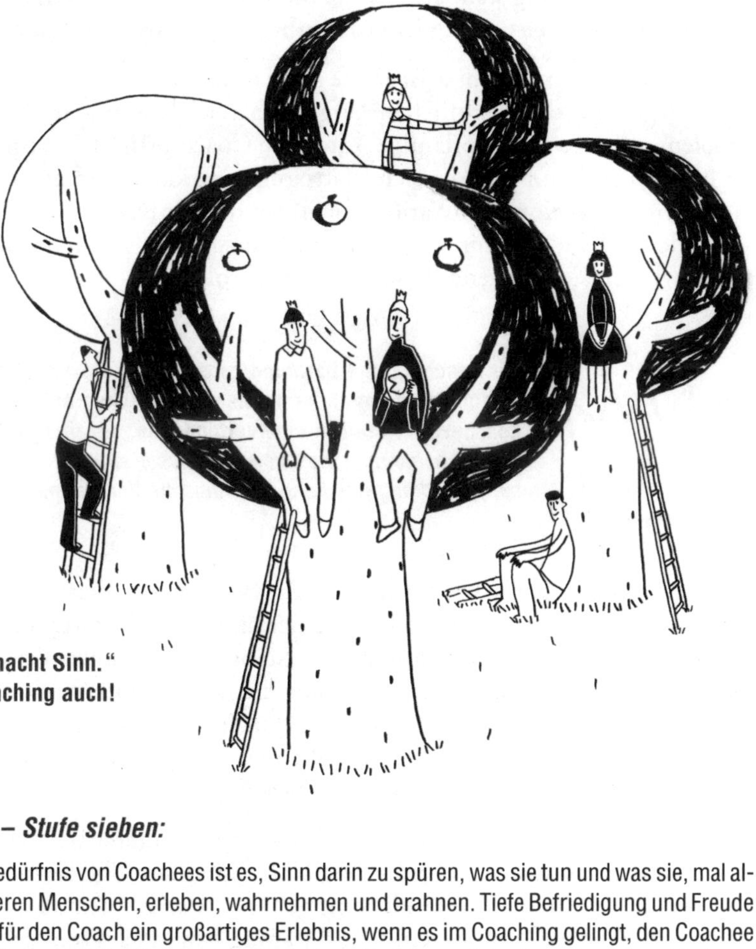

„Leben macht Sinn." Komplementär-Coaching auch!

Die Wunderleiter – *Stufe sieben:*

Das wesentlichste Bedürfnis von Coachees ist es, Sinn darin zu spüren, was sie tun und was sie, mal allein und mal mit anderen Menschen, erleben, wahrnehmen und erahnen. Tiefe Befriedigung und Freude am Leben sind auch für den Coach ein großartiges Erlebnis, wenn es im Coaching gelingt, den Coachee zu seinen höchsten Werten und Bedürfnissen zu begleiten. Die „Wunderleiter" mit ihren verschiedenen „Stufen der Erkenntnis" ist das strategische Handwerkszeug im Komplementär-Coaching, mit dem der Coachee die Verbindung vom Problem zur Lösung in den Händen hält.

Als Projektleiterin im neuen Fernstudium „Coaching und Moderation“ an der Universität Bielefeld und verantwortlich für die Gestaltung und inhaltliche Steuerung der Präsenzphase Coaching, habe ich in den vergangenen Monaten mit vielen namhaften Coaches Kontakt gehabt, die sich u.a. als Business-Coach, systemischer Coach, als Life-Coach oder TOP-Management-Coaches definieren und die alle vor der Frage stehen, welche Methoden und welche Modelle zukünftig erfolgreich sein werden. Deutlich wurde in den Gesprächen: **Kein Modell steht für sich allein im Moment erfolgreich da** und die jahrelange Begründung für eine sinnvolle Abgrenzung steht aus meiner Sicht aktuell zur Diskussion an. Es zeigt sich: **Innere Prozessorientierung ist eine unbekannte Größe in Change-Vorhaben.**

Das Persönliche im Business ist heute stark individualisiert, es wird möglichst abgegrenzt gegenüber dem beruflichen Aufgabenbereich bewältigt und findet bei größeren Problemstellungen eine vorläufige Adresse in Coaching und Beratung. Parallel zu dieser Individualisierung wirken sich Matrixorganisationen und die teilweise hochkomplexen virtuellen Kommunikationsabläufe in den Unternehmen stark auf die Bereitschaft der einzelnen Personen, sowohl im Management als auch bei den Mitarbeitern aus, inwieweit sie sich verändern wollen oder sollen.

Für Coaching und Beratung zeigt sich in diesem Aufeinandertreffen von persönlichen und unternehmensspezifischen Anliegen in der Person des Coachees: Es braucht eine verbindende, *spezifische Coaching- und Berater-Betrachtung, eine neue, prozessorientierte „Theorie“ und eine entsprechend angeglichene methodische Vorgehensweise.*

Dies ist für NLP, ebenso wie für systemische Beratung und vergleichbar professionelle Beratungs- und Coachingmodelle eine der aktuell wichtigsten Herausforderungen. Mir geht es um ein aufgeschlossenes Verständnis gegenüber den unterschiedlichen Ansätzen, um eine angemessene professionelle Distanz und um eine sinnvolle, sich ergänzende Verbindung. Die komplementären Zusammenhänge verstärken aus meiner Sicht *beide* Ansätze, den neurolinguistischen *wie* den systemischen, um eine ganze Reihe *notwendiger neuer Erfolgsfaktoren* für die Bewältigung von Veränderungsprozessen.

Ich halte es für bedeutsam, wenn mithilfe komplementärer Betrachtung nach Jahren des „Nebeneinanders“ eine größtmögliche „Simultan-Übersetzung“ der jeweiligen Methoden, eine **neue Verständigung** gelingt zwischen dem, was in Unternehmen derzeit als „Change“ und systemische Beratung bzw. auch Organisationsentwicklung möglich ist, und dem, was NLP seit 20 Jahren als erweiterndes, humanistisches Modell zu den individuellen Veränderungen grundsätzlich und methodisch beiträgt. Bedenken Sie: Viele Modellwelten für Coaching und Beratung existieren bereits, kleine und größere Veränderungsvorhaben werden immer wieder mit Kunden und Klienten beispielhaft auf den Weg gebracht. Dabei zeigt sich: Change-Auslöser sind nicht eindimensional. Change entsteht nicht an einem bestimmten Punkt. Um Change zu erfassen, braucht es eine ganzheitliche und am besten mehrdimensionale Brille mit Weitwinkel, Zoom und Nahlinsen auf der Coach-Nase.

Change als Führungsprinzip bedeutet, dass Coachees nicht mehr auf einen erfolgreichen *Abschluss* in ihrer Arbeit mit einem Coach hinarbeiten können, sondern auf ihren erfolgreichen *Umgang* mit *kontinuierlicher Veränderung.*

Hier kann die interdisziplinäre Expertise von NLP ansetzen und gemeinsam mit der Kenntnis der systemischen Beratung einen wesentlichen Beitrag dazu leisten, dass Ergebnisse effizient, unmittelbar und zugleich nachhaltig in der Prozesswelt von Change-Management zur Wirkung kommen. Mit Blick auf einige ausgewählte Unterschiede ist das Gemeinsame von NLP und der systemischen Beratung leicht zu erkennen:

Beispiele für NLP-Methoden:	Methoden aus systemischer Beratung:
Reframing und innere Wahrnehmung (persönlicher Umgang mit Veränderungen/ Gewohnheiten plus Erfahrungen mit Veränderungen im Unternehmen)	**Beobachtende Betrachtung** der Rollen und Funktionen im Praxisfall mithilfe räumlicher bzw. visualisierter Aufstellung der Problemsituation
Disney-Strategie und Modelling (Erfolgsfaktoren in ökologischer Balance und unter Einbeziehung möglicher Krisen/negativen Feedbacks in der Zukunft)	**Innere und äußere Realitäten** erkennen
Assoziieren mit positiv und **dissoziieren** von negativ emotionalisierenden Situationen	**Inneres und äußeres System** (z.B. der Einzelne im Team, Unternehmen und Markt, Abteilung und Bereich, konkurrierende Teams, Führungskraft und Mitarbeiter) **und seine Rollenträger in ihrer Wechselbeziehung erkennen**
Umgang mit **Hierarchie und Gleichwert nach Submodalitäten** (1., 2., 3. Position, innere Repräsentationen und Erfahrungen)	**Beobachterposition** außerhalb des Systems, eigene **Verwicklungen** erkennen und **Einfühlen** in neue Verhaltensweisen innerhalb des Systems
Logische Ebenen als Handlung leitendes Modell: Diagnose der vergangenen und der Ist-Situation und zukünftige Zielsetzung durch Fragen nach Sinn, Identität, Werten, Strategien, Fähigkeiten, Verhaltensweisen und Umfeldbedingungen	**Notwendigkeit beobachtender strategischer Vorgehensweise** zum Erkennen von – eingeschränkten – individuellen Handlungsoptionen

Beispiele für NLP-Methoden:	Methoden aus systemischer Beratung:
Verankern von Ergänzung und **Entzerren** von einschränkenden Polaritäten	**Belief:** Der Einzelne erfüllt vorgegebene Rollen und Funktionen innerhalb des Systems und kann dieses – begrenzt – entmachten. Handeln im System ist sytemimmanent – oder das System stößt die Handelnden ab.
Submodalitäten	
Slight of mouth – „Zauberei mit Sprache"/ Wunderfrage	
Milton – und Meta-Modell der Sprache, Präsentationssysteme	**Architekturen & Designs**
Belief: Jeder Mensch trägt die Lösung seiner Probleme bereits in sich und hat das kreative Potenzial zum Handeln auf jeder (logischen) Ebene der Veränderung.	Zirkuläre Fragen Konstruktivismus in Theorie & Praxis
„Veränderung ist leicht."	„Veränderung ist schwer."

Das **Neurolinguistische Programmieren** bietet im Zusammenspiel mit anverwandten Modellen beste Voraussetzungen für neue Wege in Coaching und Beratung. NLP bedeutet nicht nur „Never Limited Pleasure", wie mir einige Kollegen für meine Arbeit als Lehrtrainerin mit diesem („meinem") komplementären und integrativen Modell von Welt wünschten: Mit ihrer **interdisziplinären und integrativen Expertise** in der Tradition der Humanwissenschaften, mit ihren großartigen, erfahrenen Lehr- und Baumeistern und den erfahrenen Theorie-Modellgebern kann sich diese Methodologie seit ihrer Entstehung vor mehr als zwei Jahrzehnten heute qualitativ und hochaktuell auf jedem Coaching- und Beraterlaufsteg sehen lassen.

Es ist daher an der Zeit, dass sich NLP offensiver als bisher in die Diskussion um Coaching-Qualität einschaltet. Seit Jahren hat NLP professionelle Coaching-Standards gesetzt und eine anspruchsvolle Zuordnung zu den theoretischen und modellhaften Hintergründen geleistet, die heute das Steuern und Führen von Change-Prozessen erheblich erleichtern.

Im Modell des Komplementär-Coaching fließen diese verschiedenen Standards aus der neurolinguistischen und systemischen Expertise mit der Praxis für die Themenstellungen des Coachees vor Ort zusammen. **Komplementär-Coaching** bezieht sich in seiner „handwerklichen" Entwicklung, in seinen theoretischen Wurzeln und Modellen und in seinen Anforderungen an die innere Haltung des Coaches sowohl auf die Mehrdimensionalität und integrative Kraft der Methodologie des NLP als auch auf die systemtheoretischen Erkenntnisse und engagierten, langjährigen Praxiserfahrungen der systemischen und der Organisationsberater und schätzt das tiefe Wissen der traditionell personenbezogenen Coaches in der Begegnung mit dem Coachee.

Verankern können sich diese Perspektiven dann, wenn sie sich im Kontext der Unternehmen und der Coachees bezahlt machen, d.h., wenn sie zu einer *sinnvollen Steue-*

rung der komplexen Geschäfte wahrnehmbar beitragen. Durch diese Erfolge wird der Coachee bestärkt, an seinen Veränderungsprozessen dranzubleiben, z.B. beim Austausch von „Schnittstellen"-Abteilungen, bei internen Diskussionen um Dienstleistungen, bei Stellenprofilen oder -reduzierungen, bei anstehenden Umstrukturierungen etc. Eine Perspektive allein führt zu unbefriedigenden Antworten im Change – und das macht ein Komplementär-Modell wie NLP als ein *in sich integratives Mehrperspektivenkonzept* so spannend. Aus vielen Perspektiven entstehen ganzheitliche neue Formen und neue Facetten. Auch in Unternehmen bilden sich im Change neue Formen auf ganz organische Weise, wenn man Verbindungen statt Trennungen herstellt und Zuordnungen klärt, statt Schnitte und „Verletzungen" zu riskieren. Daher muss sich aus der linear-hierarchischen Logik der „Wunderleiter", die strukturell und in vielen Change-Prozessen Nachvollziehbarkeit sicherstellt, eine weitere und neue Form hinzufügen. Komplementär-Coaching bietet ergänzend den „Star of Change" als gleichwertiges und sich aufeinander beziehendes Modell an.

Jedes inhaltliche Thema löst in diesem Bild bei seiner Betrachtung weitere „Star of Change"-Ebenen aus und gibt damit Tiefe und den Blick frei auf die sechs verschiedenen Aspekte komplementärer Veränderung, wie sie sich auf der „Wunderleiter" in hierarchischer Ordnung, im Sternbild dagegen parallel oder gleichzeitig erschließen lassen:

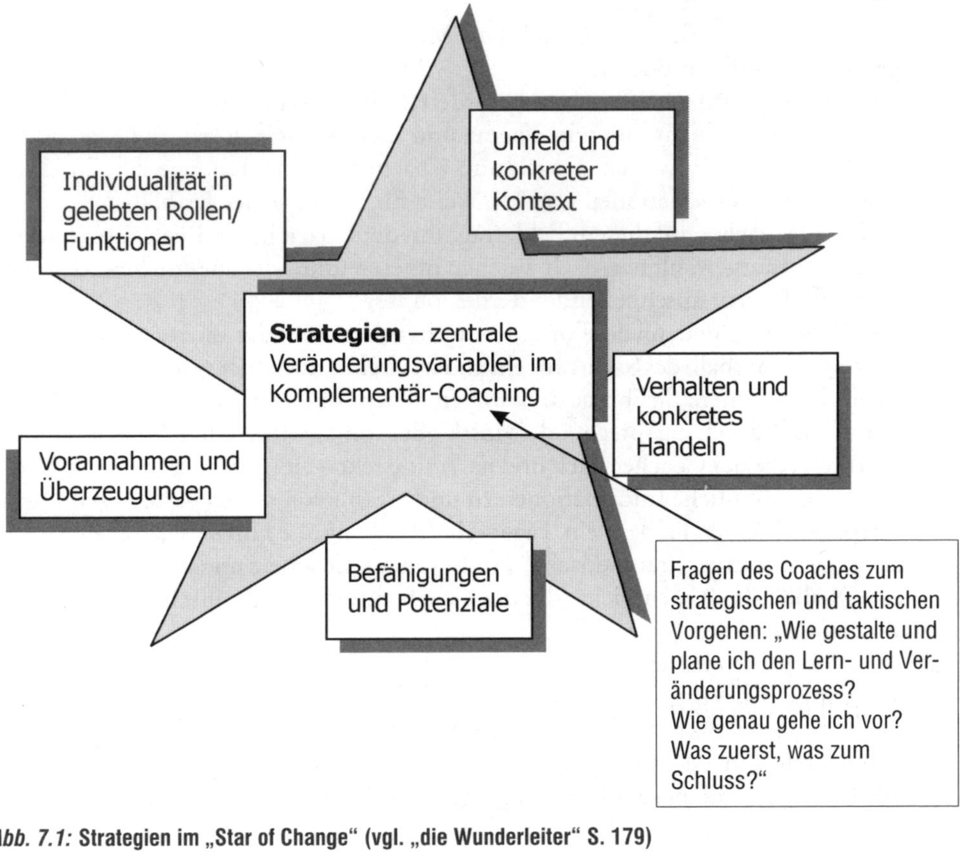

Abb. 7.1: **Strategien im „Star of Change" (vgl. „die Wunderleiter" S. 179)**

1. „Sterngeflüster"

Ziel: Die assoziative Verbindung des Coachees mit einer noch unklaren Thematik oder offenen Zielsetzung mithilfe der sechs verschiedenen Felder des Komplementär-Sterns „Star of Change" (vgl. S. 199). Der Coachee gewinnt Klarheit über seine intuitiven Strategien und auch über Vermeidungspunkte (inhaltlicher wie emotionaler Art) durch eine sehr ruhige, fast nonverbale konzentrierte Eigenarbeit oder durch eine entspannende Unterstützung des Coaches.

Rahmen: Offene, lockere Atmosphäre; keine Störungen in den nächsten zwei bis vier Stunden; keine Einsicht von außen in den Raum.

Vorgehensweise: Kreative, reflektierende Arbeit des Coachees steht im Vordergrund, die Sprache des Coaches ist spezifisch genau und es gibt wenige, sparsam gesetzte Interventionen. Die Methode ist als reflektierender „Selbstläufer" konzipiert, der dem Coach allerdings jederzeit eine ergänzende Steuerung erlaubt, dann allerdings unter Einbeziehung des Milton-Modells, insbesondere beim „Sterngeflüster".

1. Der Coachee formuliert sein Tagesthema und Ziel mündlich und schriftlich (am Flipchart, auf Karten ...).
2. Der Coachee legt den vom Coach (auf Metaplan oder Stoff) vorbereiteten Stern großflächig auf den Boden.
3. Der Coachee wird vom Coach aufgefordert, sich in das Feld zu stellen, das ihm am geeignetsten erscheint, um sein Thema und Ziel *im ersten Schritt* zu fassen und in die Thematik einzusteigen. Coach und Coachee vereinbaren, wie der Coach die gewonnenen Informationen und Hinweise für den Coachee festhält.
4. Steht der Coachee auf diesem Feld, fragt ihn der Coach in der Regel direkt, wie er dieses Feld ausgewählt hat, nach welchen inneren und/oder äußerlichen Kriterien, und hält dies zur anschließenden Reflexion fest.
5. Der Coachee folgt dann der Form des Sterns in die eine oder andere Richtung oder „springt" innerhalb des Sterns auf ein anderes Feld – auch hier geht es vor allem um die Informationen, die ihn dazu bewogen haben. In jedem Sternfeld – moderiert vom Coach durch entsprechende Musik oder durch vorbereitete Notizen in dem Sternfeld, die der Coachee nach und nach aufdeckt – „flüstert" der Stern dem Coachee ungewöhnliche Informationen zu und erzählt von seinen besonderen Qualitäten. Das können Farben sein, Eigenschaften, konkrete Hinweise, Fragen – wichtig ist das intuitive, „träumerische" Hinhören des Coachees und die ruhige, „zeitlose" Qualität des Augenblicks (die der Coach aufrechterhält durch guten Rapport und ruhige Atmung).
6. Jedes Sternfeld wird auf diese Weise besucht, die Schritte 4 bis einschließlich 8 folgen demselben Vorgehen, der Coach hält jedes Mal, in jedem Sternfeld, die Hinweise des Coachees fest. Alternativ – der Coachee möchte sich malend oder per Tagebuch selbst in jedem Feld Zeit dafür nehmen und die Hinweise selbst festhalten (dauert deutlich länger, bis zu zwei Stunden, für manche Coachees aber genau

richtig) – spricht der Coach kaum, sondern begleitet energetisch und „hält" die ruhige Stimmung im Raum.

7. Falls der Coachee zum Abschluss noch mehr Informationen aus dem einen oder anderen Feld braucht, geht er nochmals dorthin und lässt sich weitere Hinweise „einflüstern". Manchmal, wenn Ruhe oder Musik allein nicht passen, übernimmt der Coach nach dem Milton-Modell die verbale Rolle eines inhaltsfreien Sternflüsterers, indem er zu jedem Sternfeld eine Metapher anbietet oder Geschichten erzählt (z.B. ähnlich der vom „Kleinen Prinzen").
8. Zum Schluss fragt der Coach nach der intuitiven Reihenfolge der Schritte und der gewonnenen Erkenntnisse im Zusammenhang mit dem ganzen Stern und bittet den Coachee, seine vorgenommene Strategie explizit zu beschreiben und die innere Logik in Worte zu fassen.

Häufig gibt es bei der abschließenden Gesamtprozessbetrachtung für den Coachee Überraschungen in seiner Herangehensweise. Ihm werden manche Schritte oder Hinweise bewusst, die sich für ihn im Nachhinein – verbalisiert – ungewohnt anhören. Wenn er die gesamte Reihenfolge des „Sterngeflüsters" mit den konkreten Punkten des Sternfeldes für „Strategie und Taktik" vergleicht, auf dem er sich ja bereits zur Vorgehensweise seines Themas und Zieles Gedanken gemacht hatte, dann weisen ihn andere Felder oftmals darauf hin, dass er einige Aspekte auf speziellen Sternfeldern (z.B. die Frage nach dem konkreten beruflichen Kontext oder mögliche externe Einflüsse auf seine derzeitige Position) nicht in seine bewusste = nach rationalen Erwägungen überlegte Strategie einbezogen hatte und dies im „realen Leben" z.B. zu Zeit- oder Performanceverlust o.Ä. hätte führen können.

Dieser Vergleich von „gedachter" Strategie und intuitiv „gemachter" Abfolge kann für manche Coachees überaus spannend und erhellend sein – insbesondere wenn ihnen deutlich wird, wie wenig der Coach interveniert hat und dass all die erhaltenen Hinweise in ihnen selbst „schlummerten".

2. „Die Sternenkarte“

Ziel: Die Methodik der „Sternenkarte“ arbeitet spielerisch mit visuellen Mitteln auf dissoziativer Grundlage, um den Coachee dabei zu unterstützen, eine emotional besetzte Thematik mit Abstand zu betrachten und sich eine erste Strategie zu erarbeiten, mit der er konkrete Schritte zur Auflösung des Problems angehen kann.

Rahmen: Metaplanwand oder großen Tisch mit einem Tuch bespannen (vielleicht ein großes Seidentuch aus dem Sportbereich, als „Hingucker“ möglichst dunkelblau – je nach Wahl des Coaches natürlich), Moderationsmaterial und Schreibsachen für den Coachee bereitstellen, eventuell Flipchart, ungestörtes Arbeiten für etwa ein bis anderthalb Stunden sicherstellen.

An der Metaplanwand ist der „Komplementär-Stern“, aus Einzelteilen zusammengesetzt, mittig platziert. Der Coach hat weitere, unterschiedlich große Sterne und mehrere Sternenzacken, z.B. aus Moderationsmaterial, vorbereitet und sie für den Coachee sichtbar platziert. (Dem Coachee ist das Modell des Komplementär-Sterns durchaus bekannt, er hat eventuell auch schon intensiver damit gearbeitet.)

Vorgehensweise: Der Coachee arbeitet weitestgehend an dieser Metaplanwand (bzw. wo dies räumlich nicht möglich ist, mit einem großem Tisch, ansonsten auch an einer vorbereiteten „normalen Wand“), an der für ihn einige der Sterne und Sternenzacken an der „Sternenkarte“ bereits einladend vorbereitet platziert sein können, andere auf einem Stapel bereitliegen, sodass der Coachee viel Raum an der Metaplanwand zur freien Gestaltung hat. Über dieses Bild im Raum kommen Coach und Coachee meist direkt ins Gespräch.

- Der Coachee erzählt zunächst, wie es ihm geht, und formuliert dabei sein Tagesthema – bzw. seine Zielsetzung oder Problematik, die dem Coach aufgrund der relativ hohen Emotionalität bekannt ist.
- Der Coach bittet den Coachee, die wesentlichen Aspekte seines Themas kurz und präzise, möglichst mit einem Begriff, auf die vorbereiteten sternförmigen Moderationskarten zu schreiben.
- Der Coach bittet den Coachee dann, diese Sterne nach „momentan/heute wahrgenommener Wirkung bzw. Intensität“ an der Metaplanwand in eine erste Ordnung zu bringen. Dabei kann der Coachee sich an den „Zacken“ des Komplementär-Sterns orientieren, aber auch den übrigen Raum an der Metaplanwand nutzen oder z.B. den Komplementär-Stern um weitere Zacken vergrößern (auch ohne diese zu beschriften), so dass er den Eindruck hat, seine Sterne passend platziert zu haben.
- Wenn der Coachee all seine Sterne in diese Ordnung gebracht hat, bittet der Coach ihn nachzuschauen, ob sich damit bereits ein „Sternbild“ oder auch mehrere ergeben könnten, und bittet ihn, zum besseren Erkennen entsprechende Ver-

bindungslinien zwischen den direkt zusammengehörenden Sternen (einer Gruppe) zu ziehen. Dabei soll er zugleich darauf achten, ob er auch einzelne „Sternschnuppen" oder andere „Single-Sterne" identifiziert.

- Oft muss der Coachee dafür immer wieder entsprechend weit vom Bild Abstand nehmen und viele Coachees genießen bereits an dieser Stelle die Vorstellung, gerade dabei zu sein, Sternbilder zu erschaffen, und manche Coachees entwickeln nahezu ästhetischen Ehrgeiz dabei.
- Durch diese Form des metaphorischen Clusterns gelingt meist eine positive, wertschätzende Distanz zu den platzierten Inhalten und der Coachee findet in den Sternbildern und Formationen relativ leichten Zugang zu den spezifischen Themen, die sich aus den Verbindungslinien und den verschiedenen Formationen herausbilden.
- Der Coach begleitet den Coachee durch dessen Sternenwelt und bleibt sprachlich aufmerksam in dieser besonderen Terminologie (*Hinweis:* Die Filme zum „Krieg der Sterne" bieten viele bekannte und oft gern benutzte Metaphern und haben für Coaches und Coachees, die diese Bilderwelt mögen, zugleich augenzwinkernd eine Menge „Gut und Böse" mit allen Zwischentönen zu bieten ...). Der Coach achtet insbesondere auf die Zuordnung zu den einzelnen Sternfeldern des Komplementär-Sterns.
- Ergibt sich bereits an dieser Stelle ein erstes Bild zur weiteren – realen – Vorgehensweise, dann sollte der Coach dies visuell in jedem Fall sichtbar machen und in konkreten „Arbeitsanweisungen" (wie ein „Sternfahrer") zu einer Art Landkarte ausbauen.
- Der Coach achtet ansonsten darauf, dass der Coachee mit einigem Abstand zu diesem Bild auf die verschiedenen Aspekte seines Emotionsthemas schaut und seinen Eindruck beschreibt, den das gesamte Bild auf ihn macht.
- Oft ergeben sich an diesem Punkt der gemeinsamen Betrachtung im Gespräch konkrete Ideen für eine bessere = weniger belastende oder emotionalisierte Herangehensweise an seine Thematik.
- Dann treten beide nochmals nah an das Bild heran und sprechen die einzelnen Aspekte des Komplementär-Sterns bzw. seiner zugeordneten Sterne und Sternfelder durch, sodass sich dem Coachee klare erste Schritte zeigen, die er umsetzen kann.

Meist führt diese Arbeit die Coachees sehr rasch zu Humor und Spaß an den Sternkarten und -bildern, weil sie sogar „offiziell" in eine andere Welt „abheben" dürfen. Diese Arbeit verbindet die komplementär ausgerichtete Methodik der „dissoziativen Entzerrung" mit der kreativen Visualisierung des Systems, in dem sich der Coachee gedanklich oder/und persönlich mit seiner Problematik bewegt. „Sternkarte" ist daher eine zwar spielerische, aber auch sehr feine Methodik, die es Coachees ermöglicht, negative Gefühle wie Wut, Konkurrenzängste oder Verlust in Metaphern zu kleiden, durch die diese wieder handhabbar, aber dabei in sichere Entfernung geschickt werden können – im Zweifelsfall sogar bis zum Mond!

Nur in der wechselseitigen und auch komplementären Beziehung von außen und innen als Ganzes lassen sich die drängenden Fragen beantworten, die Change-Management sowohl in die Themen von Coaching als auch in die Unternehmen sowie in den gesellschaftlichen, persönlich-öffentlichen Raum hineinwirft:

1. **Wie kann Eigenverantwortung gestärkt und geschult werden?**
2. **Wie kann sich Veränderung ökologisch und angemessen in der Persönlichkeit des Einzelnen und in seinem Umfeld verankern?**
3. **Welche innere Haltung braucht der Coach und wie ermöglicht er eine perspektivreiche, inhaltsfreie Arbeit im Coaching?**
4. **Welche Methoden und Werkzeuge sind geeignet für welche Interventionen? Wie können Coaches diese Werkzeuge noch gezielter und feiner auf den Einzelnen und auf seine systemischen Bedingungen abstimmen?**
5. **Welche Ausbildung muss ein Komplementär-Coach durchlaufen und welche Tools und Methoden kann er, bezogen auf seine eigene Entwicklung, wann zur Anwendung bringen?**
6. **Wie kann der Coachee seine Veränderungen konkret und wahrnehmbar in sein System integrieren? Wie weiß er, ob er in seinem Kontext und in seinen Zielsetzungen erfolgreich ist? Wie bekommt er Feedback von außen?**

Ob aus NLP und systemischer Beratung, aus Organisationsentwicklung, Systemtheorie, Naturwissenschaften, Ökonomie – viele unterschiedliche Veränderungsexperten haben in den vergangenen Jahren – obwohl sie teilweise vielleicht lieber auf andere Ergebnisse geschaut hätten – *übereinstimmende Beobachtungen* gemacht:

- Veränderung ist komplex und ganzheitlich in Person und Kontext zu betrachten.
- Die Verantwortung für die Veränderung liegt ausschließlich beim Coachee und der Coach ist professionell beobachtender Begleiter.
- Veränderungen folgen einem in sich logischen Prozess, der auf verschiedenen Ebenen der Persönlichkeit und in einer besonderen Verbindlichkeit etabliert ist.

- Konstruktive Kommunikation basiert darauf, sich der inneren eigenen Repräsentationen und der des/der anderen gewahr zu werden und einen Austausch über die Unterschiedlichkeit im Denken, Fühlen und Verhalten zu ermöglichen.
- Widerstände haben gute Gründe in der Person und/oder im Kontext und müssen bei Veränderungen berücksichtigt und wertgeschätzt werden.

- Sinnesspezifische Sprache wirkt wie eine Übersetzung von Wahrnehmungssystemen und bietet einen wichtigen Schlüssel im Umgang mit Blockaden, Widerständen, Vorbehalten und Ressourcen.
- Veränderungen können durch kleinste Abweichungen vom Gewohnten erfolgen.
- Veränderungen folgen einem in sich logischen Prozess auf verschiedenen Ebenen der Persönlichkeit und in einer besonderen Verbindlichkeit.

- Es gibt verschiedene mentale Haltungen, die durch die Vergangenheit, Gegenwart und Zukunft erlebt und gespeichert werden, die das Verhalten ebenso beeinflussen wie Emotionen und Gedanken.
- Beobachtung ist als Coaching- bzw. Kommunikationskategorie eine besondere Befähigung im Verhalten und erfordert sowohl körpersprachlich wie auch emotional eine entsprechende innere Haltung.

Aus diesen professionellen Beobachtungen und Erfahrungen heraus zeigt sich, dass sich NLP und systemische Beratung als Coaching-Expertise in vielen Punkten näher sind, als viele ihrer jeweiligen Vertreter dies vermuten würden, und eine hohe, komplementäre Affinität zueinander unter Beweis gestellt haben.

Komplementäres Wissen aus diesem Feld hilft in der aktuellen Coaching-Debatte, den Tiefenblick auf Coaching-Qualität zu erweitern und die Scharfsicht auf alle notwendigen Themenfelder beizubehalten.

Das Modell des Komplementär-Coachings **konzentriert sich auf die miteinander „kompatiblen" Methoden personenbezogener und systemischer Beratung. Funktionierende Tools und wirkungsvolle Techniken werden in verschiedenen Konzepten angeboten,** ***die Expertise ihrer komplementären Verbindung für Change ist neu.***

Systeme verändern sich und der Mensch mit ihnen, denn er lebt sie ja, diese Systeme, und sie leben durch ihn, durch seine Bereitschaft, sich ihre unsichtbaren Strukturen vorzustellen und sich auszumalen, wie sie besser und geeigneter gebaut sein könnten, um in ihnen und mit ihnen ein gesundes, verträgliches und bereicherndes Leben zu führen.

Der Mensch verändert sich aber auch frei von äußeren beruflich vorgegebenen oder privat entschiedenen Systemen. Das sollte inmitten von Change nicht übersehen werden. Menschen leben verschiedene „Leben", haben vielfältige Rollen und unterschiedliche Funktionen parallel nebeneinander. Sie bewegen sich inmitten verschiedener Veränderungsprozesse – während sie im einen Moment noch privat agieren, gestalten sie parallel bereits eine berufliche Variante ihres Handelns, träumen innerlich vom Urlaub, verändern sich persönlich, allein oder mit anderen Menschen gemeinsam, gemäß ihres Alters, angesichts ihrer Aufgaben und mit all ihren Zielen, Leidenschaften und Sehnsüchten.

Von der Blüte zur Reife – Change-Manager, denen es mit und ohne Coaches immer wieder gelingt, Veränderungsprozesse verantwortlich zum Erfolg zu führen, wissen: Change ist mehr, als Veränderungen zu wollen. Statt Abläufe zu planen, geht es darum, die nahe liegenden Eventualitäten als größere Wahrscheinlichkeiten zu begreifen und Abweichungen als natürliche Korrektur von Planungen anzuerkennen.

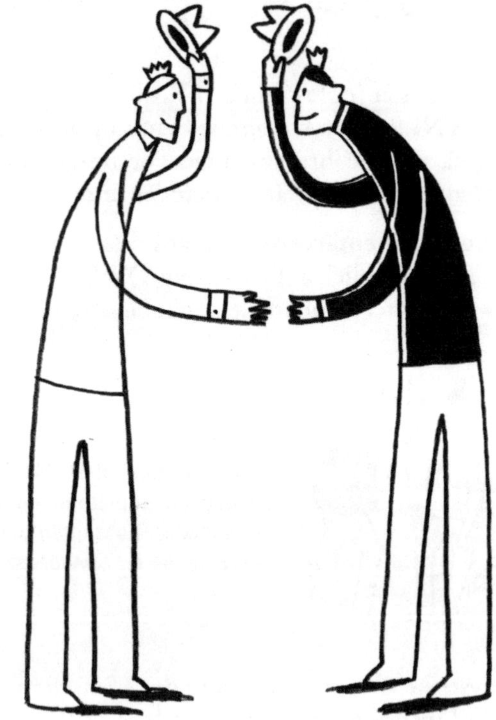

Change verlangt, sich manchmal ins Chaos zu stürzen, ohne sich davon beeindrucken zu lassen. Ambiguitätstoleranz, Neugier auf Komplexität und das Wissen um die eigenen Grenzen und Begrenzungen sind wesentliche Bestandteile, um Change-Prozesse professionell zu managen.

Veränderungsprozesse sind immer verbunden mit Unwägbarkeiten. Wer dieses Leben mag, dem gibt Change die größten Chancen.

Nähere Informationen zu Ausbildung oder Qualifizierungsmöglichkeiten:
www.Komplementaer-Coaching.de; www.shs-consult.de

Literatur

Arntz, W., Chasse, B. & Vicente, M. (2006): *Bleep.* Kirchzarten: VAK Verlag
Bandler, R. (72006): *Veränderungen des subjektiven Erlebens.* Paderborn: Junfermann
Bandler, R. (42003): *„Bitte verändern Sie sich ... jetzt!"* Paderborn: Junfermann
Bandler, R. (32003): *Time for a Change.* Paderborn: Junfermann
Bandler, R. & Grinder, J. (112005): *Metasprache und Psychotherapie.* Paderborn: Junfermann
Bandler, R. & Grinder, J. (82005): *Reframing.* Paderborn: Junfermann
Bandler, R. & MacDonald, W. (42000): *Der feine Unterschied.* Paderborn: Junfermann
Bateson, G. (1981): *Ökologie des Geistes.* Frankfurt/M.: Suhrkamp
Bateson, G. (1987): *Geist und Natur. Eine notwendige Einheit.* Frankfurt/M.: Suhrkamp
Cameron-Bandler, L. & Lebeau, M. (42005): *Die Intelligenz der Gefühle.* Paderborn: Junfermann
Csikszentmihalyi, M. (41992): *Das flow-Erlebnis.* Stuttgart: Klett-Cotta
Csikszentmihalyi, M. (1992): *Flow. Das Geheimnis des Glücks.* Stuttgart: Klett-Cotta
Dilts, R.B. (22005): *Die Magie der Sprache.* Paderborn: Junfermann
Dilts, R.B. (2005): *Professionelles Coaching mit NLP.* Paderborn: Junfermann
Dilts, R. et al. (62003): *Strukturen subjektiver Erfahrung.* Paderborn: Junfermann
Erickson, M.H. (52000): *Die Lehrgeschichten.* Salzhausen: iskopress
Foerster, H. von & Glasersfeld, E. von (22004): *Wie wir uns erfinden.* Heidelberg: Carl Auer
Hawellek, Ch. & Schlippe, A. von (Hrsg.) (2005): *Entwicklung unterstützen – Unterstützung entwickeln. Systemisches Coaching nach dem Marte-Meo-Modell.* Göttingen: Vandenhoeck & Ruprecht
Klein, S. & Strikker, H. (2002): Auftragscoaching oder: Die Tücken der Dreiecksbeziehungen, in: Graf, Jürgen et al. (Hrsg.): *Seminare 2003.* Bonn: managerSeminare
König, E. & Volmer, G. (2005): *Systemisch denken und handeln.* Weinheim/Basel: Beltz
Königswieser, R./BGN, Cichy, U. & Jochum, G. (Hrsg.) (2001): *SIMsalabim.* Stuttgart: Klett-Cotta
Königswieser, R. et al. (Hrsg.) (2006): *Komplementärberatung.* Stuttgart: Klett-Cotta
Kulmer, U. & Trebesch, K. (2004): Der kleine Unterschied und die großen Folgen – Von der Organisationsentwicklung zum Change-Management, in: *ORGANISATIONSENTWICKLUNG,* 23. Jahrgang 4/2004, S. 80-85
Kutschera, G. (32002): *Tanz zwischen Bewußt-sein & Unbewußt-sein.* Paderborn: Junfermann
Kutschera, G. & Strikker, H. (2005): Performanz, in: Zentrum für wissenschaftliche Weiterbildung (ZWW) an der Universität Bielefeld (Hrsg.): *Studienbrief Nr. 4.3.3 zum Fernstudium Coaching und Moderation.* Bielefeld
Leao, A. & Hofmann, M. (Hrsg.) (2007): *Fit for Change.* Bonn: managerSeminare
Leao, A. & Strikker, H. (2005): Internes versus externes Coaching, in: Zentrum für wissenschaftliche Weiterbildung (ZWW) an der Universität Bielefeld (Hrsg.): *Studienbrief Nr. 4.3.4 zum Fernstudium Coaching und Moderation.* Bielefeld
Maturana, H.R. & Varela, F.J. (1984): *Der Baum der Erkenntnis.* Bern/München: Goldmann
Niermeyer, R. (32003): *Coaching – sich und andere zum Erfolg führen.* München: Haufe
Satir, V. (72004): *Kommunikation – Selbstwert – Kongruenz.* Paderborn: Junfermann
Schindler, H. & Schlippe, A. von (Hrsg.) (2005): *Anwendungsfelder systemischer Praxis.* Dortmund: BORGMANN MEDIA
Schreyögg, A. (62003): *Coaching.* Frankfurt/New York: Campus
Simon, F.B. (2006): *Einführung in Systemtheorie und Konstruktivismus.* Heidelberg: Carl Auer
Strikker, H. (2005): NLP – Neurolinguistisches Programmieren, in: Zentrum für wissenschaftliche Weiterbildung (ZWW) an der Universität Bielefeld (Hrsg.): *Studienbrief Nr. 2.17 zum Fernstudium Coaching und Moderation.* Bielefeld
Strikker, F. & Strikker, H. (1994): *Redekunst im Rampenlicht.* Landsberg: verlag moderne industrie
Strikker, F. (Hrsg.) (2007): *Coaching im 21. Jahrhundert.* Augsburg: Ziel Verlag (im Druck)
Trebesch, K. (2004): Das Wurzelholz und die neuen Triebe, in: *ORGANISATIONSENTWICKLUNG* 23. Jahrgang 4/2004, S. 72-79
Watzlawick, P. (191991): *Wie wirklich ist die Wirklichkeit?* München: Piper

www.komplementaer-coaching.de